W0259261

ALLE ZEIT WACH
1842

A. Bode W. Händler

Rechnerarchitektur

Grundlagen und Verfahren

Mit 140 Abbildungen

Springer-Verlag
Berlin Heidelberg New York 1980

Arndt Bode
Wolfgang Händler
Institut für Mathematische Maschinen und Datenverarbeitung (III)
der Universität Erlangen-Nürnberg
Martensstraße 3
8520 Erlangen

CIP-Kurztitelaufnahme der Deutschen Bibliothek
Bode, Arndt:
Rechnerarchitektur: Grundlagen u. Verfahren / A. Bode; W. Händler. – Berlin, Heidelberg, New York: Springer, 1980.

ISBN-13: 978-3-540-09656-6 e-ISBN-13: 978-3-642-67439-6
DOI: 10.1007/978-3-642-67439-6

NE: Händler, Wolfgang:

2145/3140-543210

Einleitung

Das vorliegende Buch umfaßt den 1. Teil eines zweisemestrigen Vorlesungszyklus über Rechnerarchitektur. Es richtet sich an Personen mit Grundkenntnissen in Informatik. Der Vorlesungszyklus wird im Informatik-Studium an der Universität Erlangen-Nürnberg als Grundlagenkurs nach dem Vordiplom angeboten.

Die Rechnerarchitektur ist ein Kerngebiet der Informatik, das in alle vier Bereiche dieser Wissenschaft hineinreicht: Es gilt, die physikalischen Elemente einer Rechenanlage (Hardware) durch geeignete Anordnungen (physikalisch und logisch) so miteinander zu verbinden, daß das jeweilige Einsatzziel (Anwendung) optimal realisiert ist. Das Zusammenspiel der Einzelteile wird dabei weitgehend durch das Betriebssystem überwacht, so daß sich die Rechnerarchitektur also auch mit der Software beschäftigen muß. Schließlich gilt es auch noch, durch geeignete Methoden der Theorie der Informatik aus der Abstraktion gewisser realer Rechnerkonfigurationen einerseits und der anfallenden Aufgabenprofile andererseits optimale Problemlösungen zu gewinnen.

Die Rechnerarchitektur befaßt sich also nicht nur mit einer Bestandsaufnahme bestehender Rechnermodelle oder -realisierungen. Man erkennt, daß ihre zweite Aufgabe darüberhinaus darin besteht, die Kategorisierung und kritische Bewertung dieser Modelle nach verschiedensten Kriterien vorzunehmen. Schließlich soll die Rechnerarchitektur als drittes versuchen, den Prozeß des Entwurfes von Rechenanlagen bei gegebener Aufgabenstellung zu beschreiben, um für die einzelnen Entwurfsentscheidungen praktische Hilfen zu geben.

Die Vorgehensweise der Rechnerarchitektur hat sich mit der technischen Entwicklung im Bereich des Computer-Baus wesentlich verändert: Betrachtete man vor 30 Jahren als Grundeinheiten des Rechners bistabile Elemente (zuerst Röhren, später Transistoren), so wurde diese Sichtweite später auf mehrere solcher Elemente, zusammengefaßt als Register, ausgeweitet. In einer nächsten Stufe wurden dann ganze Schaltwerke betrachtet, während man heute bereits mit Prozessoren und Speichern als kleinsten Elementen Strukturüberlegungen anstellt. Die jeweiligen Einheiten werden dabei als black-boxes unterstellt, d.h. der Inhalt der Elemente wird nicht im Detail betrachtet. Vielmehr wird die Wirkungsweise der Elemente untersucht.

Die heutigen Überlegungen sind getragen von dem Grundgedanken, die Beschleunigung von Rechenanlagen über parallele Verarbeitungsarten zu erreichen, nachdem in einigen Bereichen die physikalische Grenze der Ausbreitungsgeschwindigkeit des elektrischen Stromes bereits erreicht ist. Ermöglicht werden diese Überlegungen durch die Fortschritte in der Technologie, die uns heute bereits die Herstellung von Mikroprozessoren für weit weniger als 100 DM erlaubt. So ist die Aussicht auf eine Realisation von Rechnerfeldern mit bis zu 10^6 Prozessoren keine Vision mehr. Der Rechnerarchitektur kommt hier die Aufgabe zu, die mit der Parallelisierung von Algorithmen auftretenden Schwierigkeiten zu lösen: Synchronisation paralleler Prozesse, Kommunikation unabhängiger Prozessoren etc.. Die menschliche Sprache ist linear, mit dem Aufkommen einer formalen Behandlung von Algorithmen (LEIBNIZ) denken wir verstärkt linear: Hier muß ein Umdenken vorbereitet werden.

Mit der starken Verbilligung der Kosten eines Prozessors beginnt man sich auch von der Vorstellung des Timesharing-Systems mit einem Groß-Prozessor zu lösen, in dem jedem Benutzer eine Scheibe von 100 msec zugeteilt wird. Man denkt vielmehr an dezentrale Rechneranordnungen, in denen jedem Benutzer ein eigener (Klein-) Prozessor zur Verfügung steht. In einer solchen Planung übernimmt der zentrale Großrechner lediglich Aufgaben, die mit sehr großen Datenbeständen arbeiten (z.B. im Rahmen von Datenbanksystemen), alle Routineaufgaben geschehen völlig dezentral im Satelittenrechner. Bei sehr umfangreichen Aufgaben wie etwa in der Meteorologie oder der Luftraumüberwachung plant man, Felder von gleichberechtigten Prozessoren einzusetzen, die gemeinsam das gestellte Problem lösen (vgl. etwa ILLIAC IV: BARNES et.al., 1968 oder EGPA: HÄNDLER, HOFMANN, SCHNEIDER, 1976).

Durch die Verwendung von Rechnernetzen wird ein völlig neuer Aspekt in die Rechnerarchitektur eingeführt: Überlegungen zur Verfügbarkeit, also Betriebssicherheit des Gesamtsystems durch Modularisierung des Gesamtsystems in kleine Elemente und entsprechend redundante Anordnung der Moduln. Durch geeignete Anordnung der Einzelelemente versucht der Rechnerarchitekt dabei die Kosten für die Sicherheit in Grenzen zu halten.

Diese kleine Auswahl aus den Aufgaben der Rechnerarchitektur soll für das Vorwort genügen, wir geben jetzt noch eine kurze Übersicht über den vorliegenden ersten Band, der sich vorwiegend mit Grundlagen und Verfahren der Rechnerachitektur befaßt, so daß die Werkzeuge zur Lösung der gestellten Aufgaben im zweiten Band bereitstehen.

Kapitel 1 umfaßt eine Einführung in die Begriffswelt der Rechnerarchitektur. Neben einer Reihe von Definitionen der Rechnerarchitektur wird die Vorgehensweise beim Entwurf von Rechenanlagen grob skizziert, und schließlich werden einige Möglichkeiten der Einteilung von Rechenanlagen gegeben.

Kapitel 2 befaßt sich mit der Beurteilung der Leistungsfähigkeit von Rechenanlagen. Dabei wird neben einer Übersicht über gängige Rechnerbewertungsverfahren in drei gesonderten Abschnitten auf die Verkehrstheorie, die graphentheoretische Behandlung des Flusses in Netzen und auf die Zuverlässigkeitstheorie eingegangen.

Mit den technologischen Randbedingungen der Rechnerarchitektur befaßt sich das 3. Kapitel. Als Ausdruck der Anwendung neuester Technologien wird dabei auch auf die Entwicklung von Mikroprozessoren eingegangen.

Im 4. Kapitel werden dann formale Hilfsmittel eingeführt, die es erlauben, Rechenanlagen oder Teile davon zu beschreiben und zu manipulieren. Es werden Einführungen in die Automatentheorie, PETRI-Netze, Berechnungs-Schemata und Rechner-Entwurfs-Sprachen gegeben und Beispiele ihrer praktischen Anwendung in der Rechnerarchitektur dargestellt.

Kapitel 5 behandelt die Bestandteile von Rechnersystemen und ihr Zusammenwirken. Dabei werden zunächst die verschiedenen Verbindungsmöglichkeiten zwischen den Werken eines Rechners untersucht: die Busse. Die Mikroprogrammierung als eine gerade in letzter Zeit an Bedeutung gewinnende Technik der Steuerung der Teilwerke von Rechenanlagen beschließt dieses Kapitel.

An dieser Stelle sei noch auf eine Reihe von Werken zum Thema der Rechnerarchitektur hingewiesen. Die Anzahl der Veröffentlichungen ist jedoch recht beschränkt. Sehr empfehlensert ist STONE, 1975, bei dem lediglich eine Einführung in formale Beschreibungsmittel für die Darstellung von Abläufen im Rechnerkern (z.B. PETRI-Netze) vermißt wird. Etwas älter ist das Buch von BELL, NEWELL, 1971. Eine gute Übersicht über die Forschungsaktivitäten ergeben Tagungsberichte über Rechnerarchitektur-Konferenzen: HÄNDLER, 1975; LIPOVSKI, SZYGENDA, 1973; KING, 1974; IEEE, 1976. Über einen Teilbereich der Rechnerarchitektur, nämlich die Rechnerorganisation, geben die Arbeiten von JESSEN, 1975; REDDI, FEUSTEL, 1976 und ENSLOW, 1974 Auskunft. Die besonderen Strukturen der Bourroughs B 5700 / B 6700 - und CDC 6600 - Rechner werden bei ORGANIK, 1973 und THORNTON, 1970 sehr detailiert referiert.

Für den Teilbereich der Mikroprogrammierung sind die Veröffentlichungen von KLAR, WICHMANN, 1976 und BOULAYE, 1975 von besonderem Interesse, für den Bereich des Schaltwerkentwurfs die Bücher von GILOI, LIEBIG, 1973; LIEBIG, 1975 und WENDT, 1974.

Zum Abschluß sei noch auf ein Buch von TURN, 1974 verwiesen, der Zukunftsprognosen über die Rechnerentwicklung der 80er Jahre aufstellt, dabei jedoch den Aspekt der Parallelität unterschätzt.

Im Laufe des gesamten Textes wird auf eine Anzahl von weiteren Literaturstellen verwiesen.

Für die kritische Diskussion der einzelnen Kapitel, an der mehrere Mitarbeiter des IMMD III beteiligt waren, sei an dieser Stelle gedankt. Zur vorliegenden Arbeit beigetragen haben ferner die Herren Dipl. Inf. N. Grau und K. Steiner während ihrer Studienzeit, sowie Frau G. Morgenstern und Frau Dipl. Phys. L. Lange, die die Schreibarbeiten, die Herstellung der Zeichnungen und die vielen Korrekturen mit großer Sorgfalt durchgeführt haben.

Der Firma SIEMENS AG sei ferner für die Erlaubnis zum Nachdruck der Abbildungen 3.18-3.24, 3.34, 3.36 und 3.37 gedankt (SIEMENS, 1976).

Inhaltsverzeichnis

1. Einführung in die Rechnerarchitektur

1.1 Definitionen zur Rechnerarchitektur

In der Literatur finden wir einige Definitionen zur Rechnerarchitektur, die wir im folgenden chronologisch geordnet anführen (weitere Definitionen bei REDDI, FEUSTEL 1976). Es zeigt sich, daß vor einigen Jahren der Begriff der Rechnerarchitektur weit enger gefaßt wurde, als dies heute der Fall ist. So schreiben AMDAHL, BLAAUW, BROOKS, 1964 in ihrem Buch über das IBM-System /360:

> "The term architecture is used here to describe the attributes of a system as seen by the programmer, i.e., the conceptual structure and functional behavior, as distinct from the organization and data flow and control, the logical design and the physical implementation".

Diese Definition der Rechnerarchitektur behandelt nur das äußere Erscheinungsbild des Rechners, die internen Vorgänge werden explizit ausgeklammert. Heute werden die interne Organisation und das äußere Erscheinungsbild eines Rechners als ein Ganzes gesehen.

FOSTER, 1970, S. IX gibt eine wesentlich mehr auf das Ergebnis zielende Definition:

> "... the art of designing a machine that will be a pleasure to work with ..."

Diese Aussage unterstellt die Rechnerarchitektur als eine Kunst, bei der der Ausführende sich seiner Mittel,zum Ziel zu kommen, nicht genau bewußt ist. Sie trifft auch unser heutiges Verständnis zumindest insofern, als es beim Entwurf gilt, unter Beachtung einer Vielzahl von Gestaltungsgrundsätzen (vgl. Abschnitt 1.2.2) einen angemessenen Kompromiß zu finden.

Eine starke Betonung der technologischen Einflüsse auf die Rechnerarchitektur legt CHU, 1972:

> "Computer Architecture is an emerging discipline as a result of recent technical advances in computer technology. Instead of merely studying the hardware structural and algorithmic features of a computer system, the scope of computer architecture is being broadened to the conceptual formation and specification of computer systems".

Eine neuere Definition von BLAAUW, 1972 beschränkt sich wiederum nur auf die äußere Erscheinung des Rechners:

> "The architecture of a system can be defined as the functional appearance of the system to the user, its phenomenology".

BELL, 1973 beschreibt die Rechnerarchitektur als einen Kompromiß aus bestehender Technologie,Implementation und der Rückwirkung des Marktes:

> "... The activity of building an information processing system will more likely be collecting computer components, the associated basic operating systems and programming languages and then interconnecting them and programming the resulting structure in terms of the components - exactly as we do now within application areas.
> Computer architecture can be thought of as the satisfaction of constraints imposed by technologists (component providers),implementers (logical designers and system programmers), and market-user-buyer-programmer (problem being solved)".

Es wird darauf verwiesen, daß der Rückkopplungsprozeß (vgl. Abbildung 1.1) in der Rechnerarchitektur vom Entwurf der ursprünglichen Anlage über den Markt (Benutzer) zum Entwurf einer neuen Anlage sehr lange dauert (wir schätzen ihn auf ca. 5 Jahre)*, so daß der Architekt eine sehr große Verantwortung bei seiner Aufgabe übernehmen muß, ohne sich auf eine sofortige Rückkopplung verlassen zu können. Dieses Problem ist dann am besten zu lösen, wenn der Rechner-Architekt selbst ein "Benutzer" ist, also

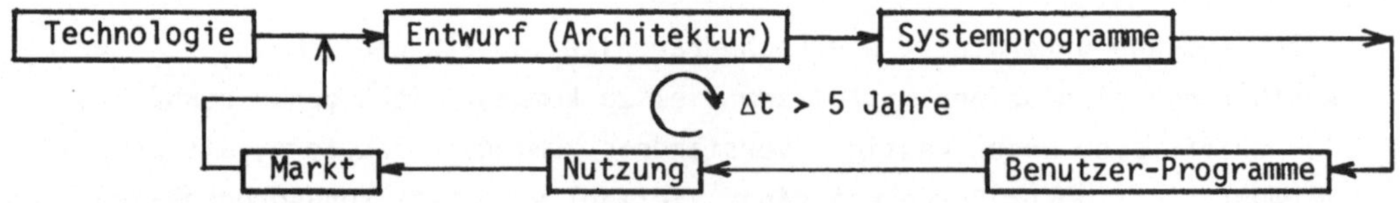

Abbildung 1.1: Rückkopplungsprozeß beim Entwurf von Rechenanlagen.

Interesse an der Nutzung des Rechners hat.

Die neueste Definition, der wir uns weitgehend anschließen wollen, stammt von STONE, 1975:

* Eine gewisse Verkürzung der Rückkopplungszeit ist durch die Verwendung der LSI-Technologie zu erwarten.

"The study of computer architecture is the study of the organization and interconnection of components of computer systems. Computer architects construct computers from basic building blocks such as memories, arithmetic units and buses. From these building blocks the computer architect can construct any one of a number of different types of computers, ranging from the smallest hand-held pocket-calculator to the largest ultra-fast super computer. The functional behavior of the components of one computer are similar to that of any other computer, whether it be ultra-small or ultra-fast. By this we mean that a memory performs the storage function, an adder does addition, and an input/output interface passes data from a processor to the outside world, regardless of the nature of the computer in which they are embedded. The major differences between computers lie in the way the modules are connected together, the performance characteristics of the modules, and the way the computer system is controlled by programs. In short, computer architecture is the discipline devoted to the design of highly specific and individual computers from a collection of common building blocks".

Die Aufgabe der Rechnerarchitektur wird also als die Zusammenstellung eines sehr individuellen Rechners aus einer Anzahl allgemeiner Einzelelemente (Prozessoren, Speicher, Busse, E/A-Geräte) verstanden. Die Betonung liegt dabei nicht nur auf den Äußerlichkeiten (Fassade) des Rechners, sondern auch auf seiner Organisation. Letztlich ist der Entwurf eines Rechners ein Kompromiß aus vielen Anforderungen, die es zu einem geschlossenen Ganzen zusammenzufügen gilt (vgl. auch Abschnitt 1.2.2).

1.2 Einführung in die Vorgehensweise der Rechnerarchitektur

1.2.1 Phasen des Entwurfs

Der Entwurf einer Rechenanlage umfaßt nach BLAAUW, 1972 drei wesentliche Phasen:

- die Architektur
- die Implementierung und
- die Realisierung.

In Bezug auf die Vorgehensweise beim Entwurf (Abbildung 1.2) unterscheidet man 2 Prinzipien: Den "top-down-design" und den "bottom-up-design".

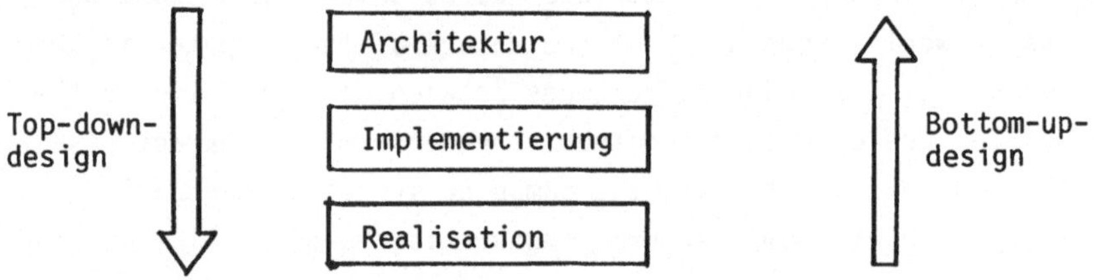

Abbildung 1.2: Vorgehensweise beim Rechner-Entwurf

Bestimmt der Architekt mit seinem Entwurf die Implementierung und die Realisierung, so handelt es sich um einen "top-down-design", umgekehrt wird beim Primat der Realisation (Technologie) von einem "bottom-up-design" gesprochen. Beide Varianten sind wohl nie in reinster Form anzutreffen. So wird der Architekt immer darauf achten, technologisch realisierbare Dinge zu planen, andererseits bei der Realisierung nie auf wichtige Strukturerkenntnisse der Architektur verzichten.

Wir wollen nunmehr an Hand einiger Beispiele aus der "Geschichte" der Informatik die qualitativen Zusammenhänge zwischen den Phasen des Entwurfs betrachten.

Als 1946 BURKS, GOLDSTINE und VON NEUMANN ebenso wie FROMME, Van der POEL und ZUSE eine universelle Rechenanlage entwarfen, war das Ergebnis eine identische Architektur (Abbildung 1.3). Der von den erstgenannten entworfene PRINCETON-Rechner war jedoch mit einem Parallelrechenwerk implementiert, das sich bei den heutigen Rechnern als Standard durchgesetzt hat, während der

MINIMA-Rechner von FROMME und Van der POEL mit einem seriellen Rechenwerk ausgestattet war, das wegen seiner umständlichen Steuerung heute kaum mehr verwendet wird. Auch in der Realisierung besteht ein Unterschied bezüglich der Verwendung von Speichern: Williams-Speicher-Röhren beim PRINCETON-Rechner und Trommelspeicher bei der MINIMA. Bei gleicher Architektur wurden also unterschiedliche Implementierungen und Realisierungen durchgeführt.

Mit ähnlicher Architektur wie der PRINCETON-Rechner erschien ca. 1959 der Rechner IBM 709. Er war mit Röhren realisiert. Mit der Entwicklung der Technologie wurden kurz danach die Anlagen IBM 7090 und IBM 7094 auf den Markt gebracht. Diese Rechner mit identischer Architektur wiesen auch bezüglich der Implementierung nur geringfügige Unterschiede (Register) auf, waren jedoch mit Ferrit-Ring-Kernspeichern bzw. Transistoren realisiert. Die Verwendung gleicher Architektur und Implementierung zielte vor allem auf die Kompatibilität der verschiedenen Anlagen (vgl. Abschnitt 1.2.2). Die Bildung von Rechner-Familien (z.B. IBM 360/370) beruht auf der Verwendung gleicher Architektur. Auch hier ist das Ziel die strenge Kompatibilität der Anlagen. Im Bereich der Implementierung des Befehlsvorrates werden die unterschiedlichen Prinzipien: Unterprogrammtechnik, Mikroprogrammtechnik, Hardware-Realisierung angetroffen (wobei die Unterprogrammtechnik die langsamste und billigste, die Hardware-Realisierung die teuerste und leistungsfähigste Lösung darstellt),die weiterhin durch die Verwendung schnellerer oder langsamerer Schaltkreise bei der Realisierung variiert werden.

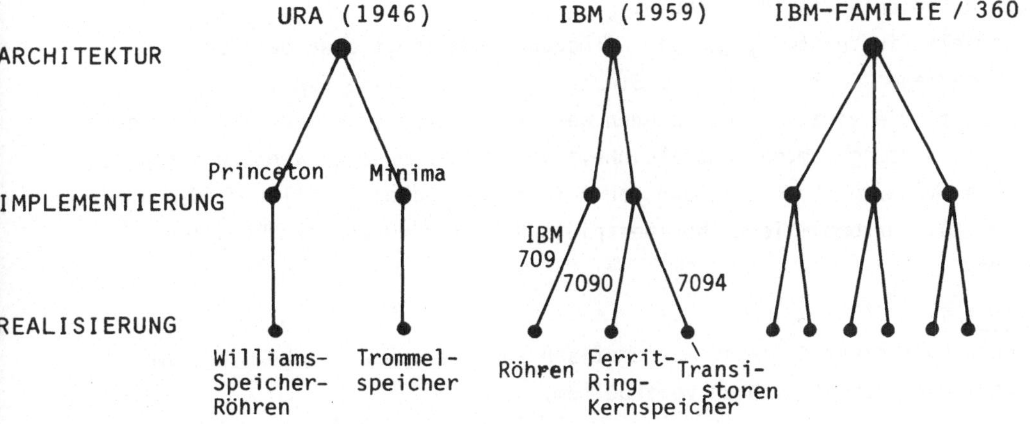

Abbildung 1.3: Zusammenhänge der Phasen beim Entwurf

1.2.2 Gestaltungsgrundsätze

Wie bereits aus den genannten Definitionen hervorgeht, besteht die Aufgabe der Rechnerarchitektur darin, eine große Anzahl gleichzeitig gültiger Anforderungen zu einem insgesamt überzeugenden Kompromiß zu überführen. Diese Anforderungen lassen sich auch als allgemeine Gestaltungsgrundsätze (BLAAUW,1972) formulieren, die alle gemeinsam Eingang in den zu entwerfenden Rechner finden sollen. Neben einer knappen Umschreibung der Begriffe wollen wir zur Erläuterung jeweils auch ein Beispiel angeben.

Konsistenz

Eigenschaft eines Systems mit folgerichtigem, schlüssigem Aufbau, d.h. bei Vorgabe eines Teils des Systems muß der Rest "vorhersagbar" sein.

Beispiel: Wird der Befehlsvorrat einer Rechenanlage erweitert (z.B. um den Befehl: "Quadratwurzel"), so ist bei einer konsistenten Architektur die Realisierung des neuen Befehls bereits weitgehend festgelegt.

Orthogonalität

Ein orthogonales System ist so aufgebaut, daß funktionell unabhängige Teilelemente auch unabhängig voneinander spezifiziert und realisiert sind. Die Verbindung der Teilelemente zu einem geschlossenen System ist durch genormte Schnittstellen hergestellt, so daß bei Elementausfällen oder - änderungen lediglich das betroffene Element ausgewechselt wird, während das übrige Gesamtsystem unverändert bleibt. Die Orthogonalität wird oft auch als Modularität bezeichnet.

Beispiel: Ein Verstoß gegen die Orthogonalität liegt etwa bei der Rechenanlage CD 3300 vor: Das Steuerwerk ist als eine Einheit nicht existent, die einzelnen Funktionen des Steuerwerks sind verteilt in anderen Elementen der gesamten Zentraleinheit verstreut. Dies erlaubt zwar ein volles "Ausreizen" der Leistung der Anlage (die Schnittstellen werden eingespart), verkompliziert aber beispielsweise Änderungen der Steuerung enorm.

Symmetrie

Eigenschaft eines Systems, mathematisch bereits symmetrische Dinge im System auch symmetrisch zu verarbeiten.

Beispiel: Positive und negative Zahlen sollten an gleicher Stelle verwendet werden dürfen.

Angemessenheit

Die Elemente eines Systems sind angemessen, wenn sie bei der vorgesehenen Problemstellung ausgeschöpft werden.
Beispiel: Für einen sehr schnellen Prozessor ist eine schnelle Peripherie angemessen.

Sparsamkeit

Die Sparsamkeit versucht die Kosten eines Systems in Abhängigkeit der gegebenen Technologie möglichst gering zu halten.
Beispiel: Die Realisierung der "Schnellen Multiplikation" im Rechner TELEFUNKEN TR 4 war so teuer wie die Realisierung aller anderen Operationen im Rechenwerk. Dies ist - sofern nicht eine spezielle Anwendung die Realisierung erfordert - ein Verstoß gegen die Sparsamkeit und die Angemessenheit.

Transparenz

Ein System ist transparent, wenn die Funktion des Gesamtsystems grob überschaubar ist (Details müssen nicht explizit zu erkennen sein).
Beispiel: Über Statusmeldungen, Quittungen etc. sollte der Benutzer einen Überblick über die ordnungsgemäße Funktion einer Rechenanlage gewinnen. Dabei ist jedoch nicht eine Einsicht in die Belegung jedes einzelnen Registers gefordert.

Virtualität

Eigenschaft eines Systems, die Begrenzungen seiner Implementierung vor dem Benutzer zu verbergen.
Beispiel: Virtuelle Speicher bei modernen Rechenanlagen: Die Beschränkung des Hauptspeichers bleibt dem Benutzer durch automatische Aufteilung der Gesamtspeicheranforderung in Kacheln und geeignetes Hin- und Herschieben der Kacheln zwischen Haupt- und Sekundärspeicher (Paging) verborgen.

Kompatibilität

Zwei Systeme sind kompatibel, wenn sie bei gleichem Arbeitsauftrag (Programm) unabhängig von der Zeit und der Anordnung ihrer Einzelelemente gleiche Ergebnisse liefern.

Beispiel: Beim IBM-System 360/370 werden unterschiedliche Implementationen der Zentraleinheit streng kompatibel realisiert, um beispielsweise für den Benutzer den Übergang von einem langsamen, billigen Prozessor auf einen schnelleren, teuren Prozessor ohne Veränderung der bestehenden Programme und Restkonfiguration zu ermöglichen.

Kompatibilität von Rechnerkomponenten wird auch wegen der hohen Anschaffungskosten gefordert: So kann eine Rekonfiguration von Anlagen (Steigerung der Leistung, Ausweitung des Anwendungsbereiches) schrittweise erfolgen, ohne dauernde Anpassungen an die neue Konfiguration vornehmen zu müssen. Ähnlich wie die Orthogonalität hat die Kompatibilität ihren Preis: Die genormten Schnittstellen müssen realisiert werden, was jedoch angesichts der hohen Software-Entwicklungskosten im allgemeinen in Kauf genommen wird.

All-Anwendbarkeit

Ein System ist all-anwendbar, wenn es nicht auf eine einzige Anwendung zugeschnitten ist, sondern durch seine Flexibilität eine möglichst große Klasse von Problemen lösen kann (Vollständigkeit).
Beispiel: Mit dem Projekt EGPA (HÄNDLER, HOFMANN, SCHNEIDER, 1976) wird versucht, möglichst viele bekannte Verarbeitungsarten in einem Rechnerfeld zu ermöglichen: Horizontale und vertikale Verarbeitung, Kooperation von zentralen und dezentralen Prozessoren, Zuordnung von Prozessoren zu spezifischen Teilaufgaben: "Macropipelining" etc..

Auf tieferer Ebene finden wir die Bestrebung nach Vollständigkeit beispielsweise bei dem Versuch, möglichst viele Adressierungsverfahren in einem Rechensystem zuzulassen.

Dynamische Erweiterbarkeit (open-endedness)

Die dynamische Erweiterbarkeit charakterisiert ein System, das in jedem Zustand die Erweiterung seiner Fähigkeiten zuläßt, dennoch aber in jedem Zwischenzustand in sich abgeschlossen und funktionsfähig ist.
Beispiel: Mikroprogrammierbare Rechner sind dynamisch erweiterbar, da der jeweilige Befehlssatz durch Hinzufügen neuer Instruktionen erweitert werden kann.

Typisch für die "open-endedness" sind auch nicht voll ausgenützte Codes, Konfigurationstabellen (allgemein: Adreßräume).

1.3 Möglichkeiten der Einteilung von Rechenanlagen

Rechenanlagen sind in unterschiedlichsten Ausführungen und für ein sehr großes Spektrum von Problemstellungen entworfen worden. Um eine gewisse Ordnung in dieses weite Feld zu bringen, sind Rechner nach verschiedenen Gesichtspunkten zu charakterisieren:

Einteilung nach der Art der Anwendung

Man unterscheidet in der Reihenfolge der wachsenden Anforderung an den Rechner durch die Anwendung:

- Taschenrechner
- Tischrechner
- Rechner der mittleren Datenverarbeitung
- Prozeßrechner und Laborrechner
- Großrechenanlagen für Rechenzentren
- Spezial-Großrechner wie Feldrechner oder Assoziative Rechner

Einteilung nach der Art des Betriebs

Diese Einteilung ist für den Rechnerarchitekten von besonderer Bedeutung, da die Betriebsart wesentlichen Einfluß auf die Struktur des zu entwerfenden Rechners haben kann:

- Einzelbetrieb
- Funktionsorientierter Betrieb (dedicated system) mit entsprechender Konfiguration
- Stapelbetrieb
- Teilnehmerbetrieb
- Realzeitbetrieb (Prozeßsteuerung)
- Rechnerverbundbetrieb.

Die verschiedenen Betriebsarten stellen sehr unterschiedliche Anforderungen an den Rechner: So wird z.B. beim Stapelbetrieb in einem physikalischen Labor vom Rechner besondere Schnelligkeit bei der Arithmetik verlangt (lange, rechenintensive Programme), während beim Teilnehmerbetrieb in einem Hochschulrechenzentrum mit einer Vielzahl von Programmen kurzer Laufzeit gerechnet werden muß, bei der im wesentlichen hoher Dialogkomfort gefordert wird (schnelle Reaktionen, gute Diagnose). Beim Realzeitbetrieb ist der Rechner in eine (gegebene) Umwelt fest eingebettet, er hat meist nur eine feste Menge von Aufgaben zu lösen, diese müssen aber absolut zuverlässig und sofort durchgeführt werden. Rechnerverbunde schließlich können ein weltweites Netz unterschiedlicher Rechner darstellen (z. B. das ARPA-Netz), in denen alle genannten Betriebsarten vereint sind.

Einteilung nach der Art der Technologie

Diese Einteilung spiegelt im wesentlichen eine historische Entwicklung wieder, sie ist für die Rechnerarchitektur heute nicht von großer Bedeutung, da als Bauteile Elemente der 3. und 4. Generation (MSI, LSI) benutzt werden.

- Relais
- Röhren-Magnettrommel (1. Rechner-Generation)
- Transistoren-Ferrit-Ringkern (2. Rechner-Generation)
- Mittlere Integration: MSI (3. Rechner-Generation)
- Hohe Integration: LSI (4. Rechner-Generation)

Auf die einzelnen Technologien wird im Abschnitt 3.1.1 genauer eingegangen.

Einteilung nach den Abmaßen

Zur einfachen Kategorisierung der Rechner wurden diese oft auch nach ihrer Größe eingeteilt, die Übergänge sind dabei jedoch fließend.

- Mikro-Rechner
- Mini-Rechner
- Rechner mittlerer Größe
- Großrechner
- "Jumbos" (Größtrechner)

2. Bewertung der Leistungsfähigkeit von Rechenanlagen

Mit der Existenz von Rechenanlagen als Hilfsmittel für die Lösung algorithmisch faßbarer Probleme ergab sich auch der Wunsch, die Leistungsfähigkeit dieses Hilfsmittels - beispielsweise zu Vergleichszwecken - zu messen. Es zeigte sich jedoch sehr bald, daß wegen der enormen Komplexität von Rechenanlagen diese Leistungsbewertung ein sehr schwieriges Unterfangen darstellt und daß, je nach dem Zweck der Bewertung, unterschiedlichste Ergebnisse zu erwarten sind. Viele Werte sind ferner subjektiv bezüglich der gestellten Anforderungen: Für einen Anfänger ist beispielsweise ein Kommandosystem mit vielen Dialogschritten (promptings) komfortabel, für einen geübten Programmierer wären diese Hilfsmittel eine lästige Zeitverschwendung.

In den folgenden Abschnitten werden daher verschiedenste Rechnerbewertungsverfahren vorgestellt. Abschnitt 2.1 gibt eine Übersicht über Verfahren, die Rechner nach ihrer Leistung zu beurteilen.

Im folgenden Abschnitt wird dann eine besondere Variante der Leistungsbewertung, die Verkehrstheorie, genauer betrachtet, die mit mathematischen Methoden den Datenverkehr in Rechenanlagen untersucht. Die im dritten Abschnitt dargestellten graphentheoretischen Methoden erlauben die Untersuchung und Bewertung des Datenflusses in Rechnernetzen. Mit dem FORD-FULKERSON-Algorithmus wird eine Methode zur Berechnung des maximalen Flusses bei gegebener Netzwerktopologie angegeben. Schließlich wird der Rechner unter dem Aspekt der Zuverlässigkeit betrachtet: Welche Konfiguration erlaubt auch bei Ausfall von Einzelkomponenten die Funktionsfähigkeit des Gesamtsystems.

Die für die Verkehrstheorie und die Zuverlässigkeitstheorie notwendigen Voraussetzungen in Wahrscheinlichkeitstheorie können hier nicht behandelt werden. Es wird etwa auf GELLERT et. al., 1967 (S.646 - 665) verwiesen.

2.1 Rechnerbewertungsverfahren

Verschiedenste Verfahren versuchen, die Leistungen von Rechenanlagen zu erfassen. Man kann dabei nach Zielen, nach Vorgehensweisen und nach dem Aufwand des Verfahrens unterscheiden. Die Hauptziele der Leistungsbewertung werden kurz aufgeführt, ferner die einzelnen Verfahren. Nicht betrachtet werden in diesem Abschnitt Zuverlässigkeitsprobleme, diese werden im Abschnitt 2.4 behandelt.

Einführende Artikel zur Leistungsbewertung finden sich auch bei LUCAS, 1971 und FULLER, 1975.

2.1.1 Ziele bei der Rechnerbewertung

Man unterscheidet im allgemeinen 3 Ziele der Rechnerbewertung:

Auswahl einer Rechenanlage:
Hierbei geht es meistens darum, aus einer gegebenen Anzahl bereits bestehender Anlagen die für die eigenen Zwecke geeignetste auszusuchen. Dabei kann zumeist vorausgesetzt werden, daß die Rechenanlagen zu Testzwecken verfügbar sind, bzw. daß zumindest deren Hard- und Softwareparameter bekannt sind. Ferner wird vorausgesetzt, daß das Anforderungsprofil spezifiziert ist.

Veränderung der Konfiguration einer bestehenden Anlage ("Tuning"):
Wird eine höhere Leistungsfähigkeit oder ein breiteres Anwendungsspektrum einer Rechenanlage angestrebt, so ist dies (wenn überhaupt) meist nur durch Veränderungen in der Konfiguration zu erreichen. Die Leistungsmessung soll hier angeben, welche Elemente der Rechenanlage als Flaschenhälse die Leistungssteigerung verhindern, wo also eine Konfigurationserweiterung durchzuführen ist, bzw. - bei durchgeführter Veränderung - welche Einflüsse Veränderungen von Elementen auf die Gesamtleistung haben.

Entwurf von Rechenanlagen:
Die Leistungsfähigkeit einer noch nicht bestehenden Anlage soll vorhergesagt werden, um die Effizenz neuer Konzepte und Strukturen des Entwurfs zu untersuchen.

2.1.2 Übersicht über Rechnerbewertungsverfahren

Eine Übersicht über Rechnerbewertungsverfahren bietet Abbildung 2.1. Die verschiedenen Rechnerbewertungsverfahren sind dabei in 4 große Kategorien eingeteilt, wobei einzelne Methoden nicht eindeutig einer Klasse zuzuordnen sind. Ferner ist durch die Plazierung der Verfahren auch ein grobes Maß dafür gegeben, welcher Aufwand bei der Durchführung betrieben werden muß. Schließlich ist durch die Gestaltung der Koordinatenpunkte angedeutet, für welche Ziele die einzelnen Verfahren am meisten eingesetzt werden. Die 4 Kategorien und die einzelnen Verfahren werden nachfolgend behandelt.

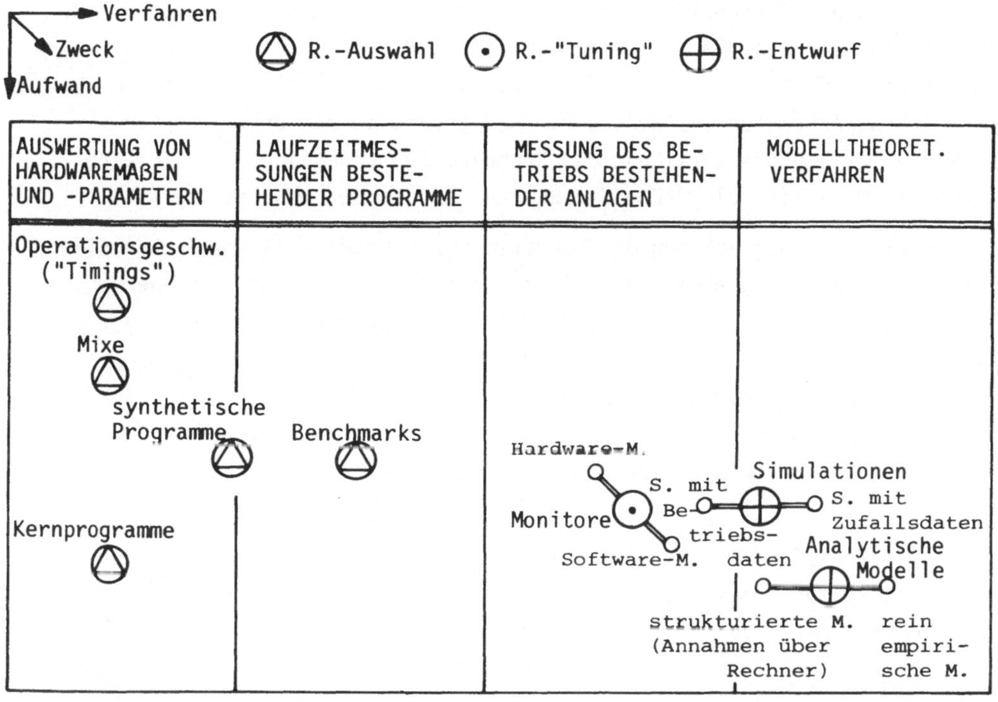

Abbildung 2.1: Übersicht über Rechnerbewertungsverfahren. Einteilung der Verfahren nach Vorgehensweise, Aufwand und Erhebungszwecke

2.1.2.1 Auswertung von Hardwaremaßen und -Parametern

Die Auswertung gegebener Hardwaregrößen von Rechnern entstand aus dem Wunsch, Rechner ohne großen Aufwand sofort in ihrer Leistung miteinander vergleichen zu können. Wir werden sehen, daß für ein solches "Überschlagsmaß" heute andere Werte benutzt werden, als früher.

Operationsgeschwindigkeit (Timings)

Die Operationsgeschwindigkeit wurde früher zur Leistungsbewertung herangezogen. Dabei wurden einige typische Hardware-Größen betrachtet wie die Zykluszeit oder die Additions- und Multiplikationszeit. Ferner wurde mit MIPS (millions of instructions per second) ein Maß angegeben, das jedoch nicht das Adressierungsverfahren des Rechners berücksichtigte (Anzahl der Speicherzugriffe), so daß mit MOPS (millions of operands per second) ein etwas genauerer Wert angegeben wird.

Will man heute auf einen Blick die Leistung einer Rechenanlage beurteilen, so wird man den Wert der Speicherbandbreite betrachten: Er gibt an, wieviele bits in einer festen Zeiteinheit aus dem Hauptspeicher gelesen oder in ihn geschrieben werden können. Dieses Maß hat gegenüber dem erstgenannten den Vorteil, auch die Wortlänge des Rechners zu berücksichtigen. Weitere verwendete Maße sind die Größe der Haupt- und der Sekundärspeicher.

Die Vorteile der Betrachtung der Operationsgeschwindigkeit von Rechenanlagen liegen in ihrer Einfachheit, es muß kein großer Aufwand betrieben werden. Die Nachteile sind jedoch gravierend: Die Organisation der Rechenanlage wird nicht berücksichtigt, meist sind die Wortlänge, Adreßarten, Datenwege, die Fähigkeit des "look-ahead" nicht erfaßbar. Weiterhin wird lediglich die Hardware gemessen, Softwaregesichtspunkte bleiben völlig unberücksichtigt. Insofern sind diese Maße heute weitgehend überholt.

Mixe

Schon 1946/7 empfahl VON NEUMANN anstelle des Vergleichs einzelner Operationsgeschwindigkeiten ein für den Gebrauch der Rechenanlage charakteristisches Maß zu verwenden: dieses wurde später Mix genannt. Dabei wird die mittlere Operationszeit aus einer größeren Anzahl von Befehlszeiten, die durch für den Benutzer charakteristische Gewichtungen ergänzt werden, bestimmt:

T = mittlere Operationszeit

t_i = Operationszeit des Befehls i

p_i = relative Häufigkeit des Auftretens von Befehl i

n = Anzahl der betrachteten Befehle

$$T = \sum_{i=1}^{n} t_i \, p_i$$

Der Vorschlag VON NEUMANNs war noch ganz an der Arbeitsweise des Tischrechners orientiert, d.h. der Ausgangspunkt war ein rein arithmetischer. Man betrachtete lediglich Additions- und Multiplikationszeiten (T_A und T_M) und nahm ferner an, daß auf eine Multiplikation 2 Additionen kommen.

$$T = \frac{T_M + 2\,T_A}{3}$$

1956/7 entwickelte der Fachausschuß "Programmierung" der GAMM ein weit komplizierteres Maß: Die Operationszeiten für eine Reihe von gebräuchlichen elementaren Funktionen sollten gemittelt werden:

t_1: Rechenzeit für die Berechnung des Wertes für ein Polynom 10. Grades nach HORNER

t_2: Rechenzeit für die Berechnung des Skalarproduktes zweier Vektoren mit 30 Komponenten

t_3: Rechenzeit für die Summenbildung zweier Vektoren mit 30 Komponenten

t_4: Rechenzeit für 5 Iterationsschritte bei der Berechnung einer Quadratwurzel nach NEWTON

t_5: Rechenzeit für die Bestimmung der betragsgrößten Komponente eines Vektors von 100 Komponenten.

Hieraus werden entsprechend dem Grad bzw. der jeweiligen Dimension die Größen

$$T_1 = \frac{t_1}{10}, \; T_2 = \frac{t_2}{30}, \; T_3 = \frac{t_3}{30}, \; T_4 = \frac{t_4}{5}, \; T_5 = \frac{t_5}{100} \quad \text{gebildet.}$$

Die mittlere Operationszeit ergibt sich zu:

$$T = \frac{1}{5}\left(\frac{T_1}{2} + \frac{T_2}{2} + T_3 + \frac{T_4}{3} + \frac{T_5}{3} \right).$$

Die Zeiten t_i und T_i sind dabei nicht gemessene Zeiten von Programmläufen, sondern durch die Betrachtung der Operationszeiten entstanden! Diese Formel der GAMM berücksichtigt vor allem auch das Organisationsvermögen von Rechnern (Schleifen, Verzweigungen,...).

Im weiteren Verlauf wird vor allem auch die Arbeitsweise von Übersetzern und von nichtnumerischen Programmen in die Gewichtung der Operationsgeschwindigkeiten mit einbezogen. Der bekannteste, auch heute noch verwendete Mix, ist der GIBSON-Mix (vgl. Abbildung 2.2). Neuere Untersuchungen haben jedoch gezeigt, daß der GIBSON-Mix für den heutigen Rechenzentrumsbetrieb nicht repräsentativ ist und die Arithmetik gegenüber den Datentransporten überbewertet. SCHREIBER, 1978 schlägt daher einen sog. UNI-Mix vor (vgl. Abbildung 2.2).

GIBSON-Mix (1970) Klasse, Befehlstyp	Gewicht p_i	UNI-Mix (1978) Klasse, Befehlstyp	Gewicht p_i
1 Laden und Speichern	0,312	1 Datentransport	0,54
2 Festpunkt-Addition und -Subtraktion	0,061	4 Festpunkt	0,06
3 Vergleichsoperationen	0,038		
4 Verzweigungen	0,166	2 Verzweigungen	0,27
5 Gleitpunkt-Addition und -Subtraktion	0,069	3 Gleitpunkt	0,05
6 Gleitpunkt-Multiplikation	0,038		
7 Gleitpunkt-Division	0,015		
8 Festpunkt-Multiplikation	0,006	s.o. (Festpunkt)	
9 Festpunkt-Division	0,002		
10 Schiebeoperationen	0,044	5 Schiebeoperationen	0,03
11 Logische Operationen	0,016	6 Logische Operationen	0,02
12 Operationen, die keine Register verwenden	0,053	0 Listenbefehle	0,02
		7 Sonstige	0,01
13 Indizierung (Adreßrechnung)	0,18		
Summe	1,000	Summe	1,00

Abbildung 2.2: Gewichtsfaktoren zum GIBSON-Mix. Nach GIBSON, 1970. Zum Vergleich der neuere UNI-Mix (nach SCHREIBER, 1978).

Abarten und "Auswüchse" des Mix sind Formeln, die die Leistung eines Rechners auf einen Wert kondensieren wollen, so etwa die Formel von KNIGHT, zitiert nach BELL, NEWELL 1971 (vgl. dazu Abbildung 2.3).

$$P = \frac{\dfrac{[(L-7)(T)(WF)]^{i}}{10^{12}[32000(36-7)]^{i}}}{t_0 + t_{I/O}}$$

$$t_0 = 10^4[C_1A_{FI} + C_2A_{FL} + C_3M + C_4D + C_5L]$$

$$\begin{aligned} t_{I/O} = {} & P \times OL_1[10^6(W_{11} \times B \times 1/K_{11}) + (W_{01} \times B \times 1/K_{01}) \\ & + N(S_1 + H_1)]R_1 \\ & + (1-P)OL_2[10^6(W_{12} \times B \times 1/K_{12}) + (W_{02} \times B \times 1/K_{02}) \\ & + N(S_2 + H_2)] \end{aligned}$$

Variables-attributes of each computing system:

P = the computing power of the nth computing system
L = the word lengths (in bits)
T = the total number of words in memory
t_0 = the time for the Central Processing Unit to perform 1 million operations
$t_{I/O}$ = the time the Central Processing Unit stands idle waiting for I/O to take place
A_{FI} = the time for the Central Processing Unit to perform 1 fixed point addition
A_{FL} = the time for the Central Processing Unit to perform 1 floating point "
M = the time for the Central Processing Unit to perform 1 multiply
D = the time for the Central Processing Unit to perform 1 divide
L = the time for the Central Processing Unit to perform 1 logic operation
B = the number of characters of I/O in each word
K_{11} = the Input transfer rate (characters per second) of the primary I/O system
K_{01} = the Output transfer rate (characters per second) of the primary I/O system
K_{12} = the Input transfer rate (characters per second) of the secondary I/O system
K_{02} = the Output transfer rate (characters per second) of the secondary I/O system
S_1 = the start time of the primary I/O system not overlapped with compute
H_1 = the stop time of the primary I/O system not overlapped with compute
S_2 = the start time of the secondary I/O system not overlapped with compute
H_2 = the stop time of the secondary I/O system not overlapped with compute
R_1 = 1 + the fraction of the useful primary I/O time that is required for nonoverlap rewind time

Semi-constant factors		Values	
Symbol	Description	Scientific computation	Commercial computation
WF	the word factor		
	a. fixed word length memory	1	1
	b. variable word length memory	2	2
C_1	weighting factor representing the percentage of the fixed add operations		
	a. computers without index registers or indirect addressing	10	25
	b. computers with index registers or indirect addressing	25	45
C_2	weighting factor that indicates the percentage of floating additions	10	0

C_3	weighting factor that indicates the percentage of multiply operations	6	1
C_4	weighting factor that indicates the percentage of divide operations	2	0
C_5	weighting factor that indicates the percentage of logic operations	72	74
P	percentage of the I/O that uses the primary I/O system		
	a. systems with only a primary I/O system	1,0	1,0
	b. systems with a primary and secondary I/O system	variable	variable
W_{11}	number of input words per million internal operations using the primary I/O system		
	a. magnetic tape I/O system	20000	100000
	b. other I/O systems	2000	10000
W_{01}	number of output words per million internal operations using the primary I/O system	the values are the same as those given above for W_{11}	
W_{12}	number of input/output words per million internal operations using the secondary I/O system	the values are the same as those given above for W_{11}	
N	number of times separate data is read into or out of the computer per million operations	4	20
OL_1	overlap factor 1-the fraction of the primary I/O system's time not overlapped with compute		
	a. no overlap-no buffer	1	1
	b. read or write with compute-single buffer	0,85	0,85
	c. read, write and compute-single buffer	0,7	0,7
	d. multiple read, write and compute-several buffers	0,60	0,60
	e. multiple read, write and compute with program interrupt-several buffers	0,25	0,25
OL_2	overlap factor 2-the fraction of the secondary I/O system's time not overlapped with compute	values are the same as those given above for OL_1, a through e	
i	the exponential memory weighting factor	0,5	0,333

Abb.2.3: Formel von KNIGHT zur Berechnung der Leistung P einer Rechenanlage

Im Vergleich zur Betrachtung der reinen Operationszeiten haben Mixe den Vorteil, ein umfassenderes Urteil über die Operationsgeschwindigkeit des Rechners zu geben. Dennoch bleibt eine große Anzahl von Faktoren unberücksichtigt, so etwa die Wortlänge. Hauptnachteile des Verfahrens sind jedoch seine Subjektivität in Bezug auf das Anforderungsprofil [1)] (die Gewichtungsfaktoren müssen für jeden Benutzer neu berechnet werden, soll das Maß einigermaßen repräsentativ sein) und in Bezug auf die Realisierung der Befehle (Befehle leisten unterschiedliches in verschiedenen Rechnern; so ist z.B. der GIBSON-Mix auf die IBM 7090 zugeschnitten). Weiterhin ist der Aufwand für dieses Verfahren recht beträchtlich, vor allem, wenn die Gewichtungsfaktoren für das eigene Anforderungsprofil neu berechnet werden sollen. Dennoch werden Mixe noch heute bei der Auswahl von Rechnern verwendet, wie wir im Beispiel (vgl. Abschnitt 2.1.2.5) sehen werden.

Kernprogramme

Kernprogramme sind typische Anwendungsprogramme, die für einen zu bewertenden Rechner geschrieben werden, die jedoch nicht im Rechner zur Ausführung gelangen, sondern lediglich zur Bemessung der Ausführungszeit aufgrund der gegebenen Operationszeiten herangezogen werden.

Da die Kernprogramme für jeden zu bewertenden Rechner mit dessen Instruktionssatz geschrieben werden müssen und danach eine umfangreiche Auswertungsphase folgt, ist dieses Verfahren extrem aufwendig. Da es zudem keine Betrachtung asynchroner Vorgänge (z.B. Parallelarbeit mehrerer Kanäle in einem Rechnersystem) zuläßt, also keinen wesentlichen Vorteil gegenüber Mixen erbringt, wird dieses Verfahren nur recht selten für die Rechner-Bewertung herangezogen.

2.1.2.2 Laufzeitmessungen bestehender Programme

Im Gegensatz zu den unter 2.1.2.1 genannten Verfahren, bei denen die Rechner nur theoretisch über ihre Hardwaregrößen erfaßt werden, beruhen die beiden folgenden Methoden zur Rechnerbewertung auf Messungen, die im praktischen Umgang mit diesen Rechnern durchgeführt werden, d.h. der Zugriff auf die zu vergleichenden Anlagen wird als gegeben vorausgesetzt.

1) So werden die Gewichtungsfaktoren z.B. auch durch Tendenzen beim Programmieren überholt: "Goto-freies-Programmieren" verdammt Sprungbefehle.

Synthetische Programme

Synthetische Programme werden ähnlich wie die Kernprogramme nur zu Zwecken der Rechnerbewertung erstellt (meist in höheren Programmiersprachen), werden dann aber im Gegensatz zu diesen echt zum Laufen gebracht. Gemessen wird dabei die Belegungszeit der Rechenanlage.

Synthetische Programme ergeben meist keinen Sinn, sie sollen vielmehr charakteristisch sein für Familien von Anwendungsprogrammen und deren Verhalten simulieren. Dazu sind sie meist stark parametrisiert.

Ein Vorteil der synthetischen Programme liegt darin, daß sie sehr flexibel sind und zudem auch asynchrone Vorgänge im Rechner erfassen. Auch ist ihre Codierung weniger aufwendig als bei Kernprogrammen, da höhere Programmiersprachen verwendet werden können, so daß meist eine Version ohne große Veränderungen auf einer Vielzahl von Rechnern läuft. Der Nachteil liegt in der Subjektivität des Verfahrens: Die gemessenen Werte ergeben nur dann eine brauchbare Aussage, wenn die synthetischen Programme tatsächlich das Verhalten der Anwenderprogramme approximieren. Neben der Anwendung für die Auswahl von Rechenanlagen werden synthetische Programme auch für die Planung von Konfigurationsveränderungen eingesetzt.

Benchmarks

Benchmarks sind Pakete von echten Benutzerprogrammen, die für das Gesamt-Anforderungsprofil repräsentativ sein sollen. Die Ausführungszeiten durch Rechenanlagen werden gemessen, dabei wird die Reihenfolge und Verschachtelung (scheduling) dem Rechner überlassen: Es entstehen Vergleichszahlen.

Bei den Benchmarks bietet sich die Möglichkeit, Software und asynchrone Vorgänge neben der Hardwareleistung mitzumessen. Für ein aussagekräftiges Ergebnis ist jedoch die Auswertung eines sehr großen Pakets gefordert (die Benutzerprogramme sind nicht wie die synthetischen Programme parametrisiert), so daß sich ein relativ hoher Aufwand ergibt. Dennoch sind Benchmarks ein sehr häufig verwendetes Verfahren bei der Auswahl von Hard- und Software.

2.1.2.3 Messung des Betriebs bestehender Anlagen

Während bei den unter 2.1.2.2 genannten Verfahren im allgemeinen gesonderte Testläufe zur Rechnerbewertung durchgeführt werden, die nicht dem eigentlichen Benutzerbetrieb dienen, ist bei den nachfolgend beschriebenen Monitoren der normale Betrieb der Rechenanlage die Voraussetzung für zuverlässige Ergebnisse.

Monitore

Monitore sind Aufzeichnungselemente, die zum Zwecke der Rechnerbewertung die Verkehrsverhältnisse im Rechner während des normalen Betriebs untersuchen. So werden Inhalte von Registern, Flags, Puffern oder Belegungen von Datenwegen aufgezeichnet. Man unterscheidet Hardware-Monitore und Software-Monitore. Während erstere als unabhängige Geräte physikalisch an den zu untersuchenden Stellen angeschlossen werden, und somit diese quasi unverändert belassen, werden Software-Monitore durch den Einbau in das Betriebssystem der Rechenanlage realisiert. Je nach Umfang der zu erfassenden Daten stellen die Softwaremonitore daher eine Beeinträchtigung der normalen Betriebsverhältnisse her, was zu einer Verfälschung der Ergebnisse führen kann (der Monitor mißt sich selbst). Zudem ist mit der Veränderung des Betriebssystems meist ein recht hoher Arbeitsaufwand verbunden.

Man unterscheidet bei den Monitoren ferner eine Reihe unterschiedlicher Aufzeichnungs- und Verarbeitungstechniken: Die Messungen können kontinuierlich oder sporadisch sein; im ersten Falle werden für einen gewissen Zeitraum sämtliche anfallenden Daten aufgezeichnet, bei sporadischer Messung werden nur die in gewissen Abständen zufällig anliegenden Werte vermerkt.
Bei Gesamtdatenaufzeichnung (tracing) werden alle Daten einzeln gespeichert, bei der Übersichtsdaten-Messung werden nur globale Werte vermerkt.
Die Auswertung der Daten geschieht entweder sofort (Realzeitverfahren) oder in einem unabhängigen Auswertungslauf (post processing) und dient entweder zur Information des Benutzers oder zur Information des Systems (automatische Rekonfiguration).

Monitore sind ein zuverlässiges Mittel zur Beobachtung der Verkehrsverhältnisse in einem Rechner. Sie werden daher häufig für die Auswahl einer neuen Konfiguration für eine bestehende Anlage herangezogen.

2.1.2.4 Modelltheoretische Verfahren

In die Kategorie der modelltheoretischen Verfahren fallen Methoden der Rechnerbewertung, bei denen unabhängig von der Existenz des Rechners aufgrund von Annahmen über Struktur und Betrieb des Rechners sowie über die Prozesse Ablaufmodelle gewonnen werden, über deren genaueste Untersuchung man sich Aussagen über die Leistung des Rechners erhofft.

Simulationen

Simulationen sind Programme, die die Verkehrsverhältnisse des simulierten Rechners auf einem anderen Rechner dynamisch nachbilden und so in Abhängigkeit unterschiedlichster Parameter Aussagen über Wartezeiten etc. zulassen. Simulationen sind meist in höheren Programmiersprachen oder speziellen Simulationssprachen geschrieben.

Man unterscheidet Simulationen, die mit realen Betriebsdaten arbeiten (trace driven simulation) und solche, die mit Zufallszahlen betrieben werden (event driven simulation).

Probleme bestehen bei der Auswahl geeigneter Zufallszahlengeneratoren und bei der Abschätzung der Varianz der Ergebnisse. Die Varianz gibt einen Wert dafür, in wie weit die Ergebnisse einem sinnvollen Mittelwert entsprechen, der geeignet ist, die realen Verhältnisse möglichst präzise wiederzuspiegeln.

Simulationen bieten gute Möglichkeiten für die Auswahl von Konfigurationsveränderungen und für den Entwurf von Rechnern. Bei entsprechend realistischer Komplexität, d.h. Annäherung der Simulation an die "Realität" des Rechners erwachsen jedoch sehr hohe Kosten. Ein Simulationsprogramm, das parametrisiert alle denkbaren Rechnerkonfigurationen simuliert, ist derzeit technisch aus Komplexitätsgründen nicht realisierbar.

Analytische Modelle

Analytische Modelle versuchen, Verkehrsabläufe im Rechner aufgrund der mathematischen Betrachtung struktureller Modelle zu untersuchen. Dabei werden über die Anforderungsprofile gewisse Annahmen gemacht. Man unterscheidet zwischen strukturierten Modellen, die weitgehende Annahmen über den Rechner umfassen und rein empirischen Modellen. Ferner werden Modelle mit einer einfachen Quelle (von Aufträgen) und ganze Warteschlangennetze mit vielen Quellen betrachtet. Je nach Art der mathematischen Behandlung unterscheidet man deterministische und stochastische Modelle. Da im Rahmen des Kapitels über Verkehrstheorie (vgl. Abschnitt 2.2) die Modelle wesentlich ausführlicher behandelt werden, sei hier nur kurz auf ihre Anwendung verwiesen: Analytische Modelle werden im wesentlichen für den Entwurf von Rechnern und für Konfigurationsveränderungen eingesetzt. Globale Modelle für ganze Rechenanlagen erfordern sehr hohen mathematischen Aufwand, den man heute mit Hilfe hierarchischer Modelle zu beschränken versucht.

2.1.2.5 Beispiel und Bewertung

Bei der Auswahl eines Rechners für das Rechenzentrum der Universität Erlangen-Nürnberg mußte zwischen den Rechnern CDC 3300 und IBM 7094-I entschieden werden. Dabei wurden die folgenden Verfahren angewendet:

- GIBSON-Mix
- GAMM-Mix
- Eigens zusammengestellter "Erlanger Benchmark".

Es ergaben sich die in Abbildung 2.4 dargestellten Werte.

Verfahren / Rechner	GIBSON	GAMM-MIX		BENCHMARK-TEST
	μs	ALGOL μs	FORTRAN μs	für M = 70, τ = 2min min
CDC 3300	3,83	102	31	25
IBM 7094 - I	3,63	22	14	34

M = Anzahl der Programme

τ = maximale Laufzeit der Programme

Abbildung 2.4: Vergleich zweier Rechenanlagen nach verschiedenen Verfahren

Beachtenswert ist, daß Mixe und Benchmark völlig unterschiedliche Werte liefern: Bei den Mixen ergibt sich ein Vorteil für die IBM-Anlage, vor allem spiegelt das Ergebnis für ALGOL wieder, daß der entsprechende Compiler einen sehr effizienten Objektcode (d.h. der Compiler optimiert die eingegebenen Programme) produziert. Dieser rechnerische Vorteil schlägt sich jedoch im Rechenzentrumsbetrieb nicht nieder: Hier werden viele relativ kurze Programme gerechnet (Programmierkurse), so daß das Multiprogramming-Betriebssystem MASTER von CDC einen wesentlichen Vorteil erarbeitet.
Für die Auswahl des Rechenzentrums Erlangen-Nürnberg war schließlich der Benchmark-Test ausschlaggebend. Das Verfahren zeigt jedoch die relative Unsicherheit der Rechenbewertungsverfahren: Es werden stets nur Vergleichszahlen (in Abhängigkeit vom Anforderungsprofil) geliefert, nie absolute Werte, die eine Anlage endgültig beurteilen.

Hinzu kommt, daß eine große Anzahl von Kriterien, die für den Benutzer sehr wichtig sein können, teilweise gar nicht erfaßt wird:
- Flexibilität der Konfiguration (Rekonfigurierbarkeit)
- Eleganz und Relevanz der Kommandosprache
- Art und Umfang der gelieferten Dienstleistungsprogramme
- Zuverlässigkeit, Verfügbarkeit und Kundendienst (englisch: RAS = reliability, availability, service)
- Eigenschaften der Compiler und Systeme
- Wortlängen.

Insbesondere das Problem der Zuverlässigkeit und Verfügbarkeit ist für eine Reihe von Anwendungen von großer Wichtigkeit. Hier werden deshalb spezielle Verfahren angewendet, die im Abschnitt 2.4 dargestellt werden.

2.2 Verkehrstheorie

Wie bereits in Abschnitt 2.1.2.4 erwähnt, untersucht die Verkehrstheorie mit Hilfe mathematischer Verfahren das Verhalten von Rechnersystemen. Die Verkehrstheorie hat sich in den letzten Jahren zu einem sehr umfangreichen Forschungsgebiet der Informatik entwickelt, dessen umfassende Behandlung einer Spezialvorlesung überlassen werden muß. Nachfolgend wird nach einer kurzen Einführung in die Verkehrstheorie anhand zweier Beispiele die Vorgehensweise verkehrstheoretischer Verfahren dargestellt. Zur vertiefenden Behandlung des Stoffes sei auf FULLER, 1975 und HERZOG, KÜHN, ZEH, 1972 verwiesen.

2.2.1 Einführung in die Verkehrstheorie

Die Verkehrstheorie stellt sich die folgenden Aufgaben:

- Untersuchung der Bedienungs- und Transportprozesse in Rechenanlagen,
- Definition charakteristischer Gütemerkmale und
- Aufdecken und Beseitigen von systeminternen Engpässen.

Das angestrebte Ziel ist dabei der Entwurf wirtschaftlich optimaler Strukturen und Betriebsarten bei vorgeschriebener Leistungsfähigkeit des Rechnersystems.

Die Vorgehensweise der Verkehrstheorie läßt sich in 5 Schritte einteilen. Ausgehend von einer kritischen Analyse (1) bestehender Rechnersysteme und Datennetze wird eine Modellbildung (2) zunächst für Teilsysteme durchgeführt, die dann zu einem Modell des Gesamtsystems zusammengefügt werden. Diese Modelle werden mit Hilfe exakter und approximativer mathematischer Methoden sowie durch Simulationen einer genauen Leistungsanalyse (3) unterzogen. Durch Messungen an realen Systemen wird dann eine Modellverifikation (4) durchgeführt, so daß schließlich eine Synthese (5) wirklichkeitsnaher Teil- und Gesamtsysteme ermöglicht wird. Von besonderem Interesse sind für uns im folgenden die Punkte (2) und (3).

2.2.1.1 Modellbildung

Der zeitliche Ablauf von Transport-, Warte- und Bearbeitungsphasen in einer Rechenanlage entspricht einem speziellen stochastischen Prozeß, welcher mit

Methoden der Wahrscheinlichkeitstheorie beschrieben werden kann. Das gesamte System kann durch folgende Kriterien vollständig gekennzeichnet werden:

- Ankunftsprozeß: Die Verteilung der Ankunftsabstände der Befehle bzw. Daten. Die Verteilungsfunktion A(t) ist definiert als die Wahrscheinlichkeit, daß der Ankunftsabstand T_A höchstens gleich der beliebigen Zeit t ist

$$A(t) = P\{T_A \leq t\}.$$

Bezeichnet man den mittleren Ankunftsabstand mit a_m, so wird der Kehrwert als mittlere Ankunftsrate definiert:

$$\lambda = 1/a_m.$$

- Bedienungsprozeß: Verteilung der Bedienungs- bzw. Transportzeiten T_B. Es gilt entsprechend der Gleichungen für den Ankunftsprozeß:

$$B(t) = P\{T_B \leq t\}$$
$$\mu = 1/b_m.$$

- Systemeinfluß: Der Einfluß des Systems ist durch die Systemstruktur und die Art der Abfertigung ankommender und wartender Aufgaben festgelegt.

Diese drei Kriterien werden im allgemeinen durch die in Abbildung 2.6 dargestellte Symbolik verdeutlicht.

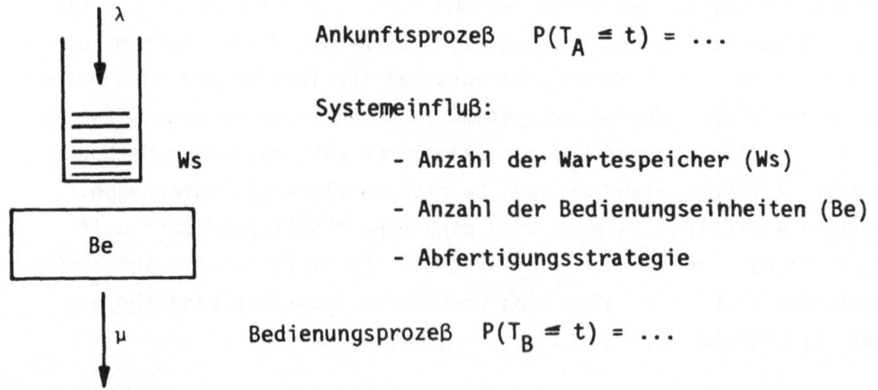

Abbildung 2.6: Symbolische Darstellung eines verkehrstheoretischen Modells

Die am häufigsten für Ankunfts- und Bedienungsprozesse benutzte Verteilungsfunktion ist die negativ-exponentielle Verteilung:

$$P\{T \le t\} = 1 - \exp(- \frac{t}{t_m})$$

mit t_m als Mittelwert der Verteilung von T. In diesem Fall hat man einen sog. MARKOFF'schen Prozeß, welcher mathematisch relativ einfach zu behandeln ist. Die MARKOFF-Eigenschaft besagt, daß der Verlauf des betrachteten Prozesses unabhängig von der Vorgeschichte ist. Mathematisch wird diese Eigenschaft wie folgt dargestellt:

$$P\{\phi_{t_{n+1}} = j/\phi_{t_o} = x_o, \phi_{t_1} = x_1, \dots, \phi_{t_n} = x_n\} =$$
$$P\{\phi_{t_{n+1}} = j/\phi_{t_n} = x_n\} \quad \text{mit } t_o < t_1 < t_2 \dots < t_n \quad \text{und } n = 0, 1, 2, \dots$$

Es ist also die Wahrscheinlichkeit, daß der Prozeß ϕ zum Zeitpunkt t_{n+1} den Wert j annimmt unter der Voraussetzung, daß zum Zeitpunkt t_o der Wert x_o und zum Zeitpunkt t_1 der Wert x_1 war etc. gleich der Wahrscheinlichkeit, daß ϕ zum Zeitpunkt t_{n+1} den Wert j annimmt, wenn man lediglich voraussetzt, daß zum Zeitpunkt t_n der Wert x_n angenommen wurde.

Die negativ exponentielle Verteilung tritt in der Realität zumindest angenähert recht häufig auf, so etwa beim Beispiel der gemessenen Denkzeiten von Benutzern das Betriebssystem der Rechenanlage des IMMD, Erlangen (vgl. Abb.2.7 und HOFFMANN, 1977).
Bedienungsprozesse werden häufig besser durch eine konstante Verteilung approximiert:

$$P\{T \le t\} = \begin{cases} 0 & \text{für } 0 \le t < t_m \\ 1 & \text{für } t \ge t_m \end{cases}$$

Die mathematische Behandlung derartiger Verkehre ist jedoch bedeutend schwieriger, da die MARKOFF'sche Eigenschaft verlorengeht.

Die negativ exponentielle (für k = 1) und die konstante Verteilung (für k gegen unendlich) lassen sich als Grenzwerte der Erlang-k-Verteilung beschreiben (vgl. Abbildung 2.8).

$$P\{T \le t\} = 1 - \exp(-k \frac{t}{t_m}) \cdot \sum_{\xi=0}^{k-1} \frac{(k \frac{t}{t_m})^{\xi}}{\xi!} \quad , \; t \ge 0.$$

Diese Verteilung wird erfolgreich angewendet, um Ankunfts- und Bedienungsprozesse zu beschreiben, deren Verteilungsfunktion zwischen konstanter und negativ exponentieller liegt.

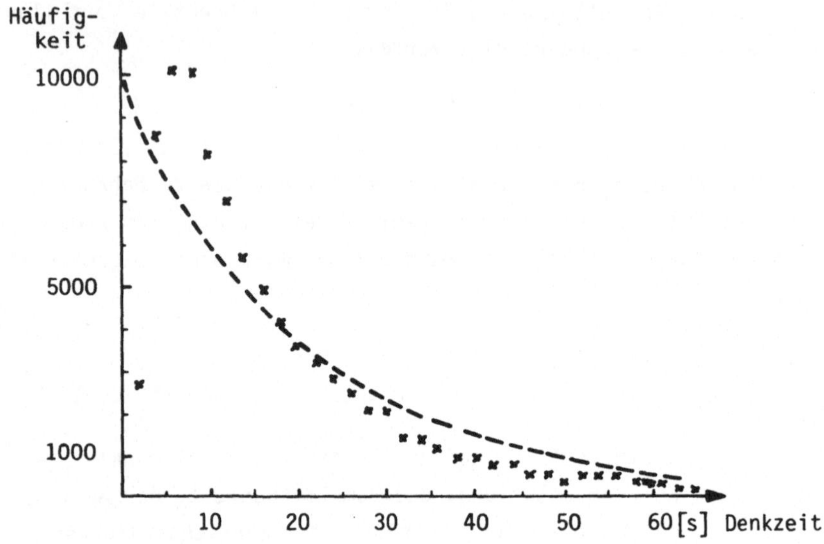

Abbildung 2.7: Verteilung der Denkzeiten von RESPOND-Benutzern mit exponentieller Näherung (nach HOFFMANN, 1977).

Eine Familie von Verteilungsfunktionen ohne Begrenzung ist die allgemeine Erlang-Verteilung, bestehend aus einer Summe gewichteter Erlang-Verteilungen. Der einfachste Fall ist die sog. hyper-exponentielle Verteilungsfunktion 2. Ordnung:

$$P\{T \leq t\} = 1 - p \cdot \exp\left[-2p \cdot \frac{t}{t_m} \right] - (1 - p) \cdot \exp\left[-2(1 - p) \cdot \frac{t}{t_m} \right] , \quad t \geq 0.$$

Erlang-k-Verteilung und hyperexponentielle Verteilung erlauben eine gute näherungsweise Beschreibung vieler in der Praxis auftretender Ankunfts- und Bedienungsprozesse, die mathematische Behandlung ist jedoch häufig recht schwierig.

Ein elegantes Verfahren besteht darin, beliebige Typen von Verteilungsfunktionen durch stückweise exponentielle Verteilungsfunktionen anzunähern; in den einzelnen Abschnitten sind dann die MARKOFF'schen Bedingungen erfüllt. Der einfachste Fall sind zwei an einem Grenzpunkt t_g zusammengesetzte Phasen:

$$P\{T \leq t\} = \begin{cases} 1 - \exp\left(-\frac{t}{t_{m_1}}\right) & \text{für } t \leq t_g \\ 1 - \exp\left(-\frac{t_g}{t_{m_1}}\right) \cdot \exp\left(-\frac{t - t_g}{t_{m_2}}\right) & \text{für } t \geq t_g \end{cases}$$

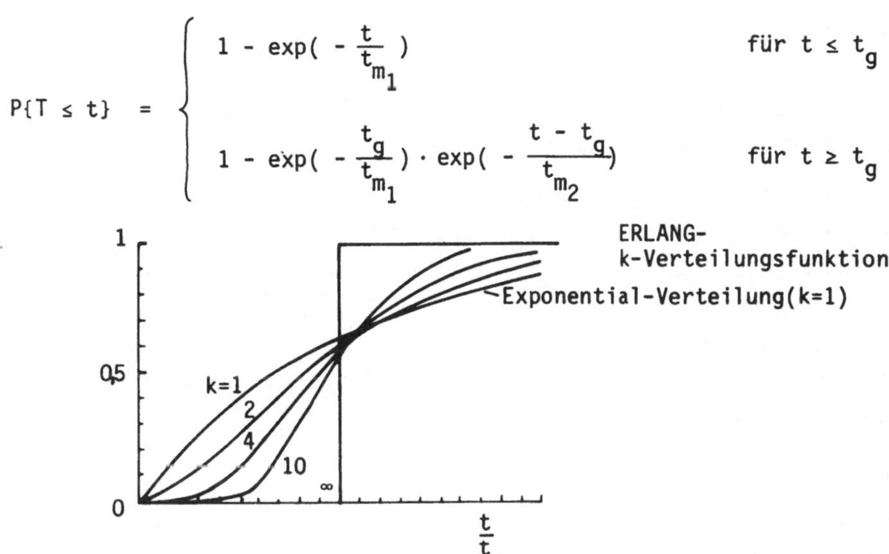

Abbildung 2.8: Darstellung der Erlang-k-Verteilungsfunktion

Unter Systemeinfluß versteht man die Abhängigkeit der Transport- und Bedienungsprozesse sowohl von der Systemstruktur als auch von der Art der Abfertigung eintreffender oder wartender Anforderungen.

Bezüglich der Abfertigung unterscheidet man zwischen gleichberechtigten Anforderungen (ohne Prioritäten) und Abfertigungen mit Prioritäten.

Die bekanntesten Abfertigungsstrategien für gleichberechtigte Anforderungen sind folgende:

- FIFO first-in, first-out, d.h. die zuerst eingetroffene Anforderung wird zuerst bedient.
- LIFO last-in, first-out, d.h. die zuletzt eingetroffene Anforderung wird zuerst bedient.
- RANDOM die wartenden Anforderungen werden zufällig ausgesucht und bedient.

Sind mehrere Warteschlangen mit gleichberechtigten Anforderungen vorhanden, so kommen zu diesen Abfertigungsstrategien noch verschiedene Möglichkeiten zur Auswahl einer bestimmten Warteschlange hinzu (sog. interqueue-discipline).

Bei Prioritäten unterscheidet man interne und externe Prioritätsklassen. Interne Prioritäten werden bei an sich gleichrangigen Aufgaben gesetzt, um z.B. einen maximalen Durchsatz zu erzielen. Ein Beispiel hierfür ist die SJF-Strategie (shortest-job-first-served, d.h. die Anforderungen mit der kürzesten Bedienungszeit wird zuerst bedient). Externe Prioritäten geben Auskunft über die Wichtigkeit einer Anforderung im Vergleich mit anderen konkurrierenden Anforderungen. Sie sind oft fest vorgegeben für bestimmte Anforderungen, können aber auch zeitabhängig sein.

Sowohl interne als auch externe Prioritäten können rein unterbrechend, rein nichtunterbrechend oder eine Mischform zwischen beiden Extremen sein. Rein unterbrechend bedeutet, daß die Bearbeitung einer Anforderung beim Eintreffen einer Anforderung höherer Priorität sofort unterbrochen wird. Bei den rein nichtunterbrechenden Strategien werden zwar Anforderungen der wichtigsten Prioritätsklasse vor allen anderen Wartenden bedient, eine momentane Bearbeitungsperiode kann aber nicht unterbrochen werden.

2.2.1.2 Analyse

Der Aufbau moderner Datenverarbeitungsanlagen ist so komplex, daß eine genaue Untersuchung des Gesamtsystems mit den heute zur Verfügung stehenden mathematischen Hilfsmitteln in einem Schritt nicht möglich ist. Man untersucht deshalb zunächst Teilsysteme sowie die gegenseitige Beeinflussung von Teilsystemen. Diese Untersuchungen geben eine Auskunft über maschineninterne Engpässe und erlauben eine Abschätzung der Gesamtleistungsfähigkeit des Rechnersystems. Für die mathematische Behandlung dieser Teilprobleme ist es sinnvoll, entsprechend dem Aufbau von Rechnersystemen aus funktionellen Einheiten, zu unterscheiden zwischen Modellen für den

- Prozessorverkehr
- Speicherverkehr
- Verkehr zwischen verschiedenartigen Funktionseinheiten.

Einen Überblick über die Klassifikation der verschiedenen Strukturmodelle gibt Abbildung 2.9 (vgl. dazu auch HERZOG, KÜHN, 1975).

a) Prozessorverkehr
Als Standard-Prozessoren werden alle Prozessoren definiert, bei welchen die einzelnen Anforderungen nacheinander bearbeitet werden, d.h. wir haben aus der Sicht des Prozessors eine Stapelverarbeitung. Notwendige Bevorzugungen erfolgen mit Hilfe interner bzw. externer Prioritäten. Im Gegensatz zu rückgekoppelten Prozessoren für Time-Sharing-Betrieb wird die Zahl der Programmwechsel, und deshalb auch die für das Betriebssystem notwendige Prozessorzeit, auf ein Minimum beschränkt.

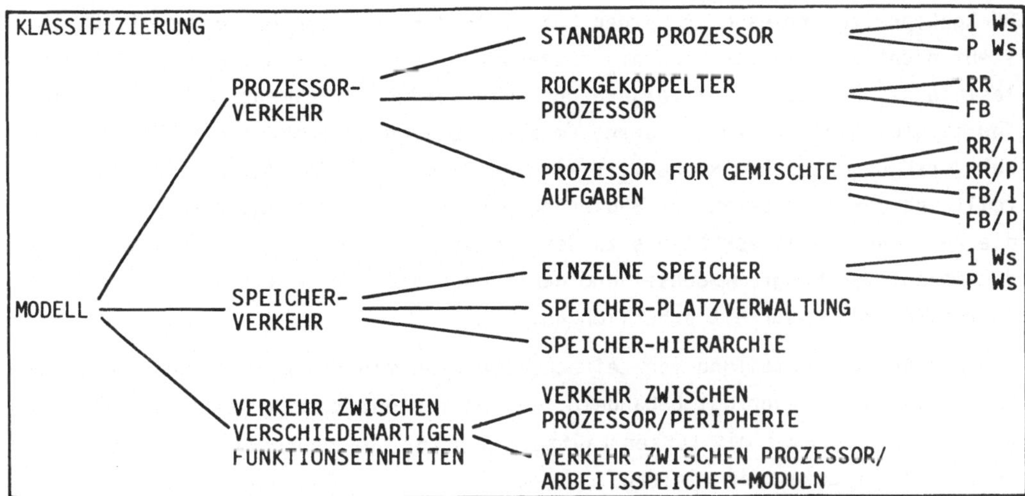

Abbildung 2.9: Klassifizierung von Strukturmodellen in der Verkehrstheorie
Ws = Warteschlange, RR = Round Robin, FB = Feedback,
P = Anzahl der Warteschlangen

Bei Modellen für Standard-Prozessoren unterscheidet man zwischen solchen mit einer und solchen mit mehreren Warteschlangen (vgl. Abbildung 2.10).

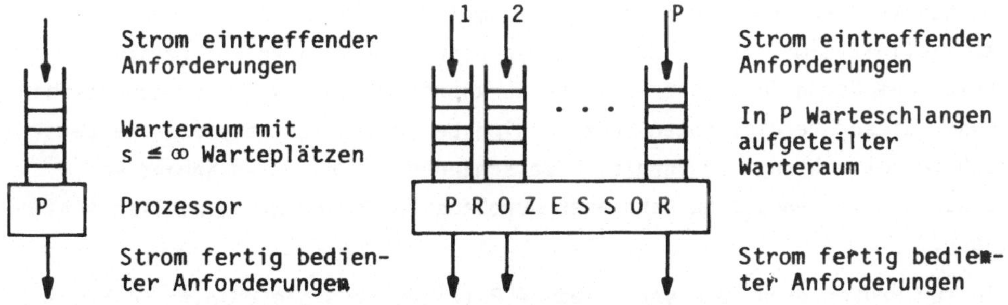

Abbildung 2.10: Strukturmodelle für Standard-Prozessoren mit einer oder mehreren Warteschlangen.

Bei Prozessoren mit mehreren Warteschlangen werden die Anforderungen entsprechend ihrer Dringlichkeit in Warteschlangen Nr. 1 bis P eingeteilt. Anforderungen der höchsten Dringlichkeit werden in die Warteschlange 1 eingereiht, jene der niedrigsten in die Warteschlange P.

Rückgekoppelte Prozessoren werden bei Time-Sharing-Systemen verwendet. Dort steht nicht wie bei den Standard-Prozessoren der Wunsch nach einer guten Auslastung des Prozessors im Vordergrund. Man versucht vielmehr, alle Teilnehmer "quasi-gleichzeitig" zu bedienen, um einen Dialog zu ermöglichen. Die gesamte zur Verfügung stehende Rechenzeit wird deshalb in kleine Zeitscheiben aufgeteilt und zyklisch allen auf Bedienung wartenden Anforderungen zugeteilt. Da die Zeitscheiben im Verhältnis zu den Bedienungszeiten sehr klein sind, steigt die Anzahl der Programmwechsel und damit auch die für Verwaltungsarbeiten notwendige Prozessorzeit erheblich an.

Je nach Art der Zuteilung von Zeitscheiben kann man die Anforderungen gleichberechtigt bzw. bevorzugt behandeln. In der Tendenz werden jedoch bei allen Strategien Programme mit kurzen Laufzeiten bevorzugt behandelt, d.h. sie haben kürzere Gesamtwartezeiten.

Die Prozessormodelle sind teilweise so komplex, daß ihre exakte mathematische Behandlung nicht immer möglich ist. Mathematische Vereinfachungen ergeben sich, wenn man die zur Unterbrechung notwendigen Verwaltungszeiten proportional zur Zeitscheibe annimmt bzw. völlig vernachlässigt. Diese Vereinfachung wirkt sich auf die numerischen Ergebnisse bei Strategien mit relativ wenigen Programmwechseln bzw. bei Systemen mit großen Arbeitsspeichern, in denen gleichzeitig die aktuellen Teile mehrerer Programme zur Verfügung stehen, nur gering aus. Weitere starke Vereinfachungen in der mathematischen Behandlung ergeben sich, wenn man infinitesimal kleine Zeitscheiben betrachtet; diese Ersatzmodelle sind unter dem Namen "Processor-Sharing" bekannt. Die Aussagekraft numerischer Ergebnisse dieser vereinfachten Modelle sind bezüglich der absoluten Werte kritisch zu betrachten; der Vergleich verschiedener Strategien anhand von "Processor-Sharing"-Modellen kann aber durchaus Tendenzen prinzipieller Art aufzeigen.

Modelle für Prozessoren, die verschiedene Betriebsarten gleichzeitig erlauben, lassen sich aus den Modellen für Standard- und rückgekoppelte Prozessoren zusammensetzen.

b) Speicherverkehr

Die Einführung von Multiprogramming- und Time-Sharing-Betriebsweisen erfordert einen schnellen Transfer von Programmen bzw. Programmteilen und Daten. Bei diesen Betriebsweisen hat sich gezeigt, daß nicht nur der Prozessor, sondern vor allem auch die Zugriffe zum Arbeitsspeicher sowie zu peripheren Speichern den Engpaß bilden. Um Prozessoren und Speicher zeitlich gut auszunutzen, wurden hardwareseitig Konzeptionen mit Schnellspeichern sowie in Moduln unterteilte Arbeitsspeicher zur zeitlich überlappten Bearbeitung von Befehlen (pipelining, look-ahead) vorgesehen. Softwareseitig sind Konzeptionen zur Segmentierung bzw. Aufteilung von Programmen und Daten in Seiten (paging) eingeführt worden. Beim Paging-Verfahren wird nur eine begrenzte Zahl von "Programmseiten" (pages), welche i.a. verschiedenen Programmen angehören, im Arbeitsspeicher oder in einem Schnellspeicher gespeichert. Während der Bearbeitung der Programme sind daher mehrere Seitentransfers zwischen peripherem Speicher und Arbeits- bzw. Schnellspeicher erforderlich.

Die Modelle für den Speicherverkehr lassen sich in drei Kategorien einteilen:

- Modelle für den Zugriff zu peripheren Speichern
- Modelle für die Speicherplatzverwaltung innerhalb von Speichern
- Modelle für den Verkehr innerhalb einer Speicherhierarchie

c) Verkehr zwischen verschiedenartigen Funktionseinheiten

Zur Untersuchung der Leistungsfähigkeit eines Rechnersystems ist es neben der Untersuchung von Teilsystemen unbedingt erforderlich, Gesamtmodelle für das Zusammenspiel verschiedenartiger Funktionseinheiten aufzustellen. Es gibt eine Reihe von Ansätzen, das Verkehrsverhalten dieser Gesamtmodelle auf analytische Weise zu beschreiben. Häufig wird jedoch zur Untersuchung der Leistungsfähigkeit von Rechnersystemen als Ganzes die Simulation (vgl. Abschnitt 2.1.2.4) angewendet.

Die Modelle für den Verkehr zwischen verschiedenartigen Funktionseinheiten werden in zwei Hauptgruppen eingeteilt:

- Modelle für den Verkehr zwischen Prozessor(en) und Peripherie
- Modelle für den Verkehr zwischen Prozessor(en) und Arbeitsspeichermoduln.

2.2.2 Mathematische Behandlung der Verkehrsmodelle zur Berechnung der charakteristischen Verkehrsgrößen

Bei der mathematischen Behandlung der Modelle treten zwei große Gruppen von Prozessen auf: die MARKOFF'schen- und die Nicht-MARKOFF'schen Prozesse. Die von der Vorgeschichte unabhängigen MARKOFF'schen Prozesse sind mathematisch einfacher zu behandeln. Die Ableitung der charakteristischen Verkehrsgrößen geschieht dabei in den folgenden Schritten:

(1) Auswahl einer Zufallsvariablen bzw. eines Zufallsvektors, durch welche die verschiedenen Zustände des Systems gekennzeichnet werden.

(2) Aufstellung eines Zustandsdiagramm, das die möglichen Zustandsübergänge in einem System für das Zeitintervall $(t, t + \Delta t]$ veranschaulicht.

(3) Aufstellen des allgemeinen CHAPMANN-KOLMOGOROFF'schen Gleichungssystems, das eine Aussage über die Wahrscheinlichkeit $P_i(t_n)$ macht, daß sich zum Zeitpunkt t_n das System im Zustand i befindet. Dabei gilt:

$$P_r(t_{n+1}) = \sum_k P_k(t_n)\, ü_{k,r}(t_n, t_{n+1}) \qquad r,k \in \{0, 1,\ldots K\}$$

$ü_{k,r}(t_n, t_{n+1})$ sind dabei die Übergangswahrscheinlichkeiten von einem Zustand k in einen Zustand r des Systems (z.B.: K = Anzahl der Prozesse, die sich im System befinden).

(4) Bestimmung der Übergangswahrscheinlichkeiten $ü_{k,r}(t_n, t_{n+1})$ unter Verwendung der MARKOFF'schen Eigenschaft: Es werden die Wahrscheinlichkeiten, daß ein System von einem Zustand k in einen Zustand r übergeht, bestimmt. Diese Wahrscheinlichkeiten sind dabei von der Vorgeschichte unabhängig (vgl. auch Abbildung 2.12).

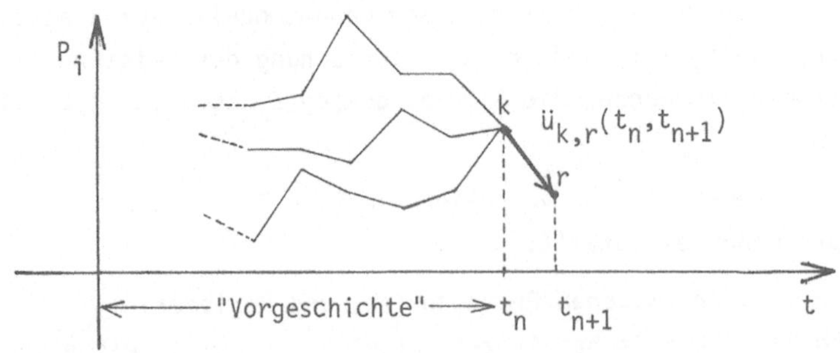

Abbildung 2.12: Übergangswahrscheinlichkeit eines Systems mit MARKOFF'schen Prozessen: $ü_{k,r}$ unabhängig von der Vorgeschichte

(5) Aufstellen des speziellen CHAPMANN-KOLMOGOROFF'schen Gleichungssystems.

(6) Bei Übergang von $\Delta t \rightarrow 0$ entsteht ein Differentialgleichungssystem mit K + 1 Gleichungen für $P_r(t)$ (r = 0, 1, 2, ... , K). Dieses Gleichungssystem wird aufgelöst und damit die zeitabhängigen Zustandswahrscheinlichkeiten $P_r(t)$ bestimmt. In vielen Fällen interessiert nur die statische (also nicht zeitabhängige) Lösung. In diesem Fall wird aus dem Differentialgleichungssystem ein einfacher lösbares Differentialgleichungssystem, das die Zustandswahrscheinlichkeiten P_r liefert.

(7) Aus den P_r werden die weiteren sogenannten charakteristischen Verkehrsgrößen abgeleitet: Mittlere Wartezeit, mittlere Warteschlangenlänge, Wartewahrscheinlichkeit etc..

Nicht-MARKOFF'sche Prozesse sind alle jene Prozesse, bei welchen der Prozeßverlauf - mindestens für eine gewisse Zeit - von der Vorgeschichte abhängig ist. Ein einheitlicher Lösungsansatz wie bei den MARKOFF'schen Systemen ist nicht mehr möglich. Dennoch versucht man durch einenTrick, sich die Vorteile, die sich bei der Behandlung MARKOFF'scher Systeme ergeben, zunutze zu machen: Man ersetzt das zeitlich abhängige Verhalten eines eindimensionalen Nicht-MARKOFF'schen Prozesses durch das Verweilen in fiktiven exponentiellen Phasen, d.h. durch einen mehrdimensionalen MARKOFF-Prozeß (Phasenmethode). Eine zweite Möglichkeit ist das Verfahren der Eingebetteten MARKOFF-Kette: Man betrachtet einen beliebigen stochastischen Prozeß nur zu solchen diskreten Zeitpunkten, bei denen die Zustände die MARKOFF-Eigenschaften besitzen.

Beide Methoden sind dazu geeignet, zeitabhängige Prozesse zu beschreiben, also auch z.B. das Einschwingverhalten eines Systems zu untersuchen. Diese allgemeine Anwendbarkeit bringt zwangsläufig den Nachteil relativ umfangreicher Gleichungssysteme mit sich. Oft sind deshalb zwar prinzipiell Lösungsansätze möglich, eine numerische Auswertung scheitert aber selbst auf den größten Datenverarbeitungsanlagen. Bei Prozessen, die bereits zu Beginn der Beobachtung im eingeschwungenen Zustand sind (sog. stationäre Prozesse) erlaubt die sog. Momentenmethode mit relativ geringem Aufwand die Bestimmung des ersten Moments (z.B. der Wartezeitverteilungsfunktion), teilweise auch höherer Momente. Man verfolgt hierbei das Schicksal einer individuellen Anforderung vom Eintreffen in das System bis zum Verlassen mit allen Möglichkeiten für Unterbrechung, Zurückschieben im Speicher usw. Durch das Bilden von Erwartungswerten ist dann oft eine Bestimmung der Momente möglich.

2.2.3 Beispiele

Die folgenden Beispiele skizzieren, wie mittels der 7 angegebenen Schritte die charakteristischen Verkehrsgrößen realer Systeme berechnet werden. Beispiel 1 steht für ein sehr einfaches -, Beispiel 2 für ein komplexeres Modell.

2.2.3.1 Beispiel 1: Einfaches Prozeßmodell mit einer Warteschlange

Anhand der im vorigen Abschnitt erläuterten 7 Schritte werden in diesem Beispiel die charakteristischen Verkehrsgrößen für ein einfaches System ermittelt.

(Ø) Systembeschreibung (vgl. Abbildung 2.13)
Gegeben sei ein einfaches Prozessormodell mit 1 Bedienungseinheit, 1 Warteschlange und 1 Speicherplatz. Kommt eine Anforderung an und es ist der Speicherplatz belegt, verläßt sie das ganze System sofort (Überlauf).

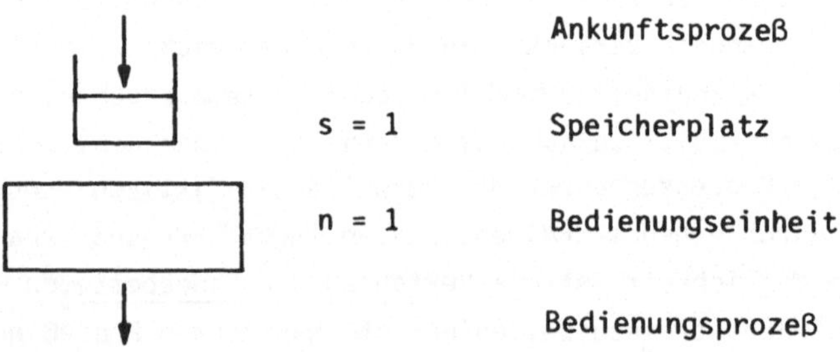

Abbildung 2.13: Symbolische Darstellung des Beispiel-Modells

Der Ankunfts- und Bedienungsprozeß unterliegen einer negativen exponentiellen Verteilung. Die Ankunftsrate sei $\lambda = \frac{1}{a_m}$ mit a_m als mittleren Ankunftsabstand; die Bedienungsrate sei $\mu = \frac{1}{b_m}$, wobei b_m die mittlere Bedienungszeit darstellt. Mit diesen Größen ergeben sich die Verteilungsfunktionen

$$P(T_A \leq t) = 1 - e^{-\lambda t} \quad \text{für den Ankunftsprozeß}$$

und

$$P(T_B \leq t) = 1 - e^{-\mu t} \quad \text{für den Bedienungsprozeß.}$$

Gesucht sind charakteristische Verkehrsgrößen, wie

- $P_r(t)$ Wahrscheinlichkeit, daß sich zum Zeitpunkt t r Elemente im System befinden
- Ω mittlere Ausnutzung (Besetztgrad) des Speicherplatzes
- t_w mittlere Wartezeit usw.

(1) Auswahl einer zustandsbeschreibenden Zufallsvariablen.
Gesucht ist eine Kenngröße, die alle möglichen Zustände des Systems abbildet. Da für die Bestimmung der charakteristischen Größe die Zahl der Elemente im System grundlegend ist, liegt es auf der Hand, diese Zahl der Elemente mit der Zufallsvariablen abzubilden.

(2) Aufstellen des Zustandsdiagrammes.
Die einzelnen möglichen Zustände werden aufgezeichnet. Mit Pfeilen werden die Übergänge angezeigt, die in einem Zeitintervall (t, t+Δt] möglich sind.

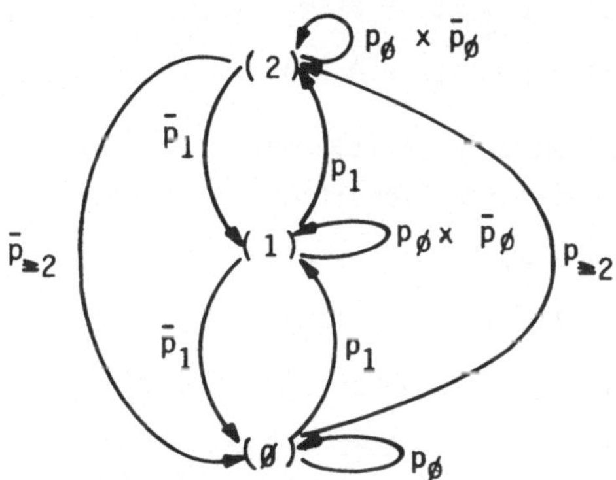

Abbildung 2.14: Zustandsdiagramm für das Beispiel-Modell und Übergangswahrscheinlichkeiten. (∅), (1) und (2) sind die möglichen Zustände des Systems.

(3) Aufstellung des allgemeinen CHAPMAN-KOLMOGOROFF'schen Gleichungssystems.
Unter Berüchsichtigung der Unabhängigkeit der ablaufenden Prozesse kann als Wahrscheinlichkeit, daß sich zum Zeitpunkt t_{s+1} r Elemente im System befinden, angegeben werden

$$P_r(t_{s+1}) = \sum_k P_k(t_s) \cdot ü_{k,r}(t_s, t_{s+1})$$

(4) Bestimmung der Übergangswahrscheinlichkeiten.
Bei den angegebenen Ankunfts- und Bedienungsprozessen handelt es sich um MARKOFF-Prozesse. Es läßt sich zeigen, daß durch die Unabhängigkeit von der Vorgeschichte bei diesen Prozessen die Wahrscheinlichkeiten, daß in

einem Zeitintervall $(t,t+\Delta t]$ $\emptyset$, 1, 2,.... Prozesse eintreffen bzw. das System verlassen, unabhängig sind vom gewählten Zeitpunkt t. Um diese Wahrscheinlichkeiten zu ermitteln, benutzen wir die Potenzreihenentwicklung für die beiden angegebenen Verteilungsfunktionen und erhalten:

- Wahrscheinlichkeit p1, daß in einem Zeitintervall $(t,t+\Delta t]$ genau eine neue Anforderung eintrifft: $p1(t,t+\Delta t) = p1(\Delta t) = \lambda\Delta t+O(\Delta t)$[1)]
- Wahrscheinlichkeit $\overline{p}1$, daß in einem Zeitintervall $(t,t+\Delta t]$ genau eine Einheit das System verläßt: $\overline{p}1(t,t+\Delta t) = \overline{p}1(\Delta t) = \mu\Delta t+O(\Delta t)$
- für mehr als eine Einheit, die eintrifft bzw. das System verläßt, ergibt sich $p_{\geq 2}(t,t+\Delta t) = p_{\geq 2}(\Delta t) = O(\Delta t)$ bzw.

$$\overline{p}_{\geq 2}(t,t+\Delta t) = \overline{p}_{\geq 2}(\Delta t) = O(\Delta t)$$

- Wahrscheinlichkeit, daß in einem Zeitintervall $(t, t+\Delta t]$ keine Anforderung eintrifft und keine Einheit das System verläßt:

$$p_{\emptyset}(t, t+\Delta t) = p_{\emptyset}(\Delta t) = 1 - \lambda\Delta t + O(\Delta t)$$

$$\overline{p}_{\emptyset}(t, t+\Delta t) = \overline{p}_{\emptyset}(\Delta t) = 1 - \mu\Delta t + O(\Delta t)$$

Die Werte für $p_{\emptyset}(\Delta t)$ bzw. $\overline{p}_{\emptyset}(\Delta t)$ ergeben sich als Komplemente zu den ersten beiden Gleichungen.

Für den Zustand ($\emptyset$) führen wir nun folgende Überlegungen durch:
Für das spezielle CHAPMAN-KOLMOGOROFF'sche Gleichungssystem müssen alle Zustandsübergänge betrachtet werden, die in diesen Zustand ($\emptyset$) führen. Das sind im einzelnen:

- $ü_{1,\emptyset}$ 1 Element befindet sich im System, 1 Element wird im Zeitraum Δt abgefertigt
- $ü_{2,\emptyset}$ 2 Elemente befinden sich im System, 2 Elemente werden im Zeitraum Δt abgefertigt
- $ü_{\emptyset,\emptyset}$ Kein Element befindet sich im System, keine Anforderung trifft ein.

---

1) $O(\Delta t)$ bezeichnet Glieder höherer Ordnung von Δt, die beim Grenzübergang von Δt verschwinden. Es ist ferner zwischen p_i und P_r, den Zustandswahrscheinlichkeiten, zu unterscheiden!

Aus diesen Überlegungen heraus ergeben sich die folgenden Übergangswahrscheinlichkeiten:

- $\ddot{u}_{1,\emptyset}(t_s, t_s + \Delta t) = \overline{p}_1(t_s, t_s + \Delta t) = \overline{p}_1(\Delta t) = \mu\Delta t + O(\Delta t)$
- $\ddot{u}_{2,\emptyset}(t_s, t_s + \Delta t) = \overline{p}_{\geq 2}(t_s, t_s + \Delta t) = \overline{p}_{\geq 2}(\Delta t) = O(\Delta t)$
- $\ddot{u}_{\emptyset,\emptyset}(t_s, t_s + \Delta t) = p_{\emptyset}(t_s, t_s + \Delta t) = p_{\emptyset}(\Delta t) = 1 - \lambda\Delta t + O(\Delta t)$

Gleiche Überlegungen müssen für die beiden anderen Zustände (1) und (2) durchgeführt werden.

(5) Aufstellen des speziellen CHAPMAN-KOLMOGOROFF'schen Gleichungssystems. Für jeden der drei möglichen Zustände läßt sich nun eine CHAPMAN-KOLMOGOROFF'sche Gleichung aufstellen. Für den Zustand ($\emptyset$) ist somit die Zustandswahrscheinlichkeit $P_{\emptyset}$ zu berechnen:

$$\begin{aligned} P_{\emptyset}(t_s + \Delta t) &= P_{\emptyset}(t_s)\cdot\ddot{u}_{\emptyset,\emptyset}(t_s, t_s + \Delta t) + P_1(t_s)\cdot\ddot{u}_{1,\emptyset}(t_s, t_s + \Delta t) \\ &\quad + P_2(t_s)\cdot\ddot{u}_{2,\emptyset}(t_s, t_s + \Delta t) \\ &= P_{\emptyset}(t_s)\cdot(1 - \lambda\Delta t + O(\Delta t)) + P_1(t_s)\cdot(\mu\Delta t + O(\Delta t)) \\ &\quad + P_2(t_s)\cdot(O(\Delta t)) \end{aligned}$$

(6) Grenzübergang $\Delta t \to \emptyset$

Wir formen die Gleichung um:

$$\begin{aligned} \frac{P_{\emptyset}(t_s + \Delta t) - P_{\emptyset}(t_s)}{\Delta t} &= - P_{\emptyset}(t_s)\cdot\left(\lambda - \frac{O(\Delta t)}{\Delta t}\right) \\ &\quad + P_1(t_s)\cdot\left(\mu + \frac{O(\Delta t)}{\Delta t}\right) \\ &\quad + P_2(t_s)\,\frac{O(\Delta t)}{\Delta t} \end{aligned}$$

Lassen wir $\Delta t \to \emptyset$ laufen, ergibt der Ausdruck auf der linken Seite die 1. Ableitung von $P_{\emptyset}(t_s)$, und wir erhalten folgende Differentialgleichung: $P'_{\emptyset}(t_s) = P_1(t_s)\cdot\mu - P_{\emptyset}(t_s)\cdot\lambda$.
Mit den beiden anderen Zuständen erhalten wir ein Differentialgleichungssystem, das lösbar ist.

(7) Ermittlung der charakteristischen Verkehrsgrößen

Man kann zeigen, daß sich für sehr großes t eine vom Ausgangszustand unabhängige Lösung ergibt. Gilt also:

$(\lim(t_s \to \infty) : P_r(t_s) = P_r)$, so erhalten wir

$$P_r(t_s) = P_r = \left(\frac{\lambda}{\mu}\right)^r \cdot \frac{1 - \frac{\lambda}{\mu}}{1 - \left(\frac{\lambda}{\mu}\right)^{z+2}} \qquad \begin{array}{l} r = 0, 1, 2 \\ z = \text{Anzahl der Wartepl.} \end{array}$$

Aus dieser Größe lassen sich die charakteristischen Verkehrsgrößen herleiten:

- mittlere Warteschlangenlänge $\Omega = \sum_{r=1}^{z+1} P_r(r - 1) = \ldots$
- mittlere Wartezeit $t_w = \frac{\lambda}{\mu(\mu-\lambda)}$

2.2.3.2 Beispiel 2: Modell für den Verkehr zwischen Rechnerkern und E/A-Steuerwerk [1)]

(0) Systembeschreibung

Wir betrachten eine reale Rechenanlage mit einem Rechnerkern und einem E/A-Steuerwerk. Zudem verfüge sie über einen Primärspeicher, dessen Kapazität ausreiche, alle anstehenden Aufträge mit ihren Programmen und Daten aufzunehmen.

Zur Analyse der Programmläufe in einer Rechenanlage mit der angegebenen Struktur betrachten wir ein Warteschlangensystem mit folgenden Eigenschaften: Das System verfügt über zwei Bedienungsstationen, von denen die eine den Rechnerkern, die andere das E/A-Steuerwerk repräsentieren soll.

---

1) Entnommen aus SPIES, 1969

- Der Ankunftsprozeß genüge einer Exponentialverteilung

$$P(T_A \leq t) = 1 - e^{-\lambda t}$$

- Jeder Auftrag wird bei seiner Eingabe in die Warteschlange des Rechnerkerns eingeordnet.
- Der Bedienungsprozeß des Rechnerkerns genüge einer Exponentialverteilung

$$P(T_B \leq t) = 1 - e^{-\mu_1 t}$$

- Nach Abschluß der Ausführung im Rechnerkern verlasse der Auftrag mit der Wahrscheinlichkeit p_1 das System, während er mit $1 - p_1$ in die Warteschlange des E/A - Steuerwerkes eingeordnet werde.
- Der Bedienungsprozeß des E/A-Steuerwerks genüge einer Exponentialverteilung

$$P(T_B \leq t) = 1 - e^{-\mu_2 t}$$

- Nach Abschluß der Ausführung im E/A - Steuerwerk verlasse der Auftrag mit der Wahrscheinlichkeit p_2 das System, während er mit $1 - p_2$ in die Warteschlange des Rechnerkerns eingeordnet werde.
- Beide Warteschlangen seien in ihrer Länge unbeschränkt; jede Warteschlange werde in der Reihenfolge der Ankünfte abgearbeitet (Strategie FIFO).

Abbildung 2.15 skizziert das Warteschlangensystem.

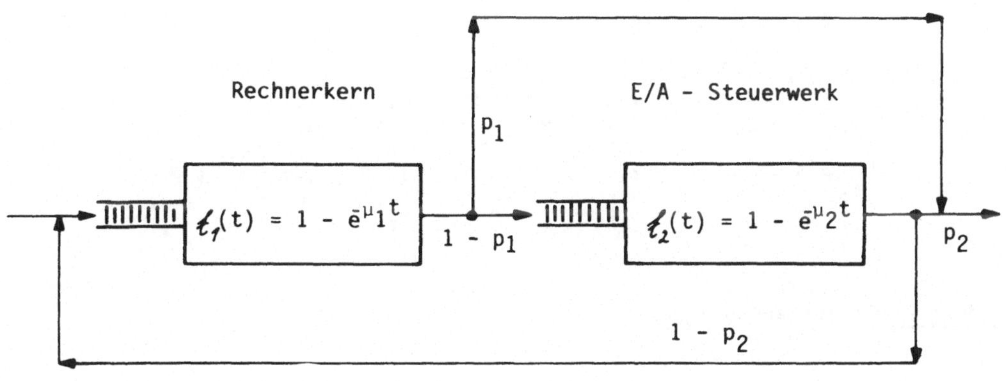

Abbildung 2.15: Ein Warteschlangensystem zur Analyse des Verkehrs zwischen Rechnerkern und E/A-Steuerwerk.

(1) Auswahl einer zustandsbeschreibenden Zufallsvariablen:
Für dieses Beispiel genügt eine eindimensionale Zustandsvariable nicht mehr, um das System vollständig zu beschreiben. Man verwendet daher eine zweidimensionale Zufallsvariable: (r_1, r_2). r_1 sei dabei die Anzahl der Aufträge in der Warteschlange vor - und im Rechnerkern selbst, r_2 die Anzahl der Aufträge in der Warteschlange vor - und im E/A-Steuerwerk[1]) selbst.

(2) Aufstellung des allgemeinen CHAPMAN-KOLMOGOROFF'schen Gleichungssystems:
Im zweidimensionalen Fall ergibt sich das folgende Gleichungssystem (analog zum eindimensionalen Fall)

$$P_{r_1,r_2}(t, t + \Delta t) = \sum_{k_1} \sum_{k_2} p_{k_1,k_2}(t) \quad ü_{k_1,k_2 \rightarrow r_1,r_2}(t, t + \Delta t)$$

(3) Aufstellung des Zustandsdiagramms:
Aus Gründen der Übersichtlichkeit wurden die Schleifen an den einzelnen Zuständen (die das Verbleiben in einem Zustand kennzeichnen) weggelassen. Da im Beispiel unbegrenzte Warteschlangen angenommen wurden, ist die Anzahl der Zustände unendlich[2]).

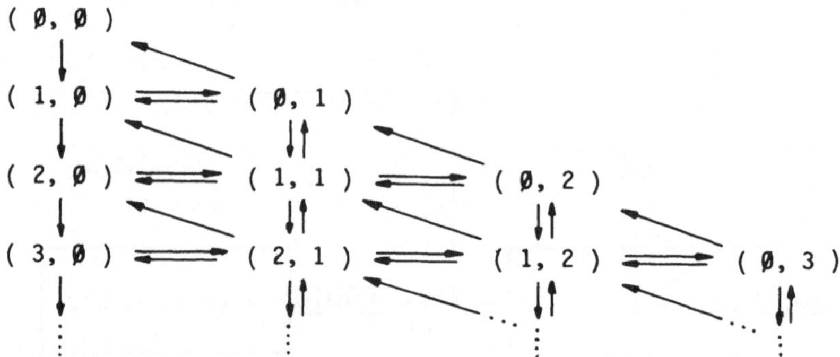

Abbildung 2.16: Zustandsdiagramm

[1]) Das ist nur eine Möglichkeit der Zustandsbeschreibung, andere sind möglich.

[2]) Diese Überlegung gilt natürlich nur im theoretischen Fall.

(4) Bestimmung der Übergangswahrscheinlichkeiten:
Die Übergangswahrscheinlichkeiten lassen sich aus folgenden Wahrscheinlichkeiten herleiten:

- W.-keit, daß ein Auftrag im Zeitraum Δt ankommt: $\lambda\Delta t+O(\Delta t)$
- W.-keit,daß kein Auftrag im Zeitraum Δt ankommt: $1-\lambda\Delta t+O(\Delta t)$
- W.-keit, daß mehr als ein Auftrag im Zeitraum Δt ankommt: $O(\Delta t)$
- W.-keit, daß ein Auftrag im Zeitraum Δt den Rechnerkern verläßt: $\mu_1\Delta t+O(\Delta t)$
- W.-keit, daß ein Auftrag im Zeitraum Δt das E/A-Steuerwerk verläßt: $\mu_2\Delta t+O(\Delta t)$
- W.-keit, daß kein Auftrag im Zeitraum Δt den Rechnerkern verläßt: $1-\mu_1\Delta t+O(\Delta t)$
- W.-keit, daß kein Auftrag im Zeitraum Δt das E/A-Steuerwerk verläßt: $1-\mu_2\Delta t+O(\Delta t)$
- W.-keit, daß mehr als ein Auftrag im Zeitraum Δt den Rechnerkern (das E/A-Steuerwerk) verläßt: $O(\Delta t)$

(5) Aufstellung des speziellen CHAPMAN-KOLMOGOROFF'schen Gleichungssystems
Das Gleichungssystem hat für $P_{1,1}$ folgendes Aussehen:

$$\begin{aligned}
P_{1,1}(t+\Delta t) = {} & P_{1,1}(t) \cdot (1-\lambda\Delta t)(1-\mu_1\Delta t)(1-\mu_2\Delta t) \\
& + P_{\emptyset,1}(t) \cdot \lambda\Delta t\,(1-\mu_2\Delta t) \\
& + P_{\emptyset,2}(t) \cdot (1-\lambda\Delta t)\,\mu_2\Delta t\,(1-p_2) \\
& + P_{2,1}(t) \cdot (1-\lambda\Delta t)\,\mu_1\Delta t\,p_1\,(1-\mu_2\Delta t) \\
& + P_{2,\emptyset}(t) \cdot (1-\lambda\Delta t)\,\mu_1\Delta t\,(1-p_1) \\
& + P_{1,2}(t) \cdot (1-\lambda\Delta t)(1-\mu_1\Delta t) \cdot \mu_1\Delta t \cdot p_2
\end{aligned}$$

Das Entstehen dieser Gleichung kann anhand des Zustandsdiagrammes, den obigen Wahrscheinlichkeiten und den im Schritt (Ø) angegebenen Übergangswahrscheinlichkeiten p_1 und p_2 nachvollzogen werden. Das vollständige Gleichungssystem ist bei SPIES, 1969, angegeben.

(6) Grenzübergang $\Delta t \rightarrow \emptyset$:
Analog zum ersten Beispiel wird aus dem CHAPMAN-KOLMOGOROFF'schen Gleichungssystem durch den Grenzübergang $\Delta t \rightarrow \emptyset$ ein Differentialgleichungssystem hergeleitet.

(7) Ermittlung der charakteristischen Verkehrsgrößen:
Als Lösung des Differentialgleichungssystems ergibt sich:

$$P_{n,m} = a^n \cdot b^m (1-a)(1-b) \quad \text{mit den Parametern}$$

$$a = \frac{\lambda}{\mu_1(p_1+p_2-p_1 p_2)} \quad \text{und } b = \frac{\lambda(1-p_1)}{\mu_2(p_1+p_2-p_1 p_2)}$$

Als mittlere Warteschlangenlänge vor dem Rechnerkern errechnet man:

$$W_R = \frac{a}{1-a}$$

Die mittlere Warteschlangenlänge vor dem E/A-Steuerwerk beträgt

$$W_{EA} = \frac{b}{1-b}$$

mit den gleichen Parametern a und b.

2.3 Graphentheoretische Betrachtung des Flusses in Netzen

Betrachtet man die Leistungsfähigkeit von Rechnernetzen oder Rechnersystemen mit mehreren Prozessoren, so stellt man fest, daß diese auch weitgehend von den Möglichkeiten des Informationsaustausches zwischen den verschiedenen Verarbeitungseinheiten bestimmt ist. Vor allem bei größeren Rechnernetzen (ARPA-Netzwerk in den USA, vgl. KIRSTEIN, 1974) stellt sich die Frage, wie die Verbindungen zwischen den einzelnen Knoten des Netzes (den Rechnern) beschaffen sein müssen, damit bei gegebenem Anforderungsprofil keine durch Netzüberlastung bedingten Wartezeiten entstehen.

Im nachfolgenden ersten Abschnitt werden zunächst die Begriffe "Informationsfluß", "Nachrichtenkanal" und "Kapazität des Kanals" eingeführt. Damit erhalten wir ein Maß für die Leistungsfähigkeit einer Datenverbindung zwischen zwei Punkten. Im zweiten Abschnitt wird dann mit dem FORD-FULKERSON-

Algorithmus ein Verfahren angegeben, mit dessen Hilfe die maximale Leistungsfähigkeit der Datenverbindung zwischen zwei Punkten in einem beliebig vermaschten (Rechner-)Netz bestimmt werden kann.

2.3.1 Informationsfluß, Kanal, Kanalkapazität

Angenommen, eine Quelle (Element 1) gibt an eine Senke (Element 2) eine Informationsmenge m_1 ab. Dies geschehe mit einem Informationsfluß f_{12} (in der Datenverarbeitung in bit/sec angegeben), dabei baut f_{12} die Informationsmenge m_1 nach folgender Beziehung ab:

$$f_{12} = -\frac{dm_1}{dt} \qquad \text{Informationsfluß}$$

Im gleichen Maß baut dieser Fluß eine Informationsmenge m_2 auf:

$$\frac{dm_2}{dt} = f_{12} \qquad \text{Informationsfluß}$$

Durch Integration entsteht:

$$m_2 = \int_0^{t_ü} f_{12}dt \qquad \text{Informationsmenge}$$

worin $t_ü$ die erforderliche Übertragungszeit ist.
Ist f_{12} im Bereich $0 \leq t \leq t_ü$ konstant, dann gilt:

$$m_2 = f_{12} \cdot t_ü \qquad \text{Informationsmenge}$$

Im folgenden wird diese Annahme gemacht. Die Flußgeschwindigkeit f ($=f_{12}$) ist dann gegeben durch:

$$f = \frac{m}{t_ü} \qquad \text{Flußgeschwindigkeit (in bit/sec)}$$

Der Weg, auf dem die Information fließen kann, nennen wir den Nachrichtenkanal. Dieser Kanal hat eine Kanalkapazität c_0, die seine Leistungsfähigkeit (in bit/sec) angibt.
Beispiel:
Gegeben sei ein Kanal K mit Kapazität c_0.

Seien f_1 und f_2 Informationsflüsse
und m_1 und m_2 die dazugehörigen Informationsmengen,
so ist mit einfachen Übertragungsverfahren eine Übertragung auf Kanal K dann möglich, wenn

$$f_1 + f_2 < c_o$$

(einfache Deutung: f_1, f_2, c_o Bandbreiten)
In diesem Fall ergeben sich die Übertragungszeiten zu:

$$t_{ü1} = \frac{m_1}{f_1} \qquad \text{und} \qquad t_{ü2} = \frac{m_2}{f_2}$$

Ein anschauliches Bild des Kanals K zeigt Abbildung 2.17.

Untersucht man die Beziehung zwischen Kanalkapazität und Informationsfluß, so gelten folgende Beziehungen:

$$c_o > f \qquad t_ü = \frac{m}{f}$$

$$c_o < f \qquad t'_ü = \frac{m}{c_o}$$

Im zweiten Fall bestimmt die Kanalkapazität die Übertragungszeit.

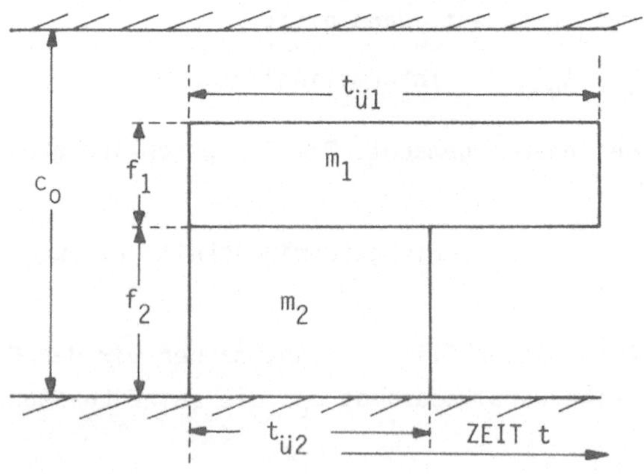

Abbildung 2.17: Darstellung eines Nachrichtenkanals K mit Kapazität c_o sowie zweier Informationsflüsse f_1 und f_2

Gegebenenfalls macht man von der Möglichkeit der Zwischenspeicherung Gebrauch. Die notwendige Kapazität des Zwischenspeichers (in bit!) ist:

$$K = t_ü(f-c_o) = m(1- \frac{c_o}{f}) \qquad \text{falls } f > c_o$$

Die erforderliche Zwischenspeichergröße wächst proportional zur Informationsmenge, die zu übertragen ist.

Will man mit einem Kanal mehrere Informationsflüsse übertragen, so bieten sich im wesentlichen zwei Möglichkeiten an:

1. Frequenzsimultaneität: Das vorhandene Frequenzband wird in mehrere Teilbänder unterteilt (Trägerfrequenztechnik).

2. Zeitmultiplex: Das vorhandene Frequenzband wird in kurzen Zeitintervallen jeweils ganz einer Quelle zugeteilt. (vgl. auch Abbildung 2.18).

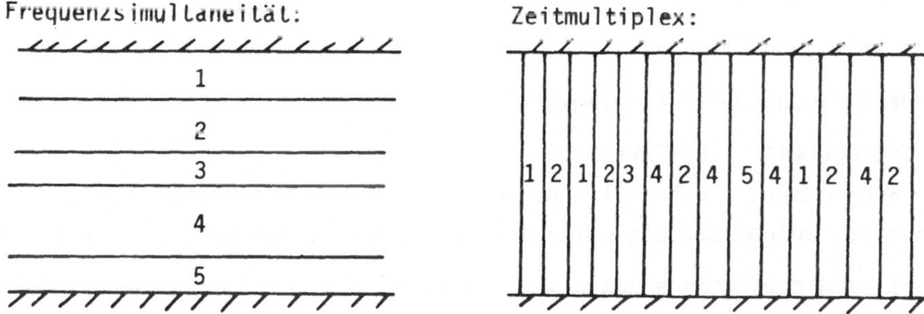

Abbildung 2.18: Übertragung von 5 Informationsflüssen auf einem Kanal mit Frequenzsimultaneität und Zeitmultiplex-Betrieb

GANTT-Diagramme

Das GANTT-Diagramm ist ein graphisches Hilfsmittel zur Darstellung des Ablaufgeschehens bei asynchron arbeitenden Geräten, die auf einen gemeinsamen Kanal im Zeitmultiplex-Betrieb zugreifen (vgl. Abbildung 2.19).

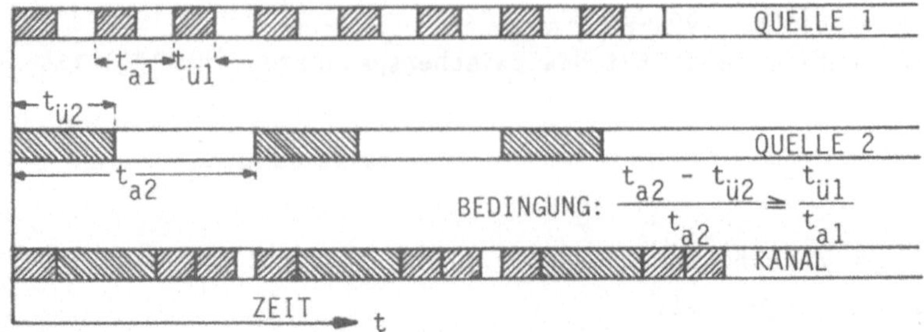

Abbildung 2.19: Darstellung des Zeitmultiplex-Betriebes im GANTT-Diagramm

Beispiel:
Gegeben seien zwei Elemente (Quellen), die zur gleichen Zeit einen Bedarf an Übertragungskapazität anmelden.

Seien: t_{a1} = 8 ZE $\quad$ $t_{ü1}$ = 4 ZE

t_{a2} =24 ZE $\quad$ $t_{ü2}$ =10 ZE

worin:

t_{ai} := Abstand zwischen zwei Sendezeitpunkten des Elements i (i=1,2)

$t_{üi}$:= Übertragungszeit des Elements i

ZE := Zeiteinheit (z.B. Taktzeit)

Es wird angenommen, daß bei gleichem Anmeldezeitpunkt diejenige Quelle vorgezogen wird, welche den kleinsten Bedarf an (geschlossener) Sendezeit hat.

Der Kanal kann die Anforderungen nur erfüllen, wenn folgende Bedingung gilt:

$$\frac{t_{a2} - t_{ü2}}{t_{a2}} \geq \frac{t_{ü1}}{t_{a1}}$$

Ferner muß für die Aufnahme der wartenden Anforderungen ein Pufferspeicher vorhanden sein.

2.3.2 Netzwerke: Geographie, Zuverlässigkeit und Fluß

2.3.2.1 Netzwerke und ihre Darstellung als Graphen

Nach DAVIES, BARBER, 1973, gibt es beim Entwurf von Rechnernetzwerken im wesentlichen zwei Phasen:

- den Entwurf von Verbindungen, Schaltknoten, Schnittstellen und Prozeduren
- die Wahl der Komponenten und ihre Lage (Geographie), wobei auch die Dimensionierung der Komponenten vorgenommen wird.

Im nachfolgenden Abschnitt betrachten wir die Geographie von Netzwerken mit dem Ziel, diese zu optimieren. Kriterien für die Optimierung sind:

1. Verkehrskapazität des Netzwerks
2. Zuverlässigkeit (Die Fähigkeit, nach Fehlern bzw. nach Ausfall weiter funktionstüchtig zu bleiben)
3. Wegsuche (Routing) im Netz mit dem Ziel einer minimalen Verzögerungszeit
4. Eigentliche Optimierung (unter Veränderung von Knoten und Kanten).

Wir betrachten dabei das Rechnernetzwerk als einen Graphen, bestehend aus Knoten (den Rechnern) und Kanten (den Verbindungen). Abbildung 2.20 zeigt typische Netzwerk-Topologien:

- Die minimale Verbindung aller Knoten ergibt einen Baum (es gibt keine Schleifen im Graphen),
- Die maximale Verbindung aller Knoten wird vollständiger Graph genannt,
- Die tatsächliche Topologie von Rechnernetzen liegt meist zwischen beiden Extremen.

Um die Beschreibung von Netzwerken und deren Optimierung auch mit automatischen Verfahren zu erlauben, werden die Knoten numeriert. Für jedes Knotenpaar kann zur Beschreibung des Graphen angegeben werden, ob eine Kante (Verbindung) zwischen beiden Knoten existiert. Ferner ist jeder Kante eine Zahl zugeordnet, die die Kapazität der Verbindung unabhängig von der Richtung des Informationsflusses ausdrückt. Wir erhalten damit einen markierten Graphen, der sich für die automatische Verarbeitung in Matrizenform darstellen läßt:

- Die Verbindungsmatrix gibt für jedes Knotenpaar an, ob eine Verbindung existiert (0 = Verbindung existiert nicht, 1= Verbindung existiert)
- Die Kapazitätsmatrix gibt nicht nur an, ob eine Verbindung existiert, sondern definiert deren Kapazität.

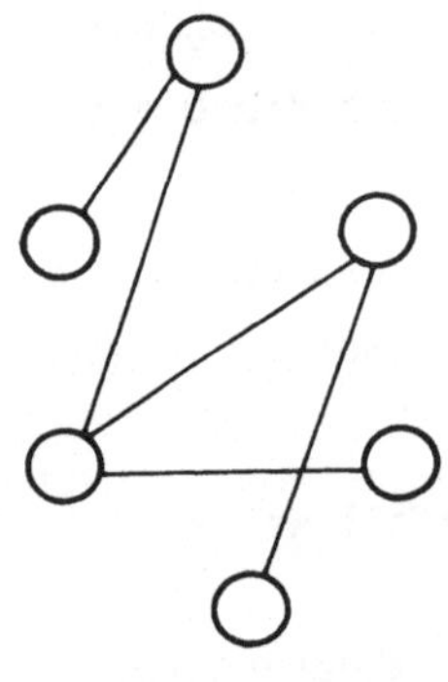

Baum

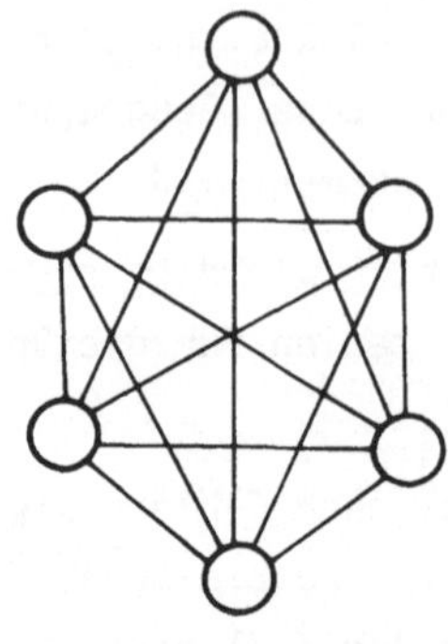

vollständiger Graph

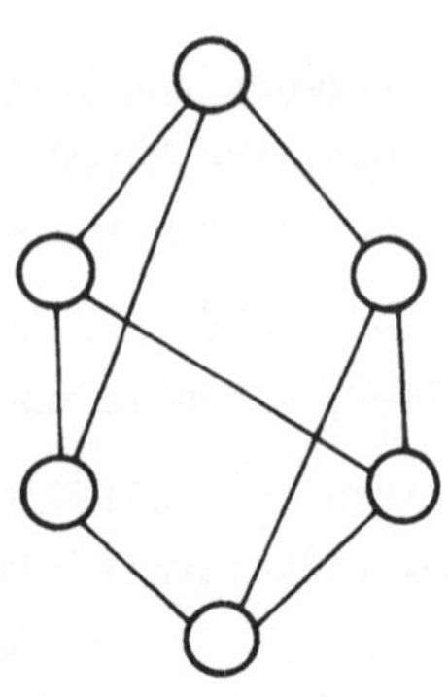

typischer Netzwerk-Graph

Abbildung 2.20: Darstellung der Topologie von Rechnernetzwerken als Graphen

Das Beispiel eines markierten Graphen, seiner Verbindungsmatrix und der Kapazitätsmatrix ist in Abbildung 2.21 dargestellt.

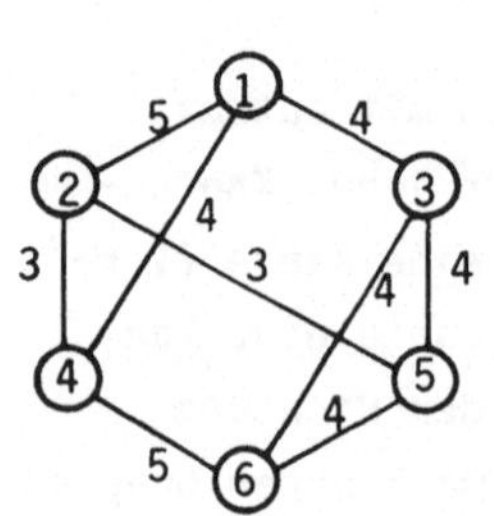

	1	2	3	4	5	6
1	0	1	1	1	0	0
2	1	0	0	1	1	0
3	1	0	0	0	1	1
4	1	1	0	0	0	1
5	0	1	1	0	0	1
6	0	0	1	1	1	0

Verbindungsmatrix

	1	2	3	4	5	6
1	0	5	4	4	0	0
2	5	0	0	3	3	0
3	4	0	0	0	4	4
4	4	3	0	0	0	5
5	0	3	4	0	0	4
6	0	0	4	5	4	0

Kapazitätsmatrix

Abbildung 2.21: Darstellung eines Rechnernetzwerkes und seiner Verbindungen als markierter Graph, zugehörige Verbindungs- und Kapazitätsmatrix.

Schnittmengen (vgl. Abbildung 2.22) zertrennen einen Graphen in mehr als einen zusammenhängenden Graphen bzw. Teilgraphen. Schnittmengen sind minimal, d.h. jede echte Teilmenge einer Schnittmenge ist keine Schnittmenge.

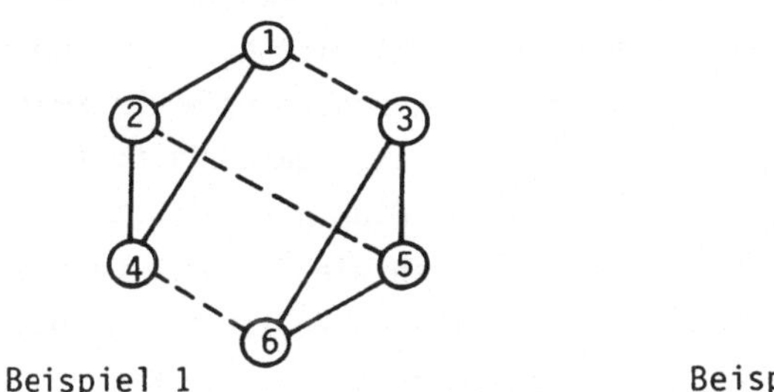

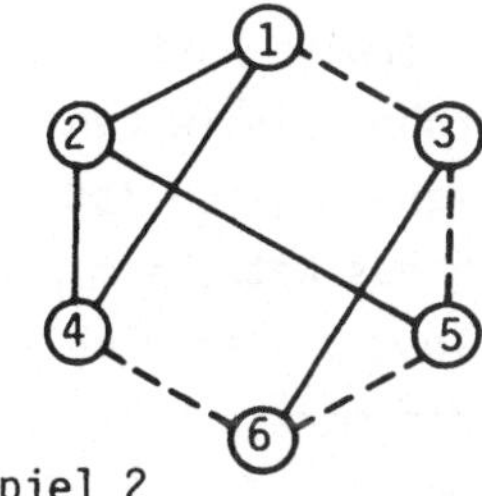

Abbildung 2.22: Beispiele zweier Kantenschnittmengen

In Beispiel 1 von Abbildung 2.22 teilt die Kantenschnittmenge 1-3, 2-5, 4-6 den Graphen in die Teilgraphen (1,2,4) und (3,5,6), in Beispiel 2 die Kantenschnittmenge 1-3, 3-5, 5-6, 6-4 in die Teilgraphen (1,2,4,5) und (3,6).

Analoge Definitionen können auch für Knotenschnittmengen formuliert werden.

Wir wollen nun Netzwerke untersuchen, um den maximal möglichen Fluß zwischen 2 Knoten (eine Quelle S und eine Senke T) zu finden. Der nachfolgend beschriebene FORD-FULKERSON-Algorithmus liefert uns diesen Wert.

Zunächst interessieren wir uns für S-T-Schnittmengen, das sind Schnittmengen, die den Quell-Knoten und die Senke zertrennen. Es lassen sich folgende Sätze beweisen (Beweise siehe FORD, FULKERSON, 1962):

Sätze:

- Es gibt eine S-T Schnittmenge, deren Kapazität gleich dem maximalen Fluß zwischen S und T ist.
- Der maximale Fluß ist gleich der minimalen Kapazität der S-T Schnittmengen ("Max Flow-Min-Cut"-Theorem).
- Der FORD-FULKERSON-Algorithmus liefert eine "saturierte Schnittmenge", in der alle Kanten maximalen Fluß (bezüglich des Gesamt-Flusses, nicht jedoch bezüglich der Kapazität der einzelnen Kante) aufweisen.

2.3.2.2 Der FORD-FULKERSON-Algorithmus

Ziel des FORD-FULKERSON-Algorithmus (FFA) ist das Auffinden des maximalen Flusses zwischen zwei Knoten S und T eines Netzwerkes mit Verbindungen, deren Kapazitäten gegeben sind. Nach Annahme eines beliebigen zulässigen Ausgangsflusses (keine Kantenkapazität überschritten) wird der S-T-Fluß schrittweise erhöht, bis (wegen der Kapazitäten der Verbindungswege) kein größerer Fluß mehr möglich ist. Die Schwierigkeit liegt dabei im Auffinden des Weges durch das Netz, auf dem ein zusätzlicher Fluß hinzugefügt werden kann. Der FFA löst dieses Problem durch das Vorgehen wie in einem Labyrinth: Die Knoten werden markiert und alle von dem jeweiligen Knoten ausgehenden Wege auf weitere Flußmöglichkeiten untersucht, solange bis alle Knoten untersucht sind, bzw. ein neuer Weg von S nach T gefunden ist.
Formale Beschreibung des Algorithmus:
Sei N die Menge der Knoten; $x,y \in N$. Mit $c(x,y)$ werde die Kapazität der Kante zwischen x und y und mit $f(x,y)$ der momentane Fluß in der Kante bezeichnet. Man geht von irgendeinem (möglichen) Fluß aus und wendet den Algorithmus an.

Teil A (Markierungsvorgang):

1. Die Quelle S erhält die Markierung$(-, \infty)$.
2. Wähle einen markierten, nicht abgehakten Knoten x.
   Seine Markierung sei $(z, e(x))$. Alle Knoten y, die nicht markiert sind und für die gilt: $f(x,y) \leq c(x,y)$ erhalten die Markierung $(x, e(y))$, wobei $e(y) = \min\left[e(x), (c(x,y) - f(x,y))\right]$, und der Knoten x wird abgehakt.
3. Wiederhole Schritt zwei solange, bis entweder die Senke T markiert und nicht abgehakt ist oder bis keine weiteren Markierungen mehr angebracht werden können und die Senke T unmarkiert ist.
   Im ersten Fall Übergang zum Teil B, im zweiten Fall Ende des Algortihmus.

Teil B (Änderung des Flusses):
Die Senke T habe die Markierung $(y,e(t))$.

1. Ersetze den Fluß f(y,t) durch f(y,t) + e(t).
2. Gehe über zum Knoten y mit der Markierung (x,e(y)) und ersetze f(x,y) durch f(x,y) + e(t).
3. Nehme den Knoten x als neues y und fahre bei 2. fort.
4. Wenn die Quelle S erreicht ist, werden alle alten Markierungen gelöscht und man gehe zum Teil A zurück.

Beispiel:
Der in Abbildung 2.19 dargestellte Graph soll mit dem FORD-FULKERSON-Algorithmus behandelt werden, d.h. gesucht ist der maximale S-T-Fluß. Die Quelle S sei dabei der Knoten 1, die Senke T der Knoten 6. Für die einzelnen Schritte vgl. Abbildung 2.23.

a) Darstellung des gegebenen Netzwerkes
b) Als Ausgangsfluß wird 7 gewählt. Trivialerweise kann über die Knoten 1-2-4-6 der Fluß 3 fließen (minimale Kapazität auf diesem Weg zwischen Knoten 2 und 4), über die Knoten 1-3-5-6 der Fluß 4.
c) Wir verwenden den Teil A (Markierungsvorgang) des FORD-FULKERSON-Algorithmus, bis die Senke T markiert ist.
d,e) Mit Teil B (Änderung des Flusses) erhalten wir den neuen Gesamtfluß = 9.
f,g) Nunmehr werden die Einzelschritte nur noch schematisch dargestellt. Über die Knoten 1-4-6 erfolgt zunächst eine Erhöhung um 2, über die Knoten 1-4-2-5-3-6 schließlich eine Erhöhung um 1.
h) Beim Fluß = 12 können keine weiteren Markierungen mehr angebracht werden, es handelt sich also um den maximalen Fluß zwischen S und T.
i) Die Kanten 1-3, 2-5 und 4-6 stellen eine S-T-Schnittmenge dar. Sie trennen S und T und entsprechen dem maximalen Fluß (sie sind daher minimal, vgl. Sätze).

Der FORD-FULKERSON-Algorithmus bestimmt also den maximalen Fluß in einen gegebenen Graphen (Netz). Das Ergebnis ist im allgemeinen hinsichtlich des Musters nicht eindeutig (vgl. etwa 2 mögliche Lösungen in Abbildung 2.24 für die gestellte Aufgabe), in jedem Fall ist der Fluß jedoch maximal.

Der FORD-FULKERSON-Algorithmus kann bei Darstellung des Graphen in Matrix-Form auch sehr einfach programmiert werden.

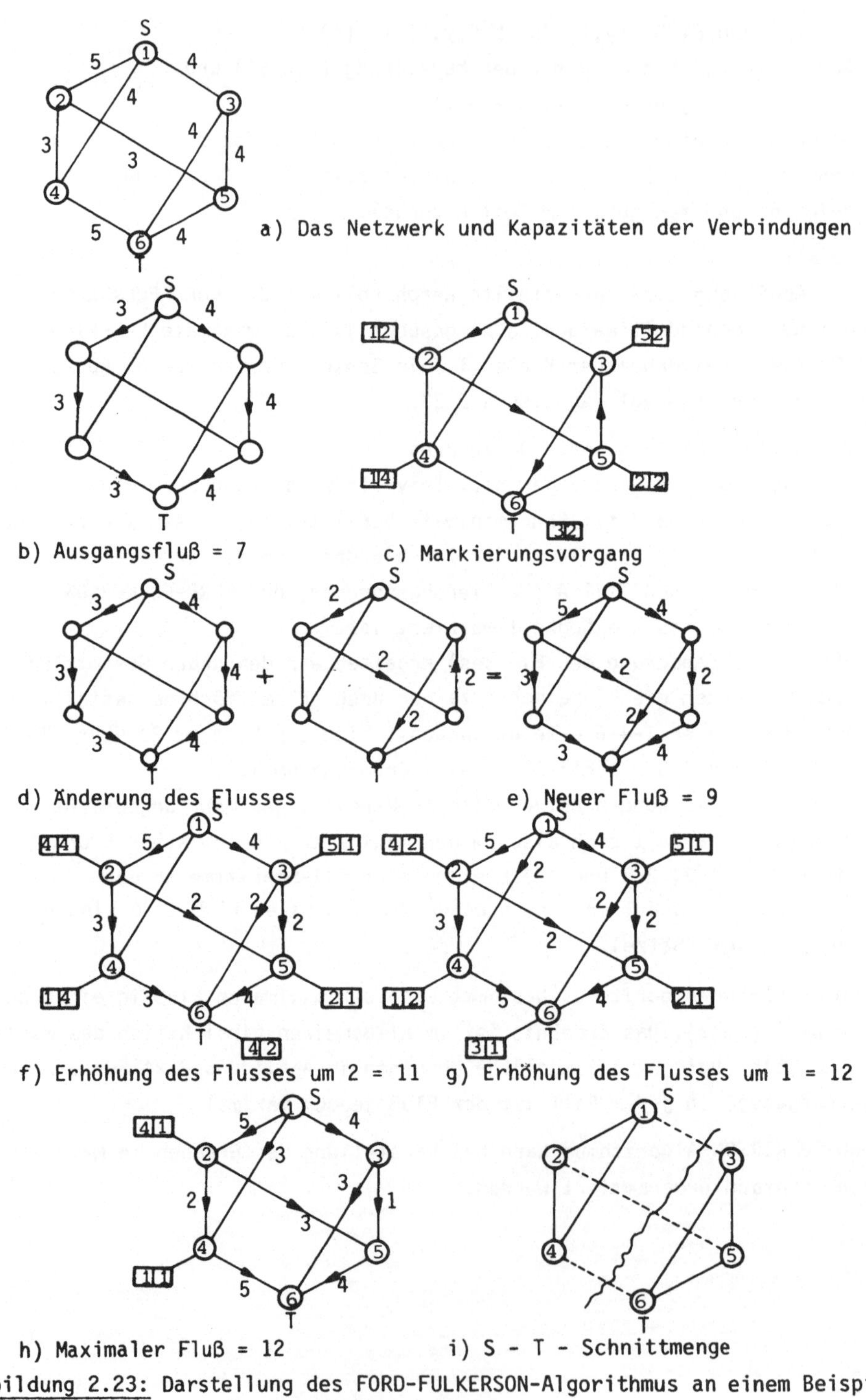

Abbildung 2.23: Darstellung des FORD-FULKERSON-Algorithmus an einem Beispiel (aus DAVIES, BARBER, 1973)

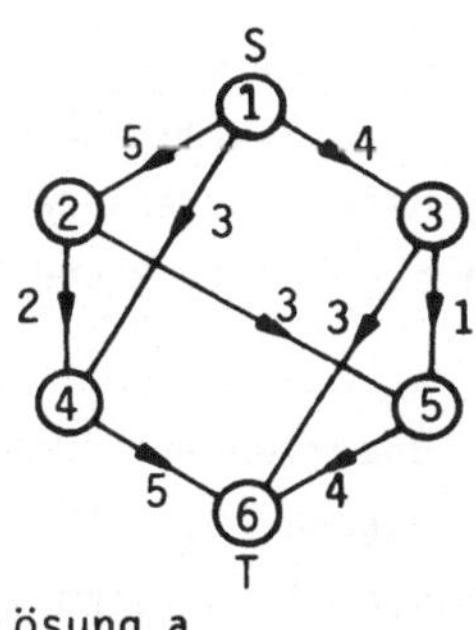

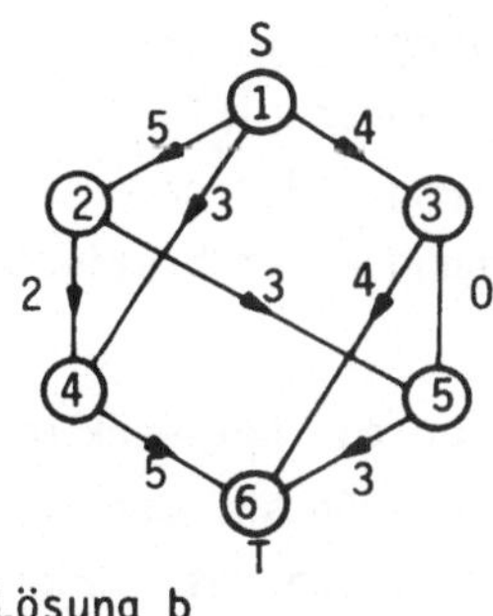

Abbildung 2.24: 2 Muster für den maximalen S-T-Fluß in einen gegebenen Graphen. Unterschiede bestehen im Bereich der Kanten 3-6, 3-5, 5-6.

Bei der Planung von realen Rechnerverbundnetzen treten zusätzliche Erschwernisse auf:

- Abhängigkeit des Verkehrs von der Tageszeit
- Unsymmetrien hinsichtlich der Quellen (starke Rechner)bzw. Senken (starke Verbraucher bzw. Teilnehmer).

Eine Vereinfachung ergibt sich jedoch durch die Betrachtung der Spitzenbelastung.

2.3.2.3 Unterbrechungen in Netzwerken

Beim Vergleich von Netzwerk-Topologien ist es sinnvoll, ein numerisches Maß für die Zuverlässigkeit des gesamten Netzes zu haben. Ein solches Maß ist die Wahrscheinlichkeit, daß irgendeine Unterbrechung eintritt (sinnvoll, wenn die Wahrscheinlichkeit der Unterbrechung einer Kante p klein ist), ein anderes Maß ist die mittlere Anzahl von Knotenpaaren, die miteinander noch kommunizieren können (großes p, militärische Anwendung).

Wir betrachten den Fall des FFA-Beispieles. Die möglichen Unterbrechungen seien voneinander unabhängig. Ein besonderer Fehlerfall sei z.B., daß 4 Verbindungen ausgefallen seien und 5 noch arbeiten. Die Wahrscheinlichkeit genau dieser Unterbrechungsart ist $p^4 (1-p)^5$. Wenn man diese Ausdrücke für alle möglichen Unterbrechungsarten aufsummieren würde, erhielte man die Unterbrechungswahrscheinlichkeiten zwischen S und T. Insgesamt müßte man für die 512 Untermengen der neuen Kanten-Anordnungen (Muster) untersuchen, ob die Unterbrechung einer bestimmten Untermenge auch die Punkte S und T unterbrechen würde.

Allgemeiner: Für ein Netzwerk mit m Kanten und die Untermengen, die i Kanten umfassen, ist die Anzahl der zu untersuchenden Teilmengen ${}^{m}C_i = \binom{m}{i}$. Ferner sei A_i die Anzahl von Untermengen, die S und T trennen. Diese sind nicht nur die S-T-Schnittmengen, sondern alle Mengen, die solche Schnittmengen enthalten. Die Wahrscheinlichkeit der Unterbrechung ist dann

$$P\,(S,T) = \sum_{i=1}^{m} A_i\, p^i\, (1-p)^{m-i}$$ [1)]

Ein ähnlicher Ausdruck läßt sich für die Wahrscheinlichkeit irgendeiner Unterbrechung ableiten, wobei A_i dann die Anzahl der Kantenmengen bezeichnet, die irgendeine Unterbrechung bewirken. Da diese Ausdrücke in p nicht linear sind, kann ein gegebenes Netzwerk für kleines p besser und für großes p schlechter sein als ein anderes (vgl. Abbildung 2.25). Das Beispiel umfaßt je 8 Knoten und 12 Verbindungen.

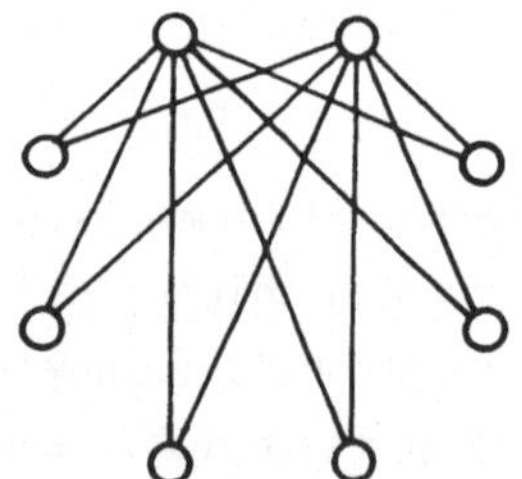
a) besser für großes p

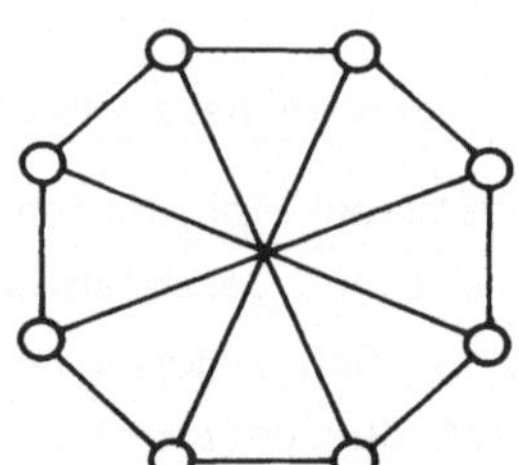
b) besser für kleines p

Abbildung 2.25: Abhängigkeit der Wahrscheinlichkeit einer S-T-Trennung von der Netzwerktopologie

1) Für die Herleitung dieser Formel vgl. Kapitel 2.4.2

Wir konzentrieren uns jedoch auf zuverlässige Netzwerke, also kleines p, d.h. daß der erste von Null verschiedene Term in der Gleichung überwiegt. Man nehme an, die S-T-Schnittmenge mit der kleinsten Zahl von Kanten habe $\Theta(S,T)$ Kanten, dann gilt für den ersten Wert der Gleichung, der ungleich 0 ist, ein $i = \Theta(S,T)$. Für große Netzwerke läßt sich dieser Wert nicht durch bloßes Anschauen, sondern nur durch Verwendung des FORD-FULKERSON-Algorithmus berechnen. Dabei wird jeder Kante die Flußkapazität 1 zugeordnet. Aus dem "Max-flow-Min-cut" Theorem (vgl. Abschnitt 2.3.2.1) folgt, daß der max. Fluß von S nach T der Kapazität der kleinsten Schnittmenge entspricht, die gleich der Anzahl von Verbindungen in der Minimalen Schnittmenge $\Theta(S,T)$ ist.

Die Wahrscheinlichkeit der Unterbrechung von S und T ist proportional zu $p^{\Theta(S,T)}$. Wenn p klein ist (wie vorausgesetzt), ist der Kleinste der $\Theta(S,T)$-Werte für alle Knotenpaare ein Maß für die Verwundbarkeit des Netzwerkes (durch irgendeine Art von Unterbrechung wegen Verbindungsausfall). Diese Zahl Θ ist die kleinste Zahl von Verbindungen, die beseitigt werden müssen, um einen Teil des Netzwerkes zu unterbrechen.

2.4 Zuverlässigkeitstheorie

Die zuverlässige Arbeitsweise ist ebenfalls als Leistung von Rechnersystemen zu betrachten, sie wird in der Zuverlässigkeitstheorie untersucht. Nach einer Einführung in die Problematik der Zuverlässigkeit von Rechenanlagen wird eine mathematische Behandlung der Zuverlässigkeit unterschiedlicher Rechnertopologien dargestellt. Schließlich werden Strukturen von unkonventionellen Rechenanlagen unter dem Gesichtspunkt der Zuverlässigkeit untersucht.

2.4.1 Anforderungen an die Zuverlässigkeit von Rechenanlagen

Der Ausfall eines Taschenrechners wird im allgemeinen nicht ähnlich katastrophale Folgen haben wie der Ausfall eines Rechners mit Realzeitaufgaben, etwa bei der Flugüberwachung. Es liegt daher nahe, die Forderungen hinsichtlich der Verfügbarkeit einer Rechenanlage nach ihrem Anwendungsbereich zu richten. Wir unterscheiden daher in der Folge höherer Verfügbarkeitsforderungen:

- Stapelbetrieb
- Teilnehmerbetrieb
- Netzbetrieb
- Echtzeitbetrieb.

Während im Stapelbetrieb der Ausfall eines Rechners im allgemeinen durch Mehrarbeit wieder aufgeholt werden kann, ist selbst ein kurzfristiger Defekt beim Teilnehmerbetrieb sehr ärgerlich, da dort mehrere Personen direkt auf das Ergebnis von Aufträgen an den Rechner warten. Beim Ausfall eines Rechners im Netzbetrieb wird das Rechnernetz im allgemeinen betroffen sein (z. B. Verminderung der Gesamt-Leistungsfähigkeit), jedoch nicht vollständig ausfallen. Der Echtzeitbetrieb erfordert dagegen eine weitgehende Sicherung gegen Ausfälle, da hier umfassende Prozesse (z. B. in der Produktion, Verkehrslenkung etc.) direkt auf die einwandfreie Funktion des Rechners angewiesen sind.

Als Vorsorgemittel gegen den Ausfall von Rechenanlagen oder Teilen davon werden im wesentlichen 3 Methoden verwendet:

a) Verdopplung des gefährdeten Elementes und, bei Ausfall, Umschalten auf das zweite Element ("stand by").
b) Geeignete Maßnahmen zur Aufteilung der Gesamtrechenanlage in entsprechend angeordnete Einzelelemente mit unabhängiger Funktionsweise, so daß sich bei Ausfall eines Einzelelementes die Gesamtleistung des Systems zwar verringert, jedoch nicht zu null wird ("fail soft" , "graceful degradation", wird ausführlich im 2. Band behandelt).
c) Vorsorgen zur Überbrückung der Ausfallsituation (je nach Anwendung): z. B. manuelle Steuerung eines Produktionsprozesses, der sonst rechnergesteuert abläuft.
d) Vergleich der Ergebnisse parallel arbeitender Elemente. Bei Unterschieden Überprüfung beider Elemente durch Testfunktionen mit bekannten Ergebnissen , um das defekte Element zu entdecken.

2.4.2 Berechnung der Zuverlässigkeit

In Anlehnung an MARTIN, 1967, definieren wir die Verfügbarkeit einer Rechenanlage:

$$\text{Verfügbarkeit} = a = \frac{T_A}{T_A + T_R}$$

T_A = Mittlere Zeit zwischen zwei Ausfällen
T_R = Mittlere Reparaturzeit

Der komplementäre Wert zur Verfügbarkeit, die Ausfallwahrscheinlichkeit ergibt sich zu:

$$\text{Ausfallwahrscheinlichkeit} = p = 1-a = \frac{T_R}{T_A + T_R}$$

Im englischen Sprachgebrauch haben sich die Begriffe MTBF (mean time between failures) für T_A und MTTR (mean time to repair) für T_R eingebürgert. Eine wesentliche Kritik an dieser Formel ist, daß für Systeme mit sehr häufigen Fehlern dennoch eine gute Verfügbarkeit errechnet wird, wenn die Reparaturzeit entsprechend kurz ist. Ein Beispiel: Für einen Rechner A, der im Mittel alle 10 Tage ausfällt und dann 1 Stunde lang repariert werden muß, ergibt sich dieselbe Verfügbarkeit wie für einen Rechner B, der jeweils 240 Sekunden arbeitet, um dann 1 Sekunde lang auszufallen. Rechner B ist aber nur dann im eigentlichen Sinne verfügbar, wenn alle auf ihm laufenden Aufträge wesentlich kürzer als 240 Sekunden sind, sonst könnte der Fall eintreten, daß ein langer Auftrag immer wieder unterbrochen wird und nie zu Ende gerechnet werden kann. Wir erweitern also unsere Definition der Verfügbarkeit:

a) $$\text{Verfügbarkeit} = a = \frac{T_A}{T_A + T_R} = \frac{\text{MTBF}}{\text{MTBF} + \text{MTTR}}$$

b) Die Definition unter (a) gelte nur für:
MTBF $\gg$ mittlere Laufzeit der zu bearbeitenden Aufträge.

Unser besonderes Interesse gilt jedoch nicht nur der Verfügbarkeit eines Rechners als Gesamtsystem, sondern den Verfügbarkeiten von Einzelelementen und deren Zusammenschaltung zu Systemen. Wir wollen die Frage untersuchen, welche Systemtopologien bei gegebener Verfügbarkeit der einzelnen Elemente die höchste Verfügbarkeit besitzen.

Zur Berechnung der Gesamtverfügbarkeit eines Systems stellen wir zunächst ein Ersatzbild [1] (vgl. Abbildung 2.26)her. Wir unterscheiden zwischen

- Serienschaltung: alle Elemente müssen gleichzeitig verfügbar sein, damit das Gesamtsystem verfügbar ist, und
- Parallelschaltung: für die Verfügbarkeit des Gesamtsystems muß lediglich eines der parallelen Elemente verfügbar sein .

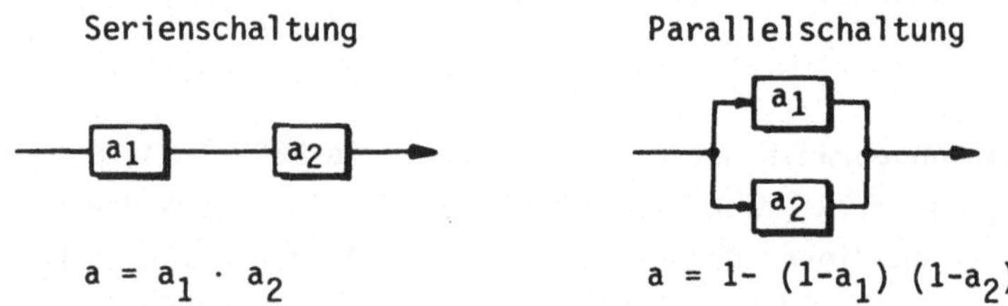

$a = a_1 \cdot a_2$ $\qquad$ $a = 1- (1-a_1)\,(1-a_2)$

Abbildung 2.26: Ersatzbilder für die Verfügbarkeit von Rechenanlagen: Serienschaltung und Parallelschaltung

Die Verfügbarkeit zweier in Serie geschalteter Elemente ergibt sich aus dem Produkt der Einzelverfügbarkeiten (beide Ereignisse müssen gleichzeitig eintreten) $a_{serie} = a_1 \cdot a_2$.

Die Berechnung zweier parallel geschalteter Elemente ist umfangreicher. Wir berechnen zunächst die Wahrscheinlichkeit, daß beide Elemente ausfallen: diese ergibt sich aus dem Produkt der Ausfallwahrscheinlichkeiten. Die Verfügbarkeit des Gesamtsystems ist aber offensichtlich das komplementäre Ereignis zum gemeinsamen Ausfall beider Elemente, daraus ergibt sich die Formel: $a_{parallel} = 1- (1-a_1)\,(1-a_2)$.

---

[1] Man unterscheidet das Ersatzbild vom eigentlichen Schaltbild, da die physikalische Schaltung möglicherweise von dem Ersatzbild abweicht: zwei physikalisch parallel geschaltete Elemente, die beide für das Funktionieren einer Anlage benötigt werden, müssen im Ersatzbild als Serienschaltung auftreten.

Ganz analog lassen sich die Verfügbarkeiten für 3 seriell und parallel angeordnete Elemente berechnen (vgl. Abbildung 2.27). Bei der Berechnung der parallel geschalteten Elemente wird erst die Verfügbarkeit der Parallelschaltung zweier Elemente berechnet, sodann diesem "Gesamtelement" das dritte Element parallel zugeschaltet.

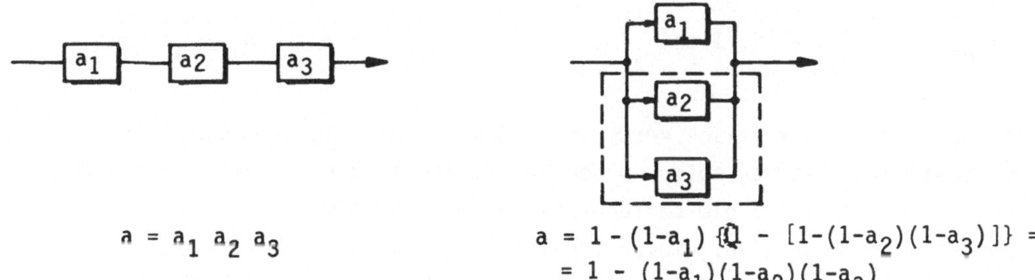

$$a = a_1\, a_2\, a_3$$

$$a = 1 - (1-a_1)\{1 - [1-(1-a_2)(1-a_3)]\} = 1 - (1-a_1)(1-a_2)(1-a_3)$$

Abbildung 2.27: Berechnung der Verfügbarkeit dreier Elemente in Serien- und Parallelanordnung

Wir interessieren uns ferner für die Anordnung n parallel geschalteter Elemente, wobei für die Verfügbarkeit des Gesamtsystems jedoch m Elemente verfügbar sein müssen, mit $1 \leq m < n$. Die parallel geschalteten Elemente seien von gleicher Verfügbarkeit a. Die gewünschte Bedingung (m Elemente verfügbar) ist für folgende Fälle erfüllt:

F_n: alle n Elemente sind verfügbar

F_{n-1}: n-1 Elemente sind verfügbar

F_{n-2}: .....

⋮

F_m: n-i = m Elemente sind verfügbar.

Da alle diese Fälle möglich sind, genügt es zur Berechnung der Gesamtverfügbarkeit a_{ges}, die Verfügbarkeiten für die Fälle F_n, F_{n-1},....,F_m aufzuaddieren.

F_n: $a_n = a^n$

F_{n-1}: $a_{n-1} = n \cdot a^{n-1}\,(1-a)$

Es müssen n-1 Elemente verfügbar sein (a^{n-1}) und ein Element ausfallen (1-a). Diese Möglichkeit tritt in n Kombinationen auf.

F_{n-2}: $a_{n-2} = \binom{n}{2}\, a^{n-2}\, (1-a)^2$

.
.
.

F_m: $a_m = \binom{n}{m}\, a^m\, (1-a)^{n-m}$

Daraus ergibt sich die Gesamtverfügbarkeit:

$$a_{ges} = \sum_{i=0}^{n-m} \binom{n}{i}\, a^{n-i}\, (1-a)^i \qquad 1 \leq m < n$$

Abschließend sei noch kritisch vermerkt, daß alle genannten Berechnungen der Verfügbarkeit von Systemen aufgrund der Verfügbarkeit von Unterelementen auf der Annahme beruhten, daß die Verfügbarkeiten dieser Elemente konstant und voneinander unabhängig sind. Dieser Idealfall wird in der Realität nur angenähert: Fallen beispielsweise Einzelwerke einer parallelen Anordnung aus, so verteilt sich die Anforderung auf eine geringere Anzahl noch verfügbarer Werke. Diese Mehrbelastung kann die Verfügbarkeit der einzelnen Werke durchaus erniedrigen.

Ferner muß noch bemerkt werden, daß nicht nur die Einzelwerke ausfallen können, sondern auch die Leitungen, die diese Werke miteinander verbinden. Dies kann im lokalen Betrieb jedoch vernachlässigt werden, da die Zuverlässigkeit von Leitungen im allgemeinen höher ist, als die der Teilwerke. Führt man jedoch im Ersatzbild die Verfügbarkeit der Leitungen zwischen den Werken mit ein, so läßt sich auch die exakte Berechnung durchführen (vgl. Abbildung 2.28).

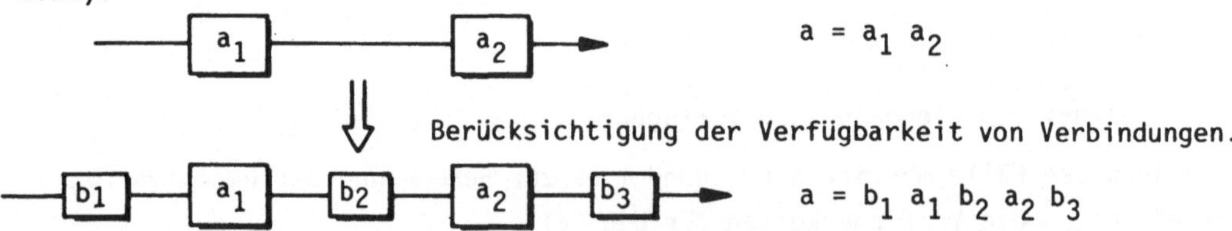

Abbildung 2.28: Berücksichtigung der Verfügbarkeit von Leitungen bei der Serienanordnung zweier Einzelwerke mit Verfügbarkeit a_1 und a_2. Verfügbarkeiten der Leitungen: b_1, b_2 und b_3.

Schließlich sollte auf GAEDE, 1977 verwiesen werden, der sich sehr ausführlich mit der mathematischen Behandlung der Zuverlässigkeit befaßt.

2.4.3 Beispiele für die Verfügbarkeit von Rechnersystemen

2.4.3.1 Allgemeine Beispiele

Für Aufgaben von besonderer Wichtigkeit (z.B. Flugüberwachung) wurde vor einigen Jahren zu einer bestehenden Rechenanlage meist eine zweite (identische) hinzugegeben, so daß bei Ausfall der einen Anlage auf die zweite umgeschaltet werden konnte: "Stand-by"-Betrieb. Heute zieht man es vor, die Einzelwerke zu verdoppeln und innerhalb eines Systems parallel zu schalten, wobei sich insgesamt eine wesentlich höhere Verfügbarkeit ergibt (vgl. Abbildung 2.29). Dies ist auch intuitiv einsichtig: Bei Stand-by-Betrieb genügt der Ausfall zweier beliebiger Einzelwerke, um den Gesamtbetrieb lahmzulegen, während bei der vermaschten Systemanordnung zwei identische Werke ausfallen müssen (höhere Anforderung).

Nachfolgend sind die Verfügbarkeiten einiger üblicher Systemkonfigurationen in Abhängigkeit der Verfügbarkeit der Einzelwerke graphisch aufgetragen (nach MARTIN, 1967 vgl. Abbildung 2.29-2.31). Insbesondere bei der Parallelschaltung

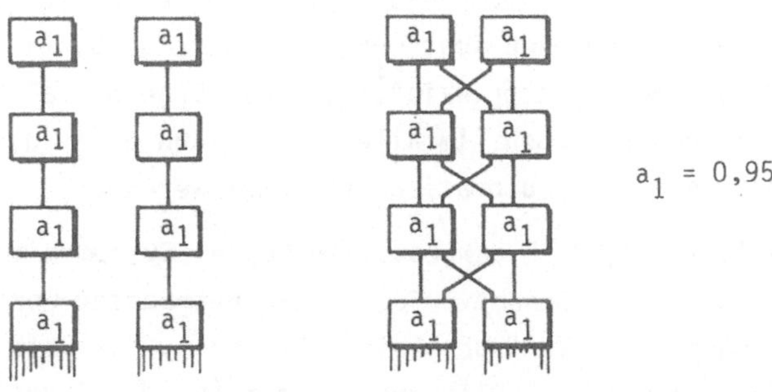

$$a_s = 1 - (1 - 0{,}95^4)^2 = 1 - (0{,}1855)^2 = \underline{0{,}9656};$$

$$a_v = (1 - (1 - 0{,}95)^2)^4 = 0{,}9975^4 = \underline{0{,}9900};$$

Abbildung 2.29: Vergleich der Verfügbarkeit von "Stand-by" und vermaschter Systemanordnung für eine idealisierte Rechenanlage aus 4 Einzelwerken identischer Verfügbarkeit $a_1 = 0{,}95$

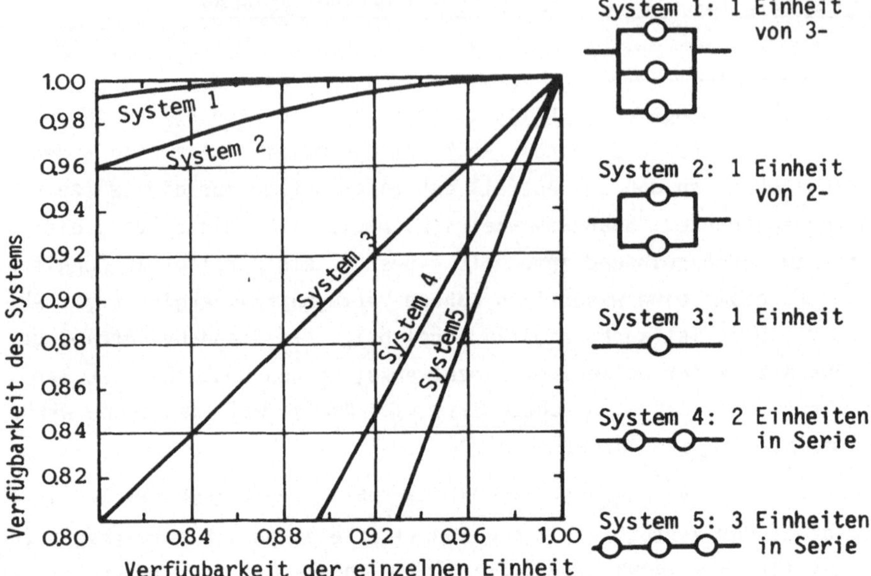

Abbildung 2.30: Verfügbarkeit typischer Systemkonfigurationen

mehrerer Prozessoren werden heute weitgehende Software-Verfahren angewandt: So werden bei paralleler Berechnung die Ergebnisse der einzelnen Prozessoren verglichen, (bei Differenzen Testfunktionen durchgeführt) bei drei Prozessoren gilt das "Mehrheitsprinzip",[1] also das Ergebnis als gültig, das zwei Prozessoren errechnet haben. Im allgemeinen kann damit die Funktionsunfähigkeit eines Prozessors automatisch entdeckt werden.

Beispiel: Das in Abbildung 2.32 dargestellte Doppel-System mit duplizierter Datei soll bezüglich seiner Gesamtverfügbarkeit betrachtet werden. Die Einzelwerke mögen die angegebenen Verfügbarkeiten besitzen, die Dateisysteme seien nur dann verfügbar, wenn alle 3 Platteneinheiten (L, M, N) verfügbar sind.

Es ergibt sich so das Ersatzbild von Abbildung 2.33. Die Verfügbarkeit a_{ges} errechnet sich zu:

$$a_{ges} = [1 - (1-a_1)^2][1 - (1-a_2)^2][1 - (1-a_3a_4^3)^2]$$

---

1) Das Verfahren wird im allgemeinen mit TMR (triple modular redundancy) bezeichnet; ausführliche Behandlung im Band 2.

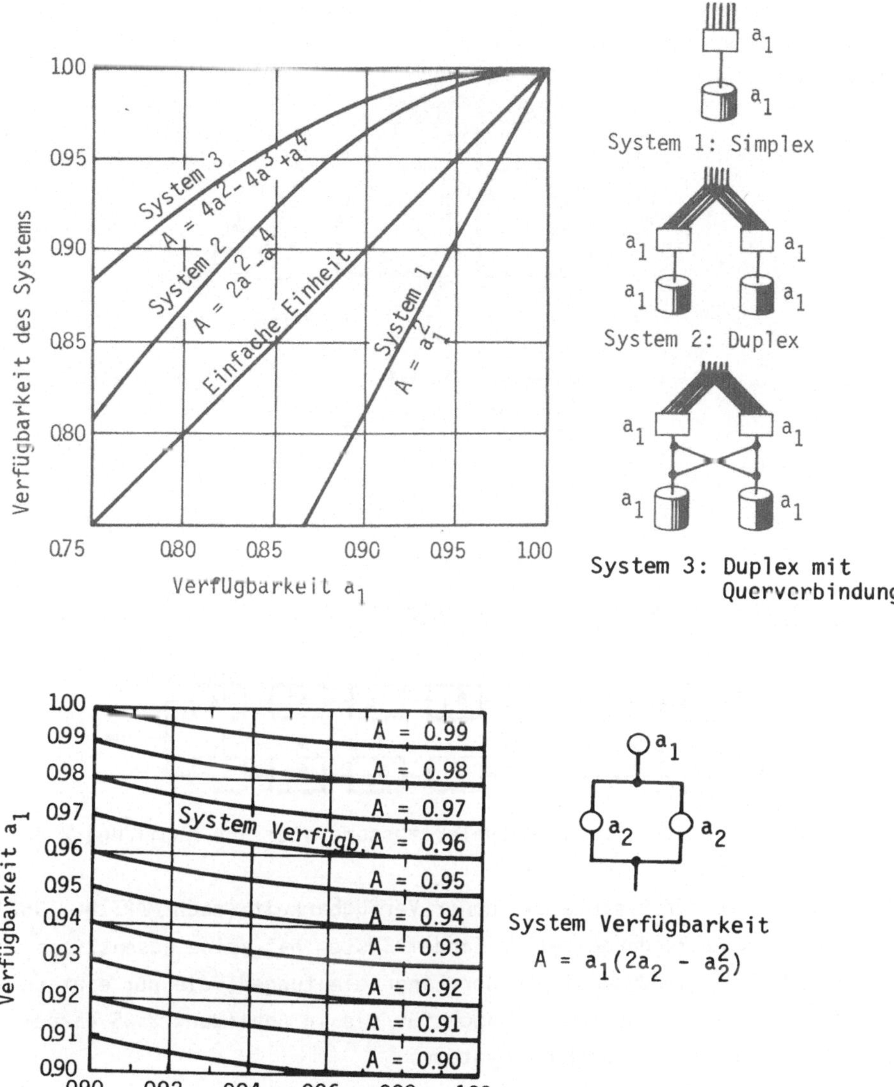

Abbildung 2.31: Verfügbarkeit typischer Systemkonfigurationen

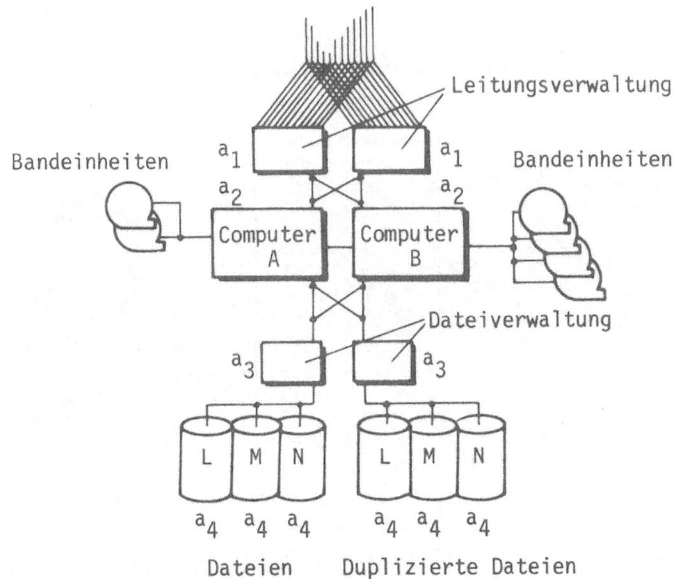

Abbildung 2.32: Darstellung eines Doppelprozessors mit duplizierter Datei

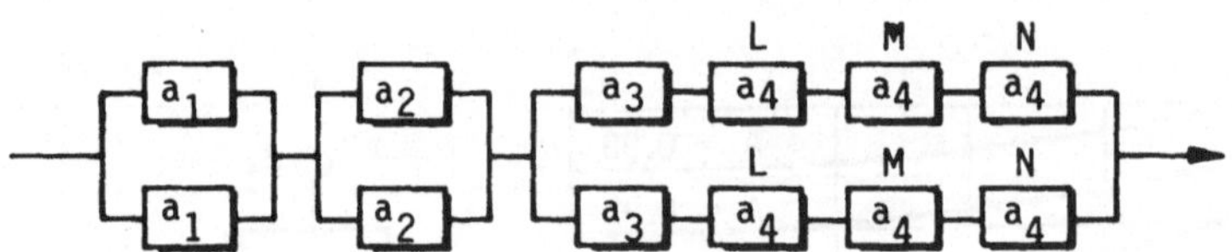

Abbildung 2.33: Ersatzbild zum Doppelprozessorsystem aus Abbildung 2.32

Weitere Beispiele für Systeme mit hoher Verfügbarkeit (nach MARTIN, 1967): Das in Abbildung 2.34 dargestellte Tandem-System hat seine wesentliche Schwachstelle bei der Umschaltung der Eingabeleitungen, die nur einfach vorhanden ist. Diese Aussage gilt auch für die in Abbildung 2.35 dargestellte Struktur eines 3-Rechner-Systems.

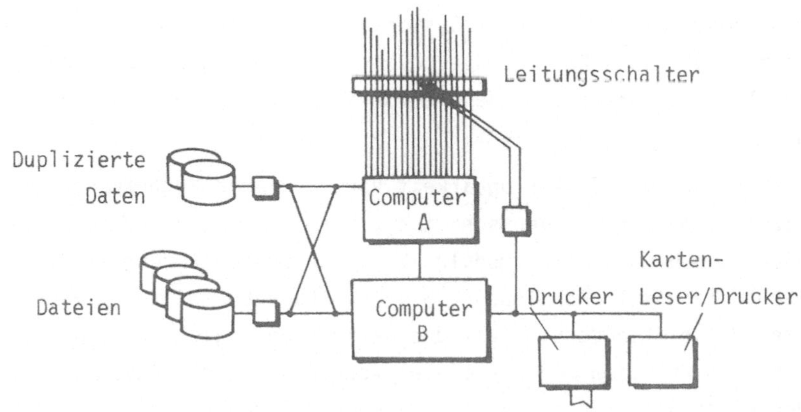

Abbildung 2.34: Tandem-System

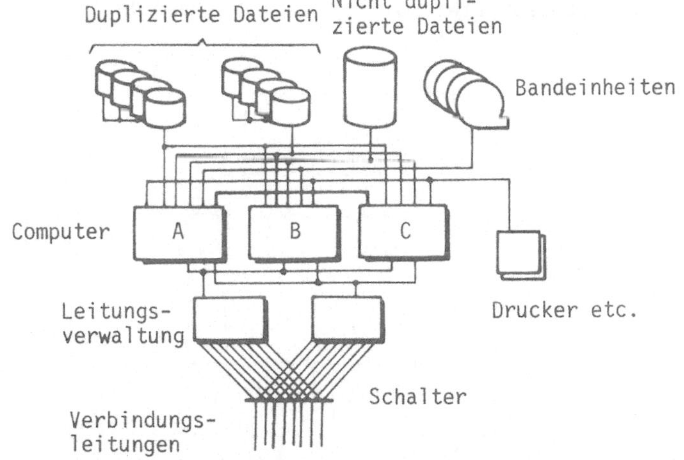

	Computer A	Computer B	Computer C
3 Computer funktionsfähig	Realzeit-Verarbeitung	Message switching	Nicht-Realzeit-Aufgaben
Computer A Ausfall	—	Message switching	Realzeit-Verarbeitung
Computer B Ausfall	s. o.	—	Message switching
Computer C Ausfall	s. o.	Message switching	—
Computer A und B Ausfall	—	—	Realzeit-Verarbeitung
Etc.			

Abbildung 2.35: Darstellung eines 3-Rechner-Systems für die Abarbeitung von Realzeit- und Batch-Aufgaben sowie für die Rechnerkommunikation. Die Realzeitaufgaben genießen im Rechner höchste Priorität.

Abbildung 2.36 zeigt ein polymorphes System, bei dem die gemeinsamen Datensammelleitungen (z.B. zwischen Kernspeichermoduln und den Prozessoren) die anfälligsten Elemente darstellen, da sie nur in einfacher Ausführung vorhanden sind.

Von großem Interesse für die Verfügbarkeit von modularen Rechnersystemen ist auch die Organisation der Systemumschaltung, vor allem zwischen mehreren Prozessoren und den Hauptspeichermoduln. Man unterscheidet zentrale und dezentrale Verteiler (vgl. Abbildung 2.37). Zentrale Verteiler (Kreuzschienenverteiler) bieten den Vorteil des geringeren logischen Aufwandes (jegliche Schaltinformation muß nur einmal vorhanden sein). Fällt ein solcher Zentraler Verteiler jedoch aus, so ist gegebenenfalls das gesamte Rechensystem lahmgelegt, während bei Ausfall eines der dezentralen Verteiler lediglich der zugehörige Prozessor bzw. Speichermodul nicht mehr verwendbar ist.

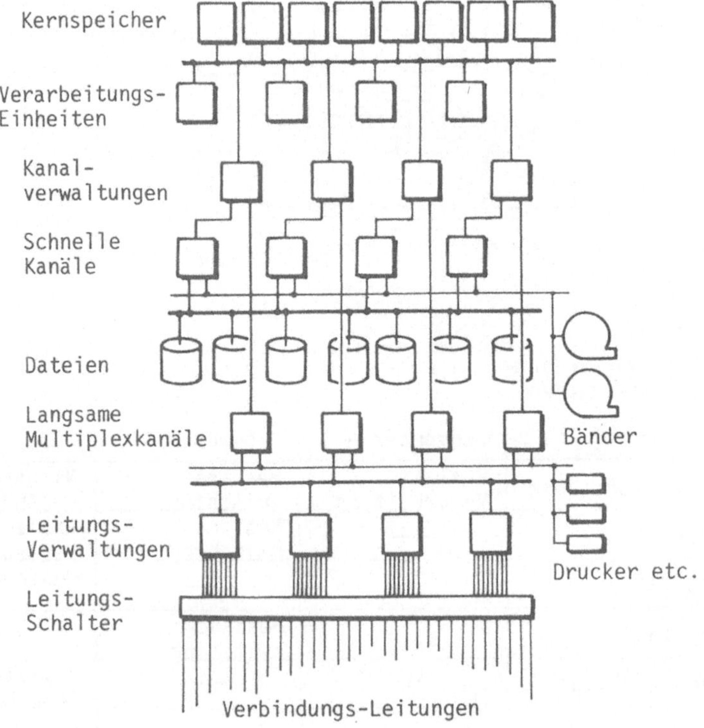

Abbildung 2.36: Ein polymorphes Rechnersystem (nach MARTIN, 1967)

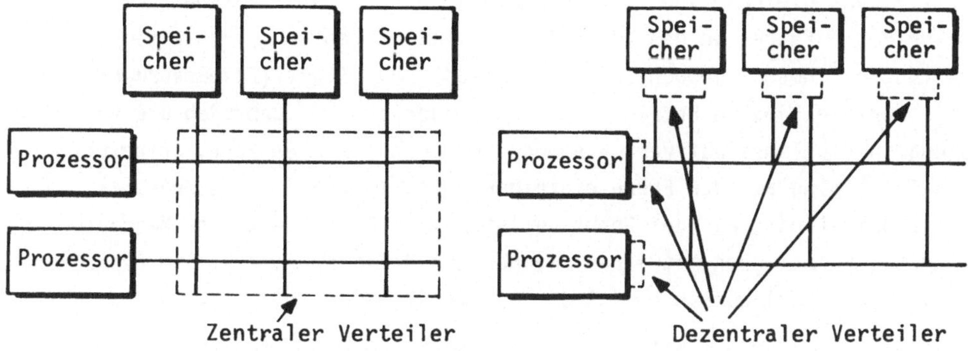

Abbildung 2.37: Zentrale und dezentrale Verteiler

2. 4.3.2 Verfügbarkeit unkonventioneller Rechnerarchitekturen

Die nachfolgende Untersuchung von Rechenanlagen mit unkonventioneller Struktur bezieht sich nur auf den Aspekt der Verfügbarkeit. Eine ausführliche Behandlung der verschiedenen Rechnertypen findet sich in Band 2 der vorliegenden Stoffsammlung. Für die hiesige Betrachtung genügt es, eine abstrahierende Darstellung des Ersatzbildes der typischen Rechnerkategorien in Bezug auf ihre Zuverlässigkeit zu untersucnen.

Im Band 2 werden in den Abschnitten über Parallelismus und Pipelining im wesentlichen die folgenden drei Gruppen von Rechnern besprochen, die sich auch bezüglich ihrer Verfügbarkeit recht stark unterscheiden:

- Feldrechner sind Rechner mit einer Vielzahl von parallelen Rechenwerken, die jedoch durch ein gemeinsames Leitwerk gesteuert werden. Zu einem Zeitpunkt T wird daher in Feldrechnern nur 1 Programm ausgeführt, jedoch möglicherweise unter Parallelarbeit mehrerer Rechenwerke, die identische Aufgaben ausführen. Typische Vertreter sind SOLOMON (SLOTNICK et al., 1972), ILLIAC IV (BARNES et al., 1968), STARAN (RUDOLPH, 1972) oder PEPE (CRANE et al., 1972).
- Pipeline-Rechner nennt man Systeme, bei denen die Verarbeitungsschritte so aufgeteilt sind, daß sie in mehreren voneinander unabhängigen Teilelementen hintereinander ausgeführt werden können. Fallen zur Bearbeitung

eine Vielzahl gleichartiger Aufgaben an, so können sich zu einem Zeitpunkt T mehrere der Aufgaben in den verschiedenen Teilelementen gleichzeitig in Bearbeitung befinden - jedoch auf unterschiedlicher Stufe (Fließbandverarbeitung). Für die hiesige Betrachtung ist es unerheblich, daß sich die Aufteilung in Pipelines auf verschiedenen Ebenen vollziehen kann: arithmetisches Pipelining auf der Ebene einzelner Operationen eines Rechenwerks, Funktionspipelining auf der Ebene vollständiger Rechenwerke und Macropipelining bei Prozessoren mit ihren zugehörigen Privatspeichern. Ein typisches Beispiel für Pipelinerechner ist die Anlage CD 6600 (THORNTON, 1970).

- Multiprozessoren im eigentlichen Sinne sind Systeme von mehreren Prozessoren und Speichern, die weitgehend unabhängig voneinander arbeiten, d.h. zu einem Zeitpunkt T werden gleichzeitig mehrere unterschiedliche Programme auf den verschiedenen Prozessoren ausgeführt. Beispiele für diese Klasse von Rechnern sind: BURROUGHS D 825 (ANDERSON et al., 1962) und C.mmp (WULF, BELL, 1973).

Nach dieser sehr knappen Charakterisierung der verschiedenen unkonventionellen Rechnertypen nun zu ihren Verfügbarkeiten: Charakteristisch am Ersatzbild der Feldrechner ist das zentrale Leitwerk (vgl. Abbildung 2.38), bei dessen Ausfall das Gesamtsystem funktionsunfähig wird, während beim Defekt eines Rechenwerkes gegebenenfalls mit entsprechend verminderter Leistungsfähigkeit weitergearbeitet werden kann.

Das Ersatzbild der Pipeline-Rechner (vgl. Abbildung 2.39) zeigt die Ausfall-Anfälligkeit dieser Struktur: fällt eine Stufe der Pipeline aus, so ist das Gesamtsystem arbeitsunfähig. Dies schlägt sich in der Serienschaltung der Stufen der Pipeline nieder.

Größere Zuverlässigkeit haben dagegen dezentrale Multiprozessoren: Bei geeigneter Organisation wird durch den Ausfall eines Prozessors die Leistungsfähigkeit des Gesamtsystems zwar verringert, jedoch nicht gleich null. Die unabhängigen Teilprozessoren können im Ersatzbild (vgl. Abbildung 2.40) also parallel geschaltet dargestellt werden.

Unterstellt man für einen schematischen Vergleich der verschiedenen Rechnertypen gleiche Ausfallwahrscheinlichkeit a=0,9 für alle Elemente (Leitwerk, Rechenwerk i beim Feldrechner, Pipeline-Stufe i beim Pipeline-Rechner, Teilprozessor i beim Multiprozessor) sowie gleiche Teilelementanzahl 20 für

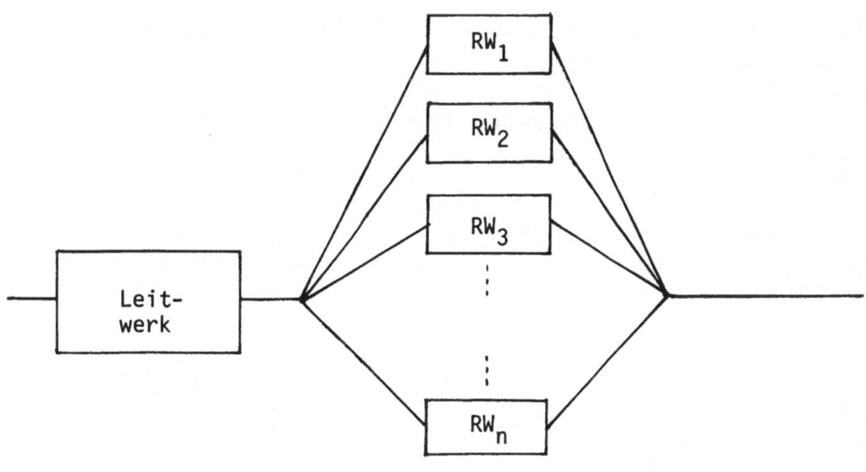

<u>Abbildung 2.38</u>: Ersatzbild eines Feldrechners, RW_i = Rechenwerk Nummer i

<u>Abbildung 2.39</u>: Ersatzbild eines Pipelinerechners, PPS_i = Pipeline-Stufe Nummer i

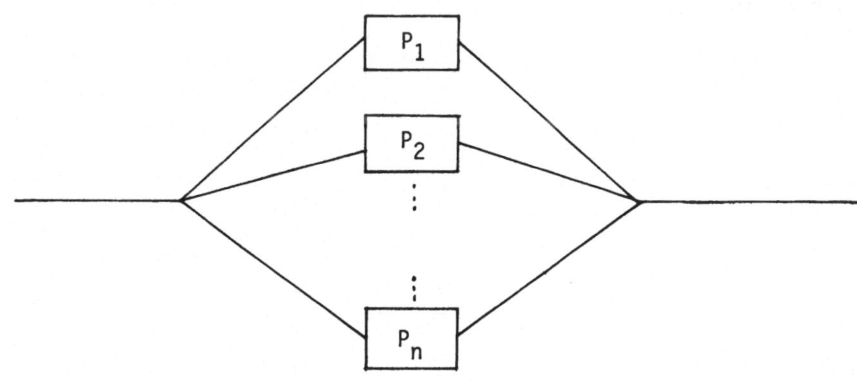

<u>Abbildung 2.40</u>: Ersatzbild eines Multiprozessors, P_i = Teilprozessor Nummer i

jedes Gesamtsystem, so ergeben sich die in Abbildung 2.41 dargestellten Gesamt-Ausfallwahrscheinlichkeiten.

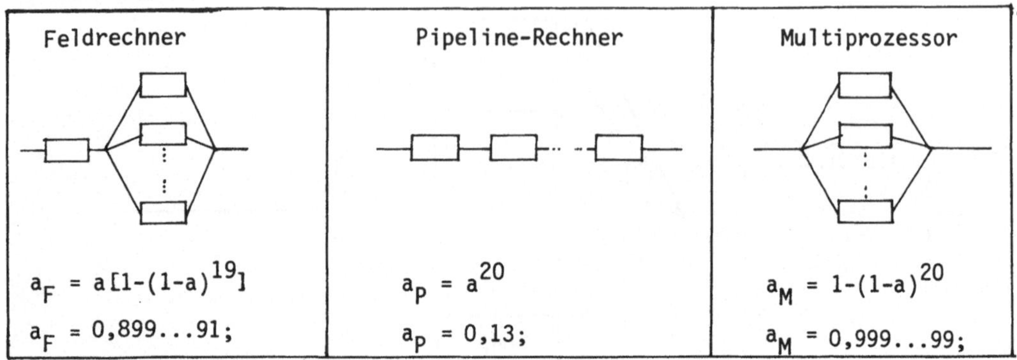

mit a(Teilelement) = 0,9

Abbildung 2.41: Ausfallwahrscheinlichkeiten verschiedener Rechnertypen unter Annahme gleicher Ausfallwahrscheinlichkeit und Anzahl der verschiedenen Teilelemente.

Abschließend ist festzuhalten, daß es sich um idealisierte Betrachtungen der verschiedenen Rechnertypen handelt: Insbesondere die Mechanismen zur Sicherung der Weiterarbeit des Gesamtsystems bei Ausfall von Teilelementen sind recht kompliziert (vgl. Band 2) und unterliegen selbst wieder gewissen Ausfallwahrscheinlichkeiten.

3. Anmerkungen zur Technologie

Die Weiterentwicklung der Technologie von Rechnerkomponenten ist eine Aufgabe, die nicht zum Bereich der Rechnerarchitektur zählt, sie wird vielmehr von der Physik, der Elektrotechnik und den Hardware-Spezialisten der Informatik durchgeführt. Dennoch muß der Rechnerarchitekt einen ausreichenden Überblick über die zum jeweiligen Zeitpunkt verfügbare Technologie besitzen, um die Möglichkeiten und Randbedingungen technologischer Bestandteile beim Entwurf oder der Modifikation von Rechenanlagen zu berücksichtigen. Letztendlich ist für die Leistungsfähigkeit eines Rechners nicht nur die Organisation der Bauteile ausschlaggebend, sondern auch deren physikalische Eigenschaften.

Abschnitt 1 dieses Kapitels untersucht zunächst die Einflüsse der Technologie auf die Rechnerarchitektur und gibt dann einen globalen Überblick über die technologische Entwicklung von Rechnerkomponenten. Als ein Beispiel dafür, wie weit die Technologie, hier die LSI-Technik (Large Scale Integration), die Architektur von Rechnern beeinflussen kann, wird in Abschnitt 3.2 auf die Entwicklung der Mikroprozessoren eingegangen. Abschnitt 3.3 befaßt sich schließlich mit Speichertechniken, deren Organisation und Realisierung.

Einen Überblick über die Zusammenhänge zwischen Speichertechnik und Rechnerarchitektur geben die Artikel von MATICK, 1975 und LEILICH, 1975. Übersichten über die technologische Entwicklung im Bereich der Halbleiterbauelemente und damit vor allem der Mikroprozessoren geben BOHLE, HOFMEISTER, 1976 und SUCHLANDT, 1976. Aus der Vielzahl von Veröffentlichungen zur Speichertechnologie seien hier nur die folgenden Werke angegeben: Zur Technik der Arbeitsspeicher: SEITZER, 1975, zur Technik der Massenspeicher: MATICK, 1972, sowie ein Sammelband zur Speichertechnologie allgemein: RILEY, 1971.

3.1 Einfluß der technologischen Entwicklung auf die Rechnerarchitektur

Durch die technologische Entwicklung werden die Bauteile von Rechnern in regelmäßigen Zeitabständen geändert. Die jeweils neuere Technologie führt im allgemeinen zu billigeren Herstellungsverfahren, schnellerer Arbeitsweise, geringeren Betriebsanforderungen hinsichtlich der Betriebsspannung und des Raumes für die Aufstellung, und schließlich zu höherer Zuverlässigkeit. Entsprechend der Verwendung der Technologie pflegt man die Rechner auch nach Generationen einzuteilen (vgl. Abbildung 3.1): Rechner der ersten Generation arbeiteten mit Röhren, in der zweiten Generation wurden Transistoren verwendet, die dritte Generation schließlich verwendet Integrierte Schaltkreise (auch IC nach dem englischen: "integrated circuits" genannt).

Aber auch innerhalb dieser Generationen, vor allem innerhalb der heute gültigen 3. Generation bestehen große Unterschiede zwischen verschiedenen Ausführungen ähnlicher Technologien. Im Bereich der monolithisch [1)] integrierten Schaltungen unterscheidet man zwischen:

- SSI (small scale integration) mit weniger als 50 Transistorelementen pro Baustein
- MSI (medium scale integration) mit 50-500 Transistorelementen pro Baustein
- LSI (large scale integration) mit mehr als 500 Transistorelementen pro Baustein (1978: 10^4 bis 10^5 Elemente) [2)]

bei einer Bausteingröße im Millimeterbereich. Erst die LSI-Technik ermöglichte die Entwicklung von Mikroprozessoren, auf die im Abschnitt 3.2 eingegangen wird.

Die Rechnerarchitektur sieht gemäß den Aussagen in Kapitel 1.1 ihre wesentliche Aufgabe in der möglichst sinnvollen Anordnung der einzelnen Rechnerelemente wie Prozessoren, Speicher und Ein/Ausgabegeräte. Die Fortschritte der Technologie machen sich in den unterschiedlichen Moduln auch unterschiedlich bemerkbar: Während etwa die Technik der integrierten Schaltungen die Arbeitsgeschwindigkeit von Prozessoren um Zehnerpotenzen erhöht hat, sind beispielsweise Ein/Ausgabegeräte teilweise durch mechanische Elemente in ihrer Arbeitsgeschwindigkeit schon bald an eine obere Grenze gestoßen. Ähnliche Aussagen gelten auch für die Speicher, wie wir im Abschnitt 3.3 sehen werden. So ergibt sich für die Rechnerarchitektur das Problem, aus einem großen Angebot an Bauelementen die jeweils zueinander passenden herauszufinden, bzw. Unterschiede bezüglich des Verhaltens durch entsprechende organisatorische Maßnahmen wieder rückgängig zu machen (z.B. Einschieben von Ein-/Ausgabeprozessoren zur Behebung der Geschwindigkeitskluft zwischen

---

[1)] monolithisch = "aus einem Stein" (griechisch). Die integrierten Schaltungen werden gemeinsam auf einkristallinen Siliziumplättchen hergestellt.

[2)] Bausteine mit mehr als 10^3 Elementen werden oft auch als VLSI- (very large scale int.) oder GSI-Elemente (grand scale int.) bezeichnet.

zentralen Prozessoren und Ein/Ausgabegeräten). Zum anderen ergeben sich jedoch aus der Tätigkeit der Rechnerarchitektur auch Hinweise für die Technologie, welche speziellen Leistungsmerkmale für einen gegebenen Baustein erforderlich sind.

Charakteristika	Generationen			
	Erste Gen.	Zweite Gen.	Dritte Gen.	Späte Dritte
-Komponenten Elektronik - -Takt-Zeiten	Röhren 0,1 - 1,0msec	Transistoren 1 - 10μsec	Integrierte Schaltungen 0,1 - 1,0μsec	Wie dritte Generation
-Komponenten Hauptspeicher - -Zugriffszeit	Röhren 1msec	Magnet-Trommel-Magnet-Kern--Speicher 1 - 10μsec	Magnetkern 0,1 - 10μsec	Halbleiter (Cache) 0,1μsec
Peripherie-speicher	Lochstreifen Karten	Magnetband, Magnetplatte, Magnettrommel	Wie zweite Gen. und erweiterter Kernspeicher	Wie dritte Generation
Programmier-sprachen Fähigkeiten	Binär-Code Symbolischer C.	Höhere Progr.-Sprachen Unterprogramme Rekursion	Wie zweite Gen. und Daten-strukturen	Wie dritte Gen. und erweiterbare Sprachen und parallele Programmierung

<u>Abbildung 3.1:</u> Kennzeichen der verschiedenen Rechnergenerationen.

Typische Fragestellungen der Rechnerarchitektur zur gegebenen Technologie sind:

- Ist das Leistungsverhältnis zwischen den einzelnen Teilelementen des Rechners sinnvoll (vgl. dazu auch Kapitel 3.3)?
- Ist das Preisverhältnis zwischen den einzelnen Bausteinen ausgewogen? Bei teuren Speichern und billigen Prozessoren sollten letztere zum

Beispiel so angeordnet werden, daß die Speicher voll genutzt werden.

- "Passen" die zu kombinierenden Teile zueinander? Dabei interessieren vor allem die Schnittstellen zwischen den einzelnen Elementen: Mikroprozessoren bieten wegen ihres niedrigen Preises einen hohen Anreiz, jedoch sind die Kosten für Erstellung von Schnittstellen zur Peripherie (noch) oft sehr hoch. Im günstigsten Fall sind die einzelnen Rechnerkomponenten wie in einem Baukastensystem angeordnet.
- Benötigt man unterschiedliche Betriebsspannungen für unterschiedliche Teile des Rechners? Durch verschiedene Technologien kann die Spannungszuführung von Rechnern sehr kompliziert und damit teuer und störanfällig werden.
- Welche Toleranzen bezüglich der Kommunikationssignale werden für die gelieferten Teile garantiert? Gewünscht wird die Zulassung möglichst großer Toleranzen bei der Eingabe in Geräte und die Garantie möglichst geringer Toleranzen bei der Ausgabe (um eine geringe Gesamttoleranz - die sich aus der Addition der Einzeltoleranzen ergibt - zu erhalten).
- Passen die Geräte bezüglich ihres Raumbedarfs und der nötigen Wärmeabführung zusammen? Unterschiedliche Technologien stellen unterschiedliche Anforderungen an die Unterbringung des Rechners. Auch hier sollte darauf geachtet werden, homogene Anforderungen innerhalb eines Rechners zu erhalten.
- Haben die Geräte ähnliche Eigenschaften bezüglich der Reparierbarkeit, Verfügbarkeit und der Bedienbarkeit (englisch: "RAS": repairability, availability, serviceability)?

Abschließend noch eine Bemerkung zu den in der Beschreibung der Technologien üblichen Abkürzungen: Diese sind durch die Verwendung gleicher Buchstaben für unterschiedliche Inhalte oft sehr irreführend (z. B. für C: collector, complementary, coupled, charge, current, content, control, coded, circuit ...), in den beiden folgenden Abschnitten werden daher einige der Abkürzungen angeführt.

3.2 Mikroprozessoren und Mikrocomputer

3.2.1 Übersicht

Die Fortschritte auf dem Gebiet der Halbleitertechnik, die vor allem durch die Erfindung des Transistors 1948 vorangetrieben wurden, führten schon in den 60-er Jahren zu der Herstellung erster monolithisch integrierter Schaltungen. Bei diesen Schaltungen werden alle Schaltungselemente in einem gemeinsamen Fertigungsprozeß auf einem einkristallinen Siliziumplättchen (dem sogenannten Chip) hergestellt. Je nach Anzahl der Elemente pro Chip unterscheidet man die bereits eingeführten Integrationsstufen SSI, MSI und LSI. Die Großintegration (LSI), bei der heute zwischen 500 und 15 000 Transistorelemente auf einem Siliziumplättchen von 5 - 30 mm^2 Fläche realisiert werden, führte zur Entwicklung von Mikroprozessoren. Mikroprozessoren sind vollständige Zentraleinheiten, die mit entsprechender Speicherkonfiguration und Ein/Ausgabegeräten zu einem vollständigen Rechnersystem gestaltet werden können. Die Größe dieser Zentraleinheiten beträgt etwa 2 x 3 cm, wovon ein großer Teil die den eigentlichen Chip (Größe: wenige Quadrat-Millimeter) umgebende Kunststoffschicht ausmacht, die zum Schutz des Chips dient und gleichzeitig die von der Zentraleinheit zur Außenwelt führenden Kommunikationswege (Anschlüsse, englisch: "pins") trägt. Da das Herstellungsverfahren sehr billig ist (Kosten weit geringer als 1 Pfennig pro Transistor-Element), sind auch die Gesamtpreise für Mikroprozessoren sehr gering, vor allem im Vergleich zu Preisen für Zentraleinheiten von Großrechenanlagen (Kaufpreis für Mikroprozessoren je nach Ausführung und Stückzahl zwischen wenigen DM und einigen hundert DM).

Durch die geringen Abmaße, den günstigen Preis, die hohe Zuverlässigkeit der Bausteine und den geringen Leistungsverbrauch (weniger als 500 mW pro Baustein, eignet sich für Batteriebetrieb) eröffnen die Mikroprozessoren eine neue Dimension für Rechenanlagen in Bezug auf den Anwendungs- und Benutzerkreis, aber auch im Hinblick auf neue Rechnerarchitekturen, die parallel arbeitende Prozessoren umfassen. So werden bereits heute Multi-Mikrorechner mit bis zu 512 Mikroprozessoren gehandelt (HYPERCUBE) und Überlegungen für Zusammenschaltungen von bis zu 10^6 Prozessoren angestellt (WITTIE, 1976). Die Probleme der Rechnerarchitektur bestehen hier darin, die extrem billigen Prozessoren in geeigneter Weise mit vergleichsweise teuren anderen Computer-Elementen wie Speicher, Ein- Ausgabegeräte zu verbinden. Im folgenden wollen wir uns nunmehr jedoch mehr der internen Architektur von Mikroprozessoren zuwenden und die spezifischen Probleme der Ein-Chip-Architektur betrachten.

Klassifikationen von Mikroprozessoren beziehen sich auf deren

- Wortlänge und
- Herstellungstechnologie.

Bezüglich der Wortlänge unterscheidet man 4-, 8-, 12- und 16-bit Prozessoren sowie die mikroprogrammierbaren Bit-Scheiben-Prozessoren mit 2 oder 4 bit Breite, die sich zu beliebigen Wortlängen w ($w = 2 \cdot i$ bzw. $w = 4 \cdot i$, mit $i \geq 1$) kombinieren lassen.

Bezüglich der Herstellungstechnologie unterscheidet man zwei große Gruppen, die bipolaren - und die MOS - (metaloxide-semiconductor) Schaltungen. Während die MOS-Techniken durch hohe Integrationsdichte, geringe Verlustleistung, einfache Herstellung und damit niedrige Herstellungskosten gekennzeichnet sind, zeichnen sich die bipolaren Techniken durch wesentlich höhere Arbeitsgeschwindigkeit, höhere Ausgangsleistung bei höheren Preisen aus. Durch verschiedene Neuentwicklungen versucht man jedoch, die Vorteile beider Gruppen in einer Technologie zu vereinen. Im einzelnen unterscheidet man folgende Techniken:

a) bipolare:	LS TTL	(Low Power SCHOTTKY Transistor Transistor Logic)
	I^2L	(Integrated Injection Logic)
	ECL	(Emitter-Coupled-Logic)
b) MOS:	P-MOS, bzw. N-MOS	(P-Kanal-Metal-Oxide-Semiconductor bzw. N-Kanal-MOS)
	C-MOS	(Complementary Metal-Oxide-Semiconductor)
	SOS	(Silicium on Saphire)
	CCD	(Charge Coupled Devices)[1]

Während die verbreitetsten 4-, 8- und 16-bit Mikroprozessoren zumeist in einer MOS-Technik ausgeführt sind, werden die Bit-Scheiben Prozessoren, die für spezielle Anwendungen mit hoher Leistungsanforderung verwendet werden, in bipolaren Techniken realisiert. Einen Überblick über einige im Handel befindliche Mikroprozessoren und deren Merkmale geben die Abbildungen 3.2 - 3.5.

---

[1] Die CCD-Technologie ist lediglich eine MOS-ähnliche Technologie, da ihr Herstellungsprozeß dieser weitgehend ähnelt, die Grundelemente jedoch keine Transistoren sind.

Hersteller	Typ	Technologie	Wortlänge Daten/Befehle	Adressraum (Worte)	Anzahl Befehle	Maximale Taktfrequenz (MHz)/Phasen	Kürzeste/Längste Befehlsausführungszeit (µs)	TTL-kompatibel	BCD-Arithmetik	Interrupt-Stufen	Anzahl Register	Anzahl Kellerregister	Takt auf Chip	DMA	Zusatz-Bausteine	Anzahl Pins	Erforderliche Betriebs-Spannungen (V)	Entwicklungssyst.	Höhere Prog.-Spr.	Cross-Software
Motorola	MC14500	CMOS	1/4	0	16	1/1	1/1	J	N	1	1	0	J	N	N	16	3 bis 18	N	N	N
Intel	4004	PMOS	4/8	4k	46	0,74/2	10,8/21,6	N	J	1	16	3x12	N	N	J	16	15	J	J	J
Intel	4040	PMOS	4/8	8k	60	0,74/2	10,8/21,6	N	J	1	24	7x12	N	N	J	24	15	J	J	J
NEC	µPD541	PMOS	4/8	4k	69	0,5/2	6,4/38,4	J	J	8	4	8x12	N	J	J	42	5,-5	J	N	N
Fairchild	3850	NMOS	8/8	64k	69	2/1	2/13	J	J	1	64	RAM	J	J	J	40	5,12	J	J	J
Intel	8008	PMOS	8/8	16k	48	0,8/2	12,5/37,5	N	J	1	6	7x14	N	N	J	18	5,-9	J	J	J
Intel	8080A	NMOS	8/8	64k	78	2,6/2	1,5/3,75	J	J	1	8	RAM	N	J	J	40	5,12,-5	J	J	J
Intel	8085	NMOS	8/8	64k	80	5,5/1	0,8/5,2	J	J	4	8	RAM	J	J	J	40	5	J	J	J
MOS Technology	MCS-650X	NMOS	8/8	64k	56	4/1	0,5/3,5	J	J	1	0	RAM	J	N	J	40	5	J	J	J
Motorola	M6800	NMOS	8/8	64k	72	2/2	1/2,5	J	J	1	0	RAM	N	J	J	40	5	J	J	J
Motorola	M6802	NMOS	8/8	64k	72	2/1	2/5	J	J	1	128	RAM	J	J	J	40	5	J	J	J
Motorola	M6809	NMOS	8/8	64k	59	2/1	2/5	J	J	1	0	RAM	J	J	J	40	5	J	J	J
National Semic.	SC/MPII	NMOS	8/8	4k	46	4/1	5/10	J	J	1	0	RAM	J	J	N	40	5,-7	J	J	J
RCA	1802	CMOS	8/8	64k	91	6,4/1	2,5/3,75	J	J	1	16	RAM	J	J	J	40	3 bis 12	J	J	J
Sc.Microsystems	SMS-300	Bipolar	8/8	8k+	8	10/1	?	J	N	N	?	0	N	N	J	50	?	N	J	J
Signetics	2650	NMOS	8/8	32k	75	2/1	1,5/6	J	J	1	7	8x15	N	J	J	40	5	J	J	J
Signetics	8X300	Bipolar	8/16	8k	?	4/1	0,25	J	J	N	8	0	N	N	N	50	5	J	N	J
Zilog	Z80	NMOS	8/8	64k	150+	4/1	1/5,75	J	J	1	14	RAM	N	J	J	40	5	J	J	J
Intersil	6100	CMOS	12/12	4k	81	4/1	2,5/5,5	J	N	1	0	RAM	J	J	J	40	4 bis 11	J	J	J
Toshiba	T3190	PMOS	12/12	4k	108	2,5/1	10/30	J	N	8	8	RAM	J	J	J	36	5,-5	J	J	J
Data General	mN601	NMOS	16/16	32k	42	8,33/2	1,2/29,5	J	N	1	4	RAM	J	J	J	40	5,10,14,-4,25	J	J	J

Abbildung 3.2: Übersicht über monolithische Mikroprozessoren, geordnet nach Wortlänge (1 bis 16 Bit), Teil 1

Hersteller	Typ	Technologie	Wortlänge Daten/Befehle	Adress-raum (Worte)	Anzahl Befehle	Maximale Takt-frequenz (MHz)/ Phasen	Kürzeste/ Längste Befehlsaus-führungszeit (µs)	TTL-kompatibel	BCD-Arithmetik	Interrupt-Stufen	Anzahl Register	Anzahl Kellerregister	Takt auf Chip	DMA	Zusatz-Bausteine	Anzahl Pins	Erforderliche Betriebs-Spannungen (V)	Entwicklungssyst.	Höhere Prog.-Spr.	Cross-Software
Fairchild	9440	I^2L	16/16	64k	42	10/1	?	J	N	1	4	RAM	J	J	N	40	5	N	N	N
Ferranti	F100L	Bipolar	16/16	32k	153	14/1	1,19/14	J	N	1	0	RAM	N	J	J	40	5,1,2	J	J	J
Gen. Instrument	CP1600	NMOS	16/16	64k	87	4/2	1,6/4,8	J	N	1	8	RAM	N	J	J	40	5,12,-3	J	J	J
Intel	8086	NMOS	16/16	1M*	97	5/1	0,4/37,8	J	J	1	8	RAM	J	J	J	40	5	J	J	J
Motorola	68000	NMOS	16/16	16M*	61	8/1	0,5/?	J	J	1	16	RAM	N	J	J	64	5	J	J	J
National Semic.	INS8900	NMOS	16/16	64k	45	2/2	2,5/5	N	J	6	4	10x16	N	J	J	40	5	J	J	J
Panatacom	MN1610	NMOS	16/16	64k	33	2/2	2/6	J	N	3	5	RAM	N	J	J	40	5,12,-3	J	N	N
Texas Instruments	9980	NMOS	16/16	8k	69	4/4	3,2/49,6	J	N	4	16	RAM	J	J	J	40	5,12,-5	J	J	J
Texas Instruments	9985	NMOS	16/16	32k	68	5/1	2,4/50	J	N	4	0	RAM	J	J	J	40	5	J	J	J
Texas Instruments	9900	NMOS/I^2L	16/16	32k	69	4/4	2/31	J	N	16	16	RAM	N	J	J	64	5,12,-5	J	J	J
Western Digital	WD-16	NMOS	16/16	64k	116	3,3/4	2,1/780	J	J	16	6	RAM	N	J	J	40	5,12,-5	J	J	N
Zilog	Z8000	NMOS	16/16	48M*	110+	8/1	0,75/90	J	J	1	16	RAM	N	J	J	48	5	J	J	J

*Angabe in bytes

Abbildung 3.2: Übersicht über monolithische Mikroprozessoren, geordnet nach Wortlänge (1 bis 16 Bit), Teil 2

Hersteller	Typ	Technologie	Wortlänge Daten/Befehle	Interner RAM	Interner ROM/PROM	Externe Speichererweiterung	Anzahl Befehle	Maximale Taktfrequenz (kHz)	Takt auf Chip	Kürzeste/Längste Befehlsausführungszeit (µs)	TTL-kompatibel	BCD-Arithmetik	Interrupt-Stufen	Unterprogramm-Schachtelung	Interne Register	E/A-Leitungen	Zusatz-Bausteine	Anzahl Pins	Erforderliche Betriebs-Spannungen (V)	Entwicklungssyst.	Höhere Prog.-Spr.	Cross-Software
AMI	S2000	NMOS	4/8	64x4	1kx8	N	51	1000	J	4,5/9	J	J	1	RAM	RAM	79	N	40	9	J	N	N
AMI	S2150	NMOS	4/8	64x4	1,5kx8	N	51	1000	J	4,5/9	J	J	1	RAM	RAM	79	N	40	9	J	N	N
Essex Intern.	SX-200	PMOS	4/8	64x4	1kx8	J	41	400	J	20/20	N	J	1	1	RAM	16	N	28	10 bis 20	J	J	J
Hitachi	HMCS 42	PMOS	4/10	32x4	512x10	N	74	780	J	10	N	J	0	RAM	RAM	22	N	28	-10	J	J	J
Hitachi	HMCS 45	PMOS	4/10	160x4	2kx10	N	69	780	J	20	N	J	2	RAM	RAM	40	J	54	-10	J	J	J
NEC Microcomp.	µPD548	PMOS	4/10	96x4	2kx10	J	72	200	N	10/20	J	J	2	4	RAM	35	N	42	-10	J	N	N
NEC Nicrocomp.	µPD551C	PMOS	4/8	64x4	1kx8	N	58	440	J	10/40	J	J	1	1	RAM	28	N	40	-10	J	N	J
Panasonic	MN1400	NMOS	4/8	64x4	1kx8	N	75	300	J	10/20	J	J	1	2	RAM	30	N	40	5	J	J	J
Panasonic	MN1499	NMOS	4/8	64x4	0	J	75	300	J	10/20	J	J	1	2	RAM	31	N	64	5	J	J	J
Rockwell	PPS-4	PMOS	4/8	0	0	J	50	400	N	5/15	N	J	1	2	1	12+	J	42	-17/+5,-12	J	N	J
Rockwell	MM78	PMOS	4/8	128x4	2kx8	J	50	100	J	10/40	J	J	1	2	2+RAM	31	J	42	-15/+5,-10	J	N	J
Rockwell	MM76	PMOS	4/8	48x4	640x8	J	50	100	J	10/40	J	J	1	1	1+RAM	31	J	42	-15/+5,-10	J	N	J
Rockwell	MM75	PMOS	4/8	48x4	640x8	J	50	100	J	10/40	J	J	1	1	1+RAM	22	J	28	-15/+5,-10	J	N	J
Texas Instrum.	TMS-1000	PMOS	4/8	64x4	1kx8	N	43	400	J	15/15	J	J	1	1	2	23	J	28	15	J	J	J
		CMOS	4/8	64x4	1kx8	N	43	400	J	15/15	J	J	1	1	2	25	J	40	15	J	J	J
Texas Instrum.	TMS-1100	PMOS	4/8	128x8	2kx8	N	40	400	J	15/15	J	J	1	1	2	23	J	28	15	J	J	J
		CMOS	4/8	128x8	2kx8	N	40	400	J	15/15	J	J	1	1	2	28	J	40	15	J	J	J
Texas Instrum.	TMS-1330	PMOS	4/8	128x4	2kx8	N	42	400	J	15/15	J	J	1	RAM	RAM	31	J	40	15	J	N	J

Abbildung 3.3: Übersicht über monolithische Mikrorechner, Teil 1

Hersteller	Toshiba	Toshiba	Western Dig.	General Instr.	General Instr.	General Instr.	Intel	Intel	Intel	Intel	Intel	Mostek	Motorola	RCA	Rockwell	Zilog	Texas Instr.	Texas Instr.
Typ	T3444	T3472	1872	1645	1650	1670	8021	8022	8041	8048	8748	3870	6801	CDP1804	R6500/1	Z8	9940M	9940E
Technologie	NMOS	NMOS	PMOS	NMOS	NMOS	NMOS	NMOS	NMOS	NMOS	NMOS	NMOS	NMOS	NMOS	CMOS	NMOS	NMOS	NMOS	NMOS
Wortlänge Daten/Befehle	4/8	4/8	4/10	8/12	8/12	8/12	8/8	8/8	8/8	8/8	8/8	8/8	8/8	8/8	8/8	8/8	16/16	16/16
Interner RAM	16x8	16x4	32x4	24x8	32x8	48x8	64x8	64x8	64x8	64x8	64x8	64x8	128x8	64x8	64x8	124x8	128x8	128x8
Interner ROM/PROM	256x24	256x24	512x10	256x12	512x12	1kx12	1kx8	2kx8	1kx8	1kx8	1kx8*	2kx8	2kx8	2kx8	2kx8	2kx8	2kx8	2kx8*
Externe Speichererweiterung	J	J	N	N	N	N	N	N	J	J	J	J	J	J	J	J	N	N
Anzahl Befehle	3	67	37	30	30	30	70	70	90	96	96	70+	82	102	56	47	68	68
Maximale Takt-Frequenz (kHz)	800	1000	150	1000	1000	1000	3000	3000	6000	6000	6000	4000	3580	8000	2000	8000	5000	5000
Takt auf Chip	J	J	J	J	J	J	J	J	J	J	J	J	J	J	J	J	J	J
Kürzeste/Längste Befehlsausführungszeit (μs)	3	33/360	6,25/12,5	4/8	4/8	4/8	10/20	10/20	2,5/5	2,5/5	2,5/5	1/6,5	2/12	2/3	1/3,5	1,3/3,75	2/452	2/452
TTL-kompatibel	J	J	J	J	J	J	J	J	J	J	J	J	J	J	J	J	J	J
BCD-Arithmetik	J	J	J	J	J	J	J	J	J	J	J	J	J	J	J	J	J	J
Interrupt-Stufen	1	2	1	1	1	1	1	1	1	1	1	4	1	1	1	6	4	4
Unterprogramm-Schachtelung	8	8	1	2	2	2	RAM	RAM	RAM	8	8	RAM	RAM	RAM	RAM	RAM	64	64
Interne Register	RAM	RAM	RAM	RAM	RAM	RAM	RAM	RAM	RAM	RAM	RAM	RAM	RAM	RAM	RAM	RAM	RAM	RAM
E/A-Leitungen	16	16	27	4	32	32	21	27	18	27	27	32	31	13	32	32	16	16
Zusatz-Bausteine	N	J	N	J	J	J	N	N	J	J	J	J	J	J	J	J	N	N
Anzahl Pins	40	42	40	24	40	40	28	40	40	40	40	40	40	40	40	40	40	40
Erforderliche Betriebs-Spannungen (V)	5	5	12	5	5	5	5	5	5	5	5	5	5	5 bis 10	5	5	5	5
Entwicklungssyst.	J	J	J	J	J	J	J	J	J	J	J	J	J	J	J	J	J	J
Höhere Prog.-Spr.	J	J	J	J	J	J	J	J	J	J	J	J	J	J	J	J	J	J
Cross-Software	J	J	J	N	N	N	J	J	J	J	J	J	J	J	J	J	J	J

* EPROM anstelle von ROM

Abbildung 3.4: Übersicht über monolithische Mikrorechner, Teil 2

Hersteller	Typ	Technologie	ALU Typnummer	ALU Wortlänge	ALU Befehle	BCD-Arithmetik	ALU Max. Taktfrequenz (MHz)	ALU Register	ALU Pins	Mikro-Steuereinheit Typnummer	Mikro-Steuereinheit Mikro-Adreßbits	Mikro-Steuereinheit Max.Taktfrequenz (MHz)	Mikro-Steuereinheit Befehle	Mikro-Steuereiheit Kellergröße	Mikro-Steuereinheit Pins	TTL-kompatibel	Erforderliche Spannungen (V)	Entwicklungshilfsmittel	Zusatzbausteine
AMD	2900	STTL	2901A	4	16	N	10	16	40	2909/11	4	10	12	4x4	28/20	J	5	J	J
AMD		STTL	2903	4	25	N	10	16	48	2910	12	10	16	5x12	40	J	5	J	J
Fairchild Macrologic		STTL	9405	4	64	N	10	8	24	9406	4	10	4	16x4	24	J	5	J	J
Fairchild		CMOS	34705	4	64	N	2	8	24	34706	4	2	4	16x4	24	J	5	J	J
Fairchild 100 k 8-bit		ECL	ADIU	8	27	N	20	1	Noch nicht verfügbar								-4,5,-2		
Intel	3000	STTL	3002	2	40	N	10	11	28	3001	9	10+	11	0	40	J	5	J	J
Motorola	10800	ECL	10800	4	100+	J	20	0	48	10801	4	20	16	4x4	48	N	-2,-5,2	J	J
Nat.Semicond.	IMP-4	PMOS	00A/520	4	8	N	5,71	20	24	4A/521	4	5,71	100+	ALU	24	J	5,-12	J	N
Nat.Semicond.	IMP-8	PMOS	00A/520	4	8	N	5,71	20	24	8A/521	8	5,71	100+	ALU	24	J	5,-12	J	N
Nat.Semicond.	IMP-16	PMOS	00A/520	4	8	N	5,71	20	24	16A/521	16	5,71	100+	ALU	24	J	5,-12	J	N
Texas Instr.	SBP 0400A	I^2L	0400	4	512	N	5	10	40	74S482	4	20	64	4x4	20	J	Ändb.	N	N
Texas Instr.	54/74S481	STTL	S481	4	24780	N	10	0	48	74S482	4	20	64	4x4	20	J	5	N	J
Texas Instr.		LSTTL	LS481	4	24780	N	10	0	48	74S482	4	20	64	4x4	20	J	5	N	J

Abbildung 3.5: Übersicht über Bitslice-Mikroprozessoren

Um Probleme bei der Zusammenstellung von Mikrocomputern aus Mikroprozessoren, Speichern etc. zu verdeutlichen, wird im folgenden kurz auf die Entwicklung der Architektur des 8-bit-Mikroprozessors von INTEL eingegangen, als Beispiel für einen konventionellen Mikroprozessor. Weiterhin wird auf eine 4-bit-Mikroprozessor-Scheibe der Firma Texas Instruments eingegangen, um die spezifischen Probleme der Bit-Scheiben-Architektur kurz aufzuzeigen.

3.2.2 Architektur vollständiger 8-bit-Mikroprozessoren

In Abbildung 3.6 ist das Block-Diagramm der Zentraleinheit des 8-bit-Mikrorechners INTEL 8085 dargestellt, die in dieser Form auf einem Chip von ca. 1 x 4 cm Fläche realisiert ist. Die internen Datenwege von 8 bit Breite sind als dick gezogene Linien zu erkennen. Signalleitungen zur internen Steuerung der einzelnen Funktionselemente sowie zur Kommunikation mit externen Funktionseinheiten sind als dünn gezogene Linien dargestellt.

Kern der Zentraleinheit ist die arithmetische und logische Einheit (ALU), deren Eingänge vom Akkumulator- und einem Hilfsregister mit Operanden bedient werden. Über den internen Datenbus sind diese Register mit dem internen Registerfeld verbunden, das 8 frei programmierbare Register zu je 8 bit, sowie ein Adreßregister, einen Kellerzeiger und den Programmzähler zu je 16 bit umfassen. Da diese letzten drei Register sich auf Adressen des Speichers beziehen, muß hier genügend Kapazität zur Adressierung zur Verfügung gestellt werden, weswegen 8-bit Register nicht ausreichen.

Der Kellerzeiger weist den vorliegenden Rechner als eine Kellermaschine aus, die durch Unterbrechungen gesteuert werden kann. Bei Unterbrechung einer Aufgabe muß die entsprechende Statusinformation im Speicher abgelegt werden, um später an gleicher Stelle fortfahren zu können. Sollte auch die unterbrechende Aufgabe wieder unterbrochen werden, müssen auch deren Daten aufgehoben werden usw.. So entsteht eine Anzahl von Datenblöcken, die nach der LIFO-Strategie wieder abgearbeitet werden müssen (Kellerprinzip, LIFO = last in first out). Die Steuerung der Abarbeitung geschieht über den Kellerzeiger. Die Globalsteuerung der gesamten Zentraleinheit übernimmt die CPU-Verwaltung(englisch: Timing and Control). Sie arbeitet in Abhängigkeit des Benutzerprogramms, das Befehl für Befehl vom Speicher in das Befehlsregister ablegt und dort decodiert wird. Die Verwaltung steuert auch eine größere Anzahl von Leitungen, die

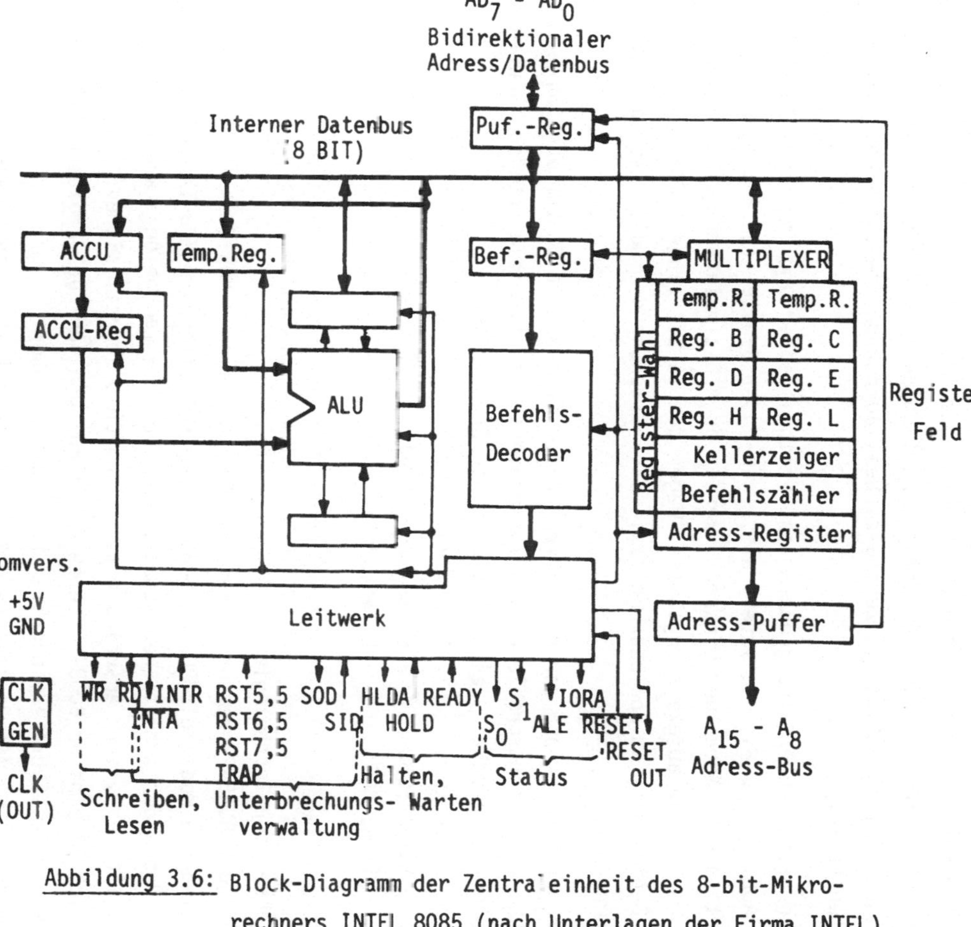

Abbildung 3.6: Block-Diagramm der Zentraleinheit des 8-bit-Mikrorechners INTEL 8085 (nach Unterlagen der Firma INTEL)

mit den Speichern und E/A-Geräten kommunizieren. So führt sie die Schreib/Lesesteuerung durch, verwaltet die Unterbrechungsmeldungen, führt Synchronisationen mit anderen Geräten durch, liefert den Zustand des Prozessors an andere Geräte etc.. Schließlich umfaßt die Zentraleinheit auch noch die Systemuhr, die die gesamten Abläufe steuert.

Die ALU verfügt über eine große Anzahl arithmetischer und logischer Befehle (vgl. Abbildung 3.8), die intern als 1-, 2- oder 3-byte- (je 8 bit) Befehle kodiert werden. Neben der binären - werden auch Dezimalarithmetik und Rechnen mit doppelter Genauigkeit angeboten. Wegen den 16 bit langen Adressen sind 64k x 8-bit-Worte im Speicher adressierbar. Datenworte sind 1 byte lang (vgl. Abbildung 3.7).

Anhand der Entwicklung der 8-bit-Mikroprozessoren von INTEL sollen einige typische Architekturprobleme für Mikroprozessoren allgemein untersucht werden. Wir untersuchen dabei drei Schritte in der Entwicklung:

1971	INTEL 8008 ;	Befehlszykluszeit	20 µsec
1973	INTEL 8080 ;	Befehlszykluszeit	2 µsec
1976	INTEL 8085 ;	Befehlszykluszeit	1,3 µsec.

a) Wechsel der Technologie
Während der 8008-Prozessor in der relativ langsamen P-MOS-Technik realisiert war, sind die Modelle 8080 und 8085 in der schnelleren N-MOS-Technik ausgeführt. Neben den schnelleren Schaltzeiten bot die Technologie aber auch die Möglichkeit, mehr Anschlüsse auf einem Chip zu realisieren: Gegenüber lediglich 18 pins am 8008- bieten der 8080- und der 8085-Prozessor 40 Anschlüsse. Dies führt zum nächsten Problemkreis über.
b) Kommunikation des Prozessors mit der Außenwelt über Anschlüsse (pins).

Die Abmaße der Mikroprozessoren stellen für die Kommunikation dieser Elemente mit ihrer Umwelt ein ernstes Problem dar: Es müssen genügend Anschlußmöglichkeiten geschaffen werden, um die nötigen Daten- und Signalaustauschvorgänge durchzuführen. An eine Zahl von 100 und mehr Anschlüssen, die in

Bussen von größeren Rechenanlagen zu finden sind, ist bei Prozessoren von wenigen Quadratmillimetern Fläche nicht zu denken. Die heutige Obergrenze von 40 bis 50 Anschlüssen stellt daher architektonische Probleme: Bei den 18 Anschlüssen des 8008-Prozessors war nur ein Bus von 8 bit Breite für den Austausch von Adressen, Daten und Instruktionen zwischen Speicher und Prozessor vorgesehen, da die restlichen 10 Anschlüsse für Signale freigehalten werden mußten. 16-bit-Adressen mußten so also in zwei aufeinanderfolgenden Takten abgeschickt werden, was zu großen Zeitverlusten führte. Beim Rechner 8080 schuf man wegen der verfügbaren 40 Anschlüsse zusätzlich zu dem 8-bit Datenweg einen 16 bit breiten Adreßweg, so daß nunmehr die Adresse in einem Takt übertragen werden konnte. Da jedoch nie gleichzeitig Daten und Adressen transportiert werden, erwies sich diese Realisierung als Verschwendung (Verstoß gegen das Architekturprinzip: Sparsamkeit): Beim 8085-Prozessor wurde der Adreßweg auf 8 bit verschmälert und die restlichen 8 Adreßbits auf einen gemeinsamen Daten/Adreßweg verlegt (Prinzip der Angemessenheit). Damit wurden wieder 8 Anschlüsse für weitere Signale frei, die nunmehr für eine weitere Beschleunigung des Befehlszyklus bereitstehen.

c) Integration von Register-Dateien in den Prozessor.
Allgemein bringt das Holen von Operanden aus dem Speicher eine Verlangsamung der Arbeitsgeschwindigkeit des Prozessors mit sich. Durch die Integration von mehreren Registern (Register-Datei) in den Prozessor selbst versucht man daher, Zugriffe auf den Speicher zu minimieren. Dieser Tatsache ist in allen drei Prozessor-Versionen durch die Integration einer Register-Datei (mit wachsender Registerzahl) Rechnung getragen (8008: 6 frei programmierbare, 8085: 8 frei programmierbare 8-bit Register, die Fremdentwicklung ZILOG Z-80 verfügt sogar über 17 frei programmierbare Register).

d) Integration von Rechnerbestandteilen in den Prozessor-Chip.
Um weitere Anschlüsse an den Prozessor zu sparen, und um allgemein die Anzahl der nötigen Chips zur Realisierung eines kompletten Rechners zu verringern, werden wichtige Bestandteile in den Prozessor-Chip mit aufgenommen. Während noch beim System 8080 die Systemuhr, Systemverwaltung und die Unterbrechungsbehandlung getrennt vom Prozessor realisiert waren, sind diese Elemente in den Prozessor 8085 integriert. Die Anzahl der Komponenten eines Minimal-Rechnersystems verringerte sich durch diese und ähnliche Maßnahmen

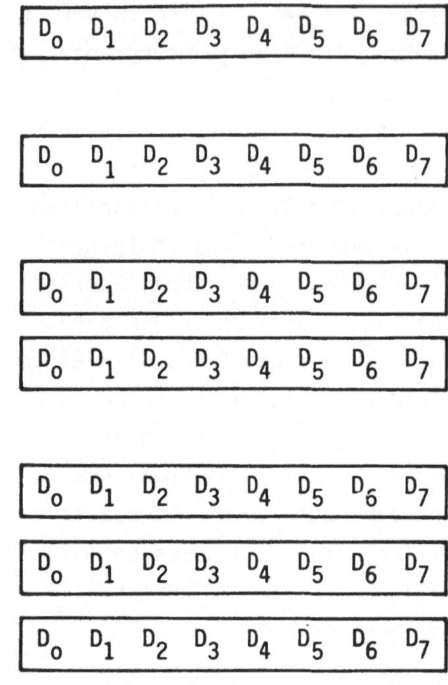

• Datenwort

• Befehl (1 Wort)
Befehlscode

Beispiel: Austausch zwischen Registern

• Befehl (2Worte)
Befehlscode

Operand

Beispiel: Register mit einem Datenwort füllen

• Befehl (3 Worte)
Befehlscode

Untere 8 bits der Adresse

Obere 8 bits der Adresse

Beispiel: Vergleich, bei positivem Ergebnis Sprung zu der aus Low- und High Adress angegebenen Adresse.

Abbildung 3.7: Schematische Darstellung von Datenworten und Befehlsworten beim Mikroprozessor INTEL 8085

bei INTEL von 60 (beim 8008-Prozessor) auf 3 Chips (beim 8085-Prozessor), wobei ebenfalls wieder Signalanschlüsse eingespart werden konnten.

Wir sehen also, daß die Technologie weitgehende Einflüsse auf die Architektur von Mikrorechnern ausübt: Das gilt in Bezug auf die Kompaktheit der Einzelmoduln (hohe Systemintegration auf wenigen Chips), in Bezug auf die Art der Kommunikationswege (gemeinsamer Bus für unterschiedliche Informationsarten) und in Bezug auf die interne Organisation (etwa des Prozessorchips, in das eine Registerdatei integriert wird). Dennoch zeigt sich, daß die Strukturen der Mikroprozessoren im wesentlichen denen von Großrechenanlagen gleichen.

Mnemo	Befehlsbeschreibung	Befehlscode D_7	D_6	D_5	D_4	D_3	D_2	D_1	D_0	Befehlszyklen
MOV$_{r1,r2}$	Move register to register	0	1	D	D	D	S	S	S	5
MOV M,r	Move register to memory	0	1	1	1	0	S	S	S	7
MOV r,M	Move memory to register	0	1	D	D	D	1	1	0	7
HLT	Halt	0	1	1	1	0	1	1	0	7
MVI r	Move immediate register	0	0	D	D	D	1	1	0	7
MVI M	Move immediate memory	0	0	1	1	0	1	1	0	10
INR r	Increment register	0	0	D	D	D	1	0	0	5
DCR r	Decrement register	0	0	D	D	D	1	0	1	5
INR M	Increment memory	0	0	1	1	0	1	0	0	10
DCR M	Decrement memory	0	0	1	1	0	1	0	1	10
ADD r	Add register to A	1	0	0	0	0	S	S	S	4
ADC r	Add register to A with carry	1	0	0	0	1	S	S	S	4
SUB r	Subtract register from A	1	0	0	1	0	S	S	S	4
SBB r	Subtract register from A with borrow	1	0	0	1	1	S	S	S	4
ANA r	And register with A	1	0	1	0	0	S	S	S	4
XRA r	Exclusive Or register with A	1	0	1	0	1	S	S	S	4
ORA r	Or register with A	1	0	1	1	0	S	S	S	4
CMP r	Compare register with A	1	0	1	1	1	S	S	S	4
ADD M	Add memory to A	1	0	0	0	0	1	1	0	7
ADC M	Add memory to A with carry	1	0	0	0	1	1	1	0	7
SUB M	Subtract memory from A	1	0	0	1	0	1	1	0	7
SBB M	Subtract memory from A with borrow	1	0	0	1	1	1	1	0	7
ANA M	And memory with A	1	0	1	1	0	1	1	0	7
XRA M	Exclusive Or memory with A	1	0	1	0	1	1	1	0	7
ORA M	Or memory with A	1	0	1	1	0	1	1	0	7
CMP M	Compare memory with A	1	0	1	1	1	1	1	0	7
ADI	Add immediate to A	1	1	0	0	0	1	1	0	7
ACI	Add immediate to A with carry	1	1	0	0	1	1	1	0	7
SUI	Subtract immediate from A	1	1	0	1	0	1	1	0	7
SBI	Subtract immediate from A with borrow	1	1	0	1	1	1	1	0	7
ANI	And immediate with A	1	1	1	0	0	1	1	0	7
XRI	Exclusive Or immediate with A	1	1	1	0	1	1	1	0	7
ORI	Or immediate with A	1	1	1	1	0	1	1	0	7
CPI	Compare immediate with A	1	1	1	1	1	1	1	0	7
RLC	Rotate A left	0	0	0	0	0	1	1	1	4
RRC	Rotate A right	0	0	0	0	1	1	1	1	4
RAL	Rotate A left through carry	0	0	0	1	0	1	1	1	4
RAR	Rotate A right through carry	0	0	0	1	1	1	1	1	4
JMP	Jump unconditional	1	1	0	0	0	0	1	1	10
JC	Jump on carry	1	1	0	1	1	0	1	0	10

Mnemo	Befehlsbeschreibung	Befehlscode								Befehlszyklen
		D_7	D_6	D_5	D_4	D_3	D_2	D_1	D_0	
JNC	Jump on no carry	1	1	0	1	0	0	1	0	10
JZ	Jump on zero	1	1	0	0	1	0	1	0	10
JNZ	Jump on no zero	1	1	0	0	0	0	1	0	10
JP	Jump on positive	1	1	1	1	0	0	1	0	10
JM	Jump on minus	1	1	1	1	1	0	1	0	10
JPE	Jump on parity even	1	1	1	0	1	0	1	0	10
JPO	Jump on parity odd	1	1	1	0	0	0	1	0	10
CALL	Call unconditional	1	1	0	0	1	1	0	1	17
CC	Call on carry	1	1	0	1	1	1	0	0	11/17
CNC	Call on no carry	1	1	0	1	0	1	0	0	11/17
CZ	Call on zero	1	1	0	0	1	1	0	0	11/17
CNZ	Call on no zero	1	1	0	0	0	1	0	0	11/17
CP	Call on positive	1	1	1	1	0	1	0	0	11/17
CM	Call on minus	1	1	1	1	1	1	0	0	11/17
CPE	Call on parity even	1	1	1	0	1	1	0	0	11/17
CPO	Call on parity odd	1	1	1	0	0	1	0	0	11/17
RET	Return	1	1	0	0	1	0	0	1	10
RC	Return on carry	1	1	0	1	1	0	0	0	5/11
RNC	Return on no carry	1	1	0	1	0	0	0	0	5/11
RZ	Return on zero	1	1	0	0	1	0	0	0	5/11
RNZ	Return on no zero	1	1	0	0	0	0	0	0	5/11
RP	Return on positive	1	1	1	1	0	0	0	0	5/11
RM	Return on minus	1	1	1	1	1	0	0	0	5/11
RPE	Return on parity even	1	1	1	0	1	0	0	0	5/11
RPO	Return on parity odd	1	1	1	0	0	0	0	0	5/11
RST	Restart	1	1	A	A	A	1	1	1	11
IN	Input	1	1	0	1	1	0	1	1	10
OUT	Output	1	1	0	1	0	0	1	1	10
LXI B	Load immediate register Pair B&C	0	0	0	0	0	0	0	1	10
LXI D	Load immediate register Pair D&E	0	0	0	1	0	0	0	1	10
LXI H	Load immediate register Pair H&L	0	0	1	0	0	0	0	1	10
LXI SP	Load immediate stack pointer	0	0	1	1	0	0	0	1	10
PUSH B	Push register Pair B&C on stack	1	1	0	0	0	1	0	1	11
PUSH D	Push register Pair D&E on stack	1	1	0	1	0	1	0	1	11
PUSH H	Push register Pair H&L on stack	1	1	1	0	0	1	0	1	11
PUSH PSW	Push A and Flags on stack	1	1	1	1	0	1	0	1	11
POP B	Pop register pair B&C off stack	1	1	0	0	0	0	0	1	10
POP D	Pop register pair D&E off stack	1	1	0	1	0	0	0	1	10
POP H	Pop register pair H&L off stack	1	1	1	0	0	0	0	1	10

Mnemo	Befehlsbeschreibung	Befehlscode D_7	D_6	D_5	D_4	D_3	D_2	D_1	D_0	Befehlszyklen
POP PSW	Pop A and Flags off stack	1	1	1	1	0	0	0	1	10
STA	Store A direct	0	0	1	1	0	0	1	0	13
LDA	Load A direct	0	0	1	1	1	0	1	0	13
XCHG	Exchange D&E, H&L Registers	1	1	1	0	1	0	1	1	4
XTHL	Exchange top of stack, H&L	1	1	1	0	0	0	1	1	18
SPHL	H&L to stack pointer	1	1	1	1	1	0	0	1	5
PCHL	H&L to program counter	1	1	1	0	1	0	0	1	5
DAD B	Add B&C to H&L	0	0	0	0	1	0	0	1	10
DAD D	Add D&E to H&L	0	0	0	1	1	0	0	1	10
DAD H	Add H&L to H&L	0	0	1	0	1	0	0	1	10
DAD SP	Add stack pointer to H&L	0	0	1	1	1	0	0	1	10
STAX B	Store A indirect	0	0	0	0	0	0	1	0	7
STAX D	Store A indirect	0	0	0	1	0	0	1	0	7
LDAX B	Load A indirect	0	0	0	0	1	0	1	0	7
LDAX D	Load A indirect	0	0	0	1	1	0	1	0	7
INX B	Increment B&C registers	0	0	0	0	0	0	1	1	5
INX D	Increment D&E registers	0	0	0	1	0	0	1	1	5
INX H	Increment H&L registers	0	0	1	0	0	0	1	1	5
INX SP	Increment stack pointer	0	0	1	1	0	0	1	1	5
DCX B	Decrement B&C	0	0	0	0	1	0	1	1	5
DCX D	Decrement D&E	0	0	0	1	1	0	1	1	5
DCX H	Decrement H&L	0	0	1	0	1	0	1	1	5
DCX SP	Decrement stack pointer	0	0	1	1	1	0	1	1	5
CMA	Compliment A	0	0	1	0	1	1	1	1	4
STC	Set carry	0	0	1	1	0	1	1	1	4
CMC	Compliment carry	0	0	1	1	1	1	1	1	4
DAA	Decimal adjust A	0	0	1	0	0	1	1	1	4
SHLD	Store H&L direct	0	0	1	0	0	0	1	0	16
LHLD	Load H&L direct	0	0	1	0	1	0	1	0	16
EI	Enable Interrupts	1	1	1	1	1	0	1	1	4
DI	Disable Interrupt	1	1	1	1	0	0	1	1	4
NOP	No-operation	0	0	0	0	0	0	0	0	4

Abbildung 3.8: Befehlssatz des Mikroprozessors INTEL 8080 mit Angabe des Befehlscodes und der für die Ausführung notwendigen Zyklen. DDD und SSS im Befehlscode bezeichnen Register oder Speicher. Werden zwei Zahlen für die notwendige Anzahl der Zyklen angegeben, so ist die Ausführungsdauer des entsprechenden Befehls von logischen Bedingungen (flags) abhängig.

3.2.3 Architektur mikroprogrammierbarer Bitscheiben-Prozessoren

Die in der Übersicht erwähnten Bitscheiben-Prozessoren sind im Unterschied zu den bisher besprochenen konventionellen Mikroprozessoren nicht fertige, in sich abgeschlossene Einheiten, sondern können weitgehend vom Benutzer zusammengestellt werden. Diese Benutzerorientierung ergibt sich aus:
- Der Konzeption der Prozessor-Scheibe von 2-4 bit Länge, aus der durch Aneinanderreihung ein Prozessor fast beliebiger Wortlänge entstehen kann.
- Der Eigenschaft der Mikroprogrammierbarkeit, d.h. der Befehlsvorrat kann aus den gegebenen Möglichkeiten durch den Benutzer selbst definiert werden.

Da die Scheibenprozessoren im allgemeinen mit bipolaren Technologien hergestellt werden, ist ihre Geschwindigkeit (und der Preis) entsprechend hoch, so daß die Anwendung vor allem im Bereich der Emulation von Mini-Rechnern, also der Nachahmung bestehender Minirechner durch Mikroprogrammierung, zu suchen ist.

Bitscheiben-Prozessoren sind keine Ein-Chip Prozessoren. Ein vollständiger Prozessor mit Steuerung besteht zumindest aus den folgenden Teilen:
- 1.. ...n Bitscheiben-Prozessoren,
- 1.. ...m Mikroprogramm-Steuereinheiten (bzw. -scheiben),
- 1 Mikroprogramm-Speicher,
- 1.... ...l Carry-look-ahead-Einheiten zur Ausnutzung der vollen Parallelität der Scheiben auch bei Übertrag.

Nachfolgend werden nun zunächst die 4-Bit-Mikroprozessorscheibe SN 74S481 und dann eine 4-Bit-Mikroprogrammkontrollscheibe SN 74S482 von TEXAS INSTRUMENTS beschrieben.[1)]

Die Prozessorscheibe ist in TTL-Schottky-Technik realisiert und hat eine Zykluszeit von 100 nsec . Die Scheibe ist mikroprogrammierbar, enthält jedoch aus Gründen der Arbeitsgeschwindigkeit festverdrahtete Steueralgorithmen für die Multiplikation, die Division und für einige weitere Aufgaben (vgl. Abbildung 3.9). Die Kommunikation der Prozessorscheibe geschieht über 48 Anschlüsse (pins), die Binnenarchitektur der Scheibe zeigt, daß versucht wurde,

1) Die Auswahl wurde getroffen, da die entsprechende Einheit zur Zeit der Verfassung des Manuskripts (3/77) zu den schnellsten auf dem Markt erhältlichen Prozessor-Scheiben zählt.

möglichst viele Beinchen (Anschlüsse) zu sparen. So wird beispielsweise der B-Bus sowohl als Ein-, wie auch als Ausgabebus verwendet. Intern wird dieser Bus zusätzlich als Adreßbus verwendet.

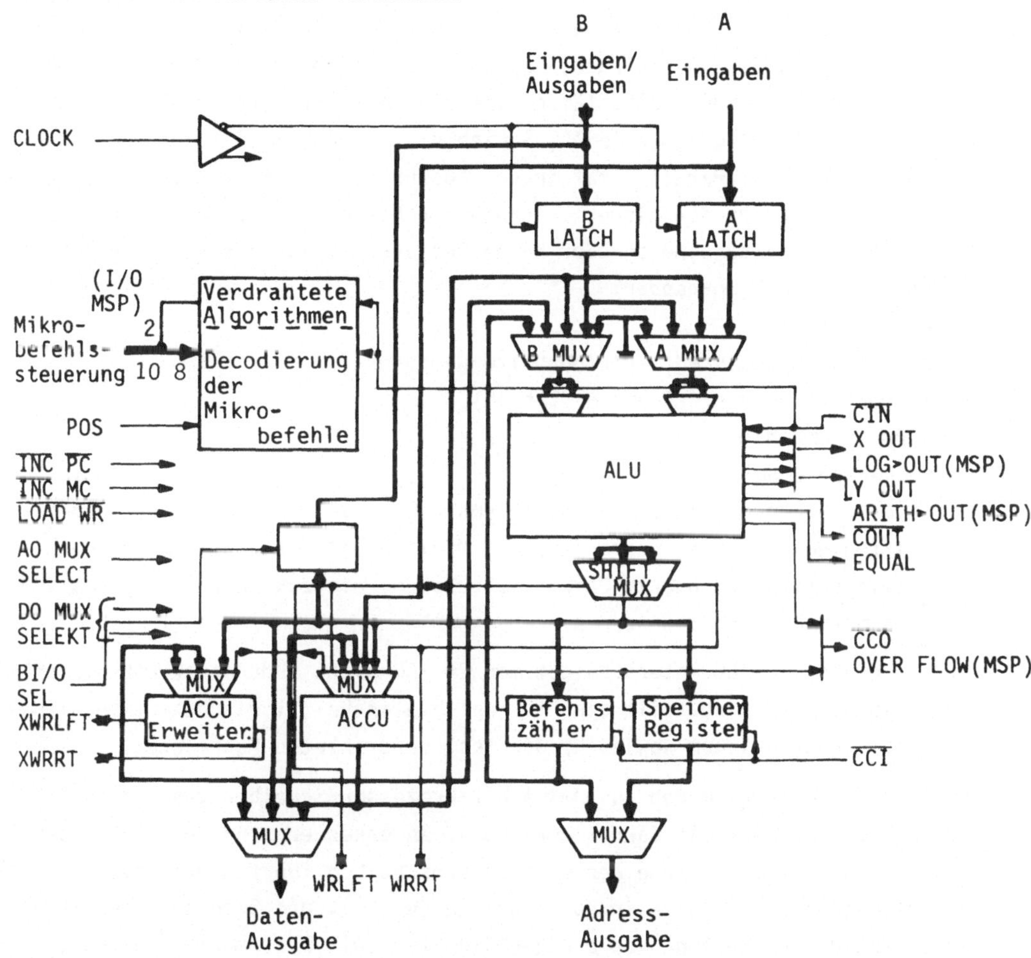

Abbildung 3.9: Blockschaltbild der 4-bit-Mikroprozessor-Scheibe SN 74S481 von TEXAS INSTRUMENTS

Kern der Prozessorscheibe ist die Arithmetisch-Logische Einheit. Die Befehle haben 3 Adreßstruktur, d.h. es können sowohl beide Eingaben (die Operanden), als auch die Ausgabe (das Ergebnis) der ALU, im Speicher adressiert sein. Die ALU kann 4 Grundoperationen ausführen, jedoch wird unter Einbeziehung der

Fähigkeiten der A- und B-Multiplexer an den Eingängen der ALU diese zu einer 16-Funktions-Einheit (16 verschiedene Instruktionen). Die Steuerung der Prozessorscheibe geschieht durch einen 17-bit-Bus (vgl. auch Abbildung 3.10), wobei 11 bits in die Decodierungseinheit gelangen und weitere 6 bits der direkten Steuerung der Multiplexer, Register etc. dienen. Die Multiplexer der Prozessorscheibe können selbsttätig eine Vielzahl logischer Verknüpfungen vornehmen (z. B., logisches "UND", Schieben), so daß bereits innerhalb des Bausteins eine hohe Parallelität in der Ausführung von Berechnungen gegeben ist. Im Gegensatz zu den bisher besprochenen Mikroprozessoren verfügt die vorliegende Prozessorscheibe über keine Registerdatei, es sind lediglich die folgenden Register vorhanden:

- Arbeitsregister
- erweitertes Arbeitsregister (doppelte Genauigkeit)
- 2 temporäre Register (A-und B-"latch")
- der Programmzähler
- Speicheradreßregister

Da auf die internen (Register-) Busse von außerhalb der Prozessorscheibe zugegriffen werden kann, besteht so die Möglichkeit, externe Registerdateien oder -keller (als gesonderte Chips) aufzubauen, die z.B. auch gemeinsam von mehreren Scheiben benutzt werden.

Zur Steuerung der ALU unterscheidet man 24 780 nicht redundante Mikrobefehle, die in 14 Klassen eingeteilt sind für arithmetische-, logische-, Vergleichs- und Schiebe-Operationen sowie für die fest verdrahteten Funktionen.

Abbildung 3.10 zeigt einen aus vier 4-bit-Prozessor-Scheiben zusammengestellten 16-bit Prozessor mit Carry-look-ahead. Zu erkennen sind der 17 bit breite Steuerungsbus, der in jede der 4 Prozessorscheiben führt, sowie die vier 16-bit Ein/Ausgabebusse, die sich in Portionen zu je 4 bit pro Scheibe aufspalten. Ferner ist die Verkettung von einigen Signalen wie Systemuhr, Oberlauf, Schieben etc. eingezeichnet, auf die in diesem Rahmen jedoch nicht weiter eingegangen werden soll.

Die in Abbildung 3.11 dargestellte Mikroprogramm-Steuereinheit ist ebenfalls als 4-bit-Scheibe realisiert, eine Verkettung zu längeren Wortbreiten durch die Carry-Ein/Ausgänge ist möglich. Der Baustein umfaßt einen Addierer zur Modifikation von Mikroprogrammadressen sowie einen 4-Wort-Keller zur Zwischenspeicherung von Adressen bei Mikroprogrammschachtelungen.

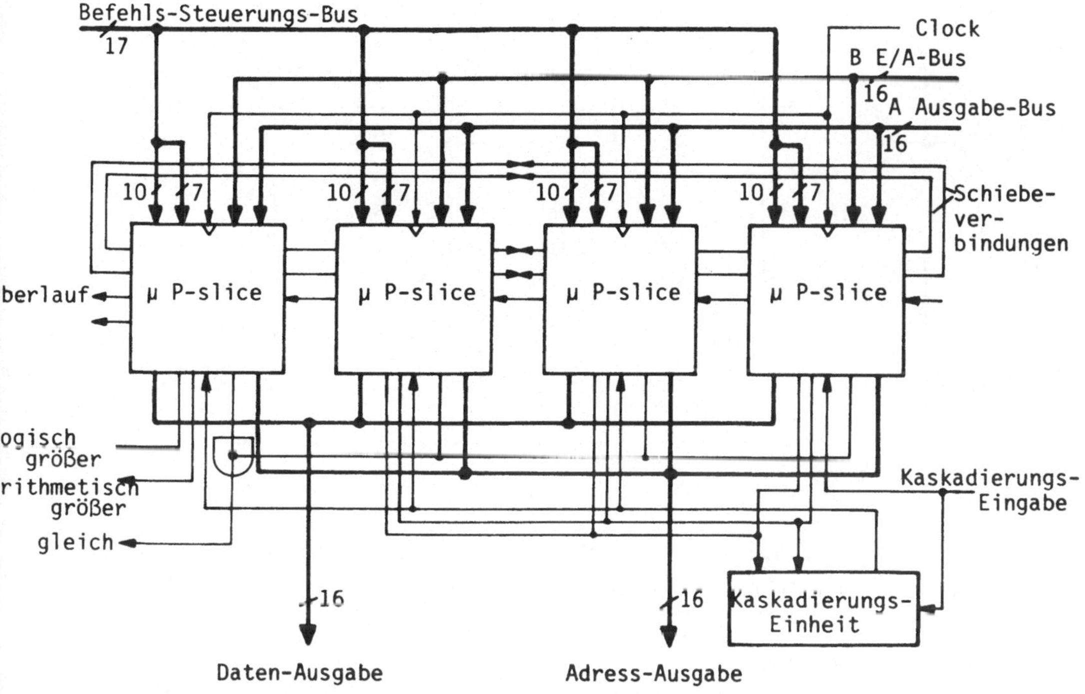

Abbildung 3.10: Schaltung eines 16-bit-Prozessors aus vier 4-bit-Prozessorscheiben und einer Carry-look-ahead-Einheit

Bedingt durch die Wortlänge von 4 bit sind lediglich 16 Mikroprogrammworte (2^4) direkt adressierbar, Sprünge sind also lediglich in dieser Größenordnung möglich. Der Baustein ist als 20-Pin-Element realisiert, verfügt über je einen 4-bit-Datenein- und Datenausgang, über 6 Signalleitungen zur Steuerung der Einheiten ($S_1 \ldots S_6$) sowie über Ein/Ausgänge für den Übertrag, die Systemuhr und ein Rücksetzungssignal.

Insgesamt erreicht ein so zusammengestellter 16-bit-Rechner in Bezug auf die doppelt genaue Division etwa die Arbeitsgeschwindigkeit von Rechnern in der Größenordnung der INTERDATA Mod. 85.

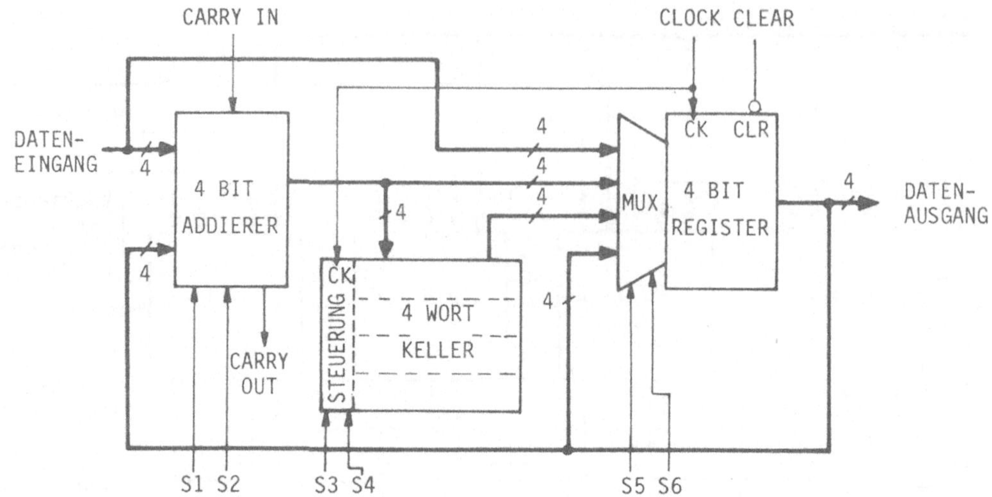

Abbildung 3.11: Blockschaltbild der Mikroprogramm-Steuereinheit SN 74S482 von TEXAS INSTRUMENTS, die als 4-bit-Scheibe realisiert ist

3.3 Speichertechnologie

3.3.1 Rechnerarchitektur und Speichertechnologie

Durch die Entwicklung der Technologie ergaben sich in den Bereichen des Zusammenschlusses von Speichern und Prozessoren zwei wesentliche Probleme für die Rechnerarchitektur:

1. Bezüglich der Entwicklung der Geschwindigkeit konnte die Speichertechnologie nicht mit der Prozessortechnologie mithalten.

2. Auch bezüglich der Preisentwicklung konnten die Speichermedien nicht die Entwicklung der Prozessoren (vor allem der Mikroprozessoren, die um mehrere Zehnerpotenzen billiger sind als Prozessoren gleicher oder geringerer Leistungsfähigkeit vor wenigen Jahren) nachvollziehen. Dadurch mußte eine Trennung in schnelle, teure und langsame, billige Speicher vorgenommen werden, zwischen denen jedoch eine technologische Kluft entstand: der "memory-access-gap". Diese Kluft versucht man heute durch Entwicklung neuer Technologien zu schließen.

Diese beiden Problemkreise sollen im folgenden etwas eingehender behandelt werden.

Die Entwicklung der Speichertechnologie hat die Architektur von Rechenanlagen ganz wesentlich beeinflußt: Der ständige Zugriff des Prozessors einer nach dem VON-NEUMANNschen Prinzip organisierten Rechenanlage [1)] auf den Speicher, um Daten zu holen und abzuspeichern und um Befehle zu holen, führt dazu, daß die Verarbeitungsgeschwindigkeit des Rechners nicht nur von der Geschwindigkeit des Prozessors, sondern auch von jener des Speichers abhängt. Ein Vergleich der gebräuchlichsten Großrechenanlagen im Zeitraum von 1955 - 1972 zeigt, daß die Zykluszeiten von Prozessor und Hauptspeicher, die bei den Anlagen IBM 704 und IBM 7090 noch identisch waren, seither weit auseinanderklaffen: Bei den Anlagen CDC 7600, IBM 360/195, BURROUGHS B 7700 und UNIVAC 1110 sind die Prozessorzyklen um einen Faktor 10 - 20 kürzer als die Zyklen der Hauptspeicher (vgl. Abbildung 3.12).

Der Grund für diese Entwicklung liegt im Wechsel von Technologien auf der Seite der Prozessoren (dadurch bedingt wesentlich größere Arbeitsgeschwindigkeiten) und der Beibehaltung der Kernspeichertechnologie auf der Seite der Speicher (lediglich geringe Änderung der Arbeitsgeschwindigkeit). Um diese Unterschiede auszugleichen, wurde die Architektur von Rechenanlagen weitgehend modifiziert:

- Durch Anfügen von mehreren Registern (Registerdatei) an das Rechenwerk wird versucht, Zwischenergebnisse bei Berechnungen nicht im Hauptspeicher abzulegen, sondern in den wesentlich schneller zugreifbaren Registern.

- Durch Hinzufügen einer neuen Stufe an die bestehende Speicherhierarchie (vgl. Diskussion des "memory-acess-gap" weiter unten), von kleinen, extrem schnellen Speichern ("cache"), soll eine Annäherung der Speicherzykluszeit an die Prozessorzykluszeit erreicht werden (vgl. Angaben über die Anlagen IBM 360/85, IBM 360/195 und UNIVAC 1110 in Abbildung 3.12).

---

1) Seitdem BURKS, GOLDSTINE, VON NEUMANN, 1946 als erste eine detaillierte Beschreibung eines aus 4 Einheiten bestehenden Rechners (Rechenwerk, Speicher, Leitwerk, Ein-/Ausgabe), bei dem der Speicher sowohl die Daten als auch die Programme aufnahm, veröffentlichten, nennt man Universalrechner, die diesem Konzept folgen, Von-Neumann-Rechner, bzw. Princeton-Rechner.

Rechner	im Einsatz seit:	Kapazität des Hauptspeichers	Wortlänge (bit)	Hauptspeicher Zykluszeit (µs)	Prozessor Zykluszeit (µs)	Adreßraum (bit)
IBM 650 (Hauptspeicher: Trommel)	1954	1-2 K Worte	60 5 bit/ Zeichen	4,8max.Rotation	7,8µs/Puls seriell pro Zeichen	20
IBM 704	1955	4-32 K' Worte	36	12	12	15
IBM 7090	1960	32 K' Worte	36	2,2	2,2	15
IBM 7030 Stretch	1961	16-256 K' Worte	64	2,1	0,6	18
CDC 6600	1964	32-128 K' Worte	60	1,0	0,1	18
Univac 1108	1965	64-256 K' Worte	36	0,75	0,125	18
IBM 360/75	1965	256-1024K'Bytes	64	0,75	0,195	24
IBM 360/85	1969	512-4096K'Bytes + 16-32K'Cache	128	0,96 (0,08 Cache)	0,08	24
CDC 7600	1969	64-512 K' Worte	60	0,275	0,0275	30
IBM 360/195	1971	1-4 M' Bytes + 32K' Cache	128	0,756(Kernsp.) 0,054(Cache) 0,162 Eff. Sp.W.	0,054	24
Burroughs B7700	1972	128-1024K'Worte	48	1,5	0,0625	20
Univac 1110	1972	131-1024K'Worte 32-256K' Drahtschichtspeicher	36	1,5(Kern) 0,52Schr., 0,38Le. Drahtschichtsp.	0,075	24

mit K = 1000, K' = 1024, M' = K'K'

Abbildung 3.12: Vergleich der Prozessor- und Hauptspeicherzykluszeiten von gebräuchlichen Großrechenanlagen (nach MATICK, 1975)

- Die Entwicklung von "look-ahead"-Techniken ermöglicht es, mehrere Befehle und deren Operanden, von denen man annimmt, daß sie als nächste ausgeführt werden sollen, im voraus an den Prozessor zu liefern, so daß dieser nicht unmittelbar von der Speichergeschwindigkeit abhängig ist.
- Die verschränkte Speicherzugriffsorganisation ordnet einem Prozessor mehrere (im allgemeinen eine gerade Anzahl) Speicher(-moduln) zu, auf die der Prozessor abwechselnd zugreift. Dabei wird dafür gesorgt, daß bei der Ausführung voraussichtlich aufeinanderfolgende Daten oder Befehle in unterschiedlichen Moduln abgespeichert werden (Wartezeitverkürzung durch Parallelität).
- Die Entwicklung assoziativer Speicher ermöglicht schließlich einen parallelen Zugriff auf alle Elemente eines Speichers anstelle des Zugriffs auf lediglich ein durch seine Adresse gekennzeichnetes Element bei konventionellen Speichern. Auf diese Organisationsform wird ausführlicher im Abschnitt 3.3.3.1 eingegangen.

Der zweite Problemkreis (Preisentwicklung) beschäftigt sich mit der Verwendung verschiedener Speichertechniken innerhalb eines Rechners: Aus Kostengründen ist es nicht sinnvoll, Rechenanlagen lediglich mit einem homogenen Speicher - der wegen der Arbeitsgeschwindigkeit schnell sein muß - auszustatten. Insbesondere für die langfristige Datenhaltung wurden Rechenanlagen mit langsamen und wesentlich billigeren Speichermedien ausgestattet. Neben den niedrigeren Kosten bieten die langsamen Speichergeräte auch höhere Kapazitäten. Im allgemeinen ergeben sich für heutige Großrechenanlagen folgende Speicherabstufungen:

- Cache-Speicher (Zugriffszeit: T_c; Preis/bit: P_c)
- Hauptspeicher als Kern- oder Halbleiterspeicher $T_H = 10\ T_c$; $P_H = 10^{-1} P_c$)
- Schnelle Peripherie wie Trommel- oder Plattenspeicher $T_T = 10^6 T_c$; $P_T = 10^{-4} P_c$)
- Langsame Peripherie wie Bandspeicher $T_B = 10^9 T_c$; $P_B - 10^{-5} \ldots 10^{-7} P_c$)

Es zeigt sich, daß zwischen den Hauptspeichern und den schnellen Peripheriespeichern eine große Geschwindigkeitslücke klafft, die nur durch umfangreiche organisatorische Maßnahmen geschlossen werden kann. Man versucht daher seit Jahren, diese technologische Lücke zu schließen; heute scheint es so, als würden die Magnetblasenspeicher und die ladungsgekoppelten Schaltungen (CCD, "charge coupled devices") diese Aufgabe erfüllen können (vgl. dazu Abbildung 3.13). Auf diese Entwicklungen, ebenso wie auf die holographischen Speicher wird im Rahmen von Abschnitt 3.3.3 näher eingegangen.

3.3.2 Möglichkeiten der Klassifikation von Speichern

Aus der Vielzahl möglicher Speicherklassifikationen seien hier nur die physikalische- und die logisch/organisatorische Klassifikation herausgegriffen.

a) Physikalische Einteilung

Mit JESSEN, 1975 wollen wir im wesentlichen 3 Klassen unterscheiden:

- Informationsspeicherung durch stabilen magnetischen Fluß,
- Informationsspeicherung durch stabile Strom- bzw. Spannungsverteilung,
- Informationsspeicherung durch Schwärzung photographischer Schichten (optisches Lesen) oder durch Lochen von Karten und Streifen (mechanisches, optisches oder kapazitives Lesen).

Bei der Informationsspeicherung durch stabilen magnetischen Fluß unterscheiden wir zwischen Verfahren mit statischen Trägern und solchen mit bewegten Trägern.

Bei der ersten Gruppe werden Informationen geschrieben, indem eine magnetische Feldstärke erzeugt wird, die die Koerzitivkraft übersteigt, das Lesen geschieht durch Ausnutzung des Induktionsgesetzes (wobei meist Ummagnetisierung stattfindet). Typische Vertreter dieser Gruppe sind die als Hauptspeicher von Großrechenanlagen bekannten Ferrit-Kern-Speicher, Dünnschicht-Speicher und Drahtspeicher.

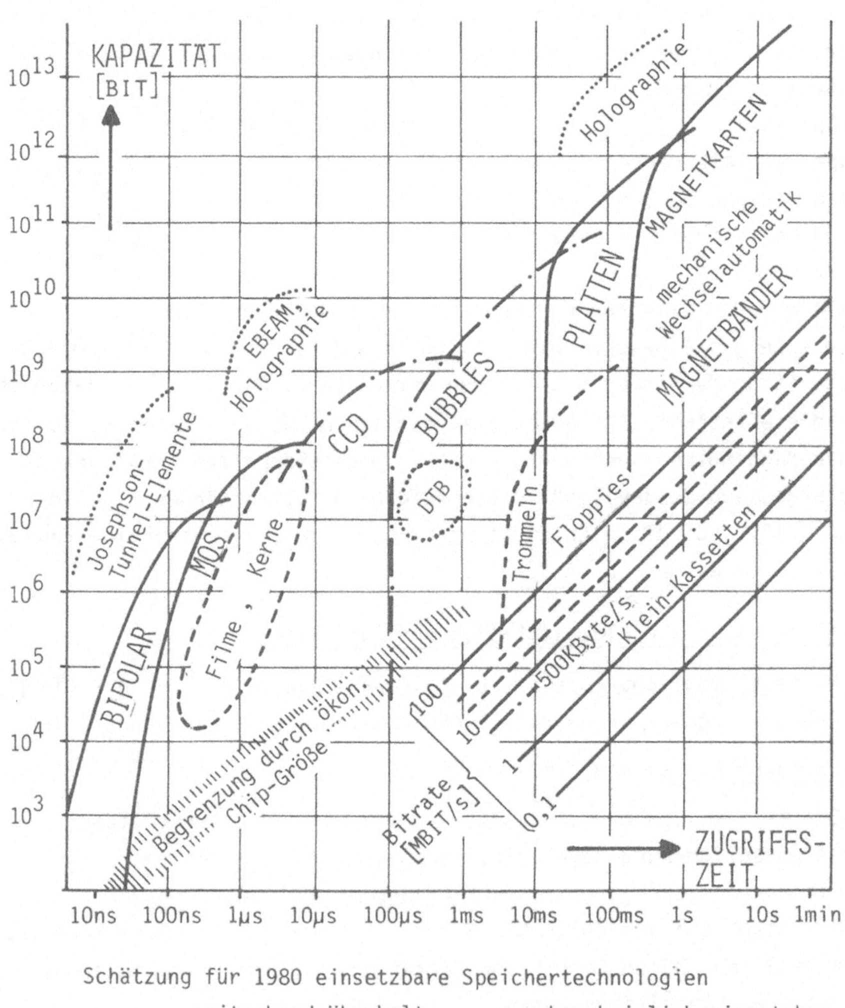

Abbildung 3.13: Kapazitäts-Zugriffszeit-Diagramm (nach LEILICH, 1975)

Bei bewegten Trägern wird zum Phänomen der Magnetisierung durch den elektrischen Strom noch eine mechanische Bewegung hinzugenommen, was zu vergleichsweise langsamen Schreib- und Lesezeiten führt. Typische Vertreter sind Trommel-, Platten- und Magnetbandspeicher.

Die Informationsspeicherung durch stabile Strom- und Spannungsverteilung verwendet stabile Zustände in elektrischen Schaltungen, so daß direkte Zugriffe zu Signalen möglich sind, die nicht erst durch Wandler erzeugt werden müssen. Typische Vertreter sind die Halbleiterspeicher, die zumindest in Klein- und Kleinstrechnern ausschließlich als Hauptspeicher verwendet werden, jedoch nach und nach auch die Kernspeicher in Großrechenanlagen verdrängen.

Auf die Klasse der mechanischen, optischen oder kapazitiven Speicherung wird im Rahmen der Detailbeschreibungen (Abschnitt 3.3) näher eingegangen.

b) Logisch-organisatorische Einteilung

MATICK, 1975 teilt die Speichermedien nach logisch/organisatorischen Gesichtspunkten ein. Er unterscheidet Speicher mit:

- Wahlfreiem Zugriff oder Direktzugriffsspeicher (RAM, random access memory)
- Zyklischem Zugriff (direct access storage)
- Sequentiellem Zugriff (sequential access storage)
- Assoziativem Zugriff (CAM, associative content-addressable-memory).

Beim Direktzugriffsspeicher (RAM) hat jeder Speicherplatz (der eine relativ kleine Informationsmenge umfaßt, etwa ein byte oder ein Wort) einen eindeutigen physikalisch fest-verdrahteten Adressen-Mechanismus. Die Aufrufzeit (Zykluszeit) ist für alle Speicherplätze identisch; sie ergibt sich aus der Zugriffszeit und der Regenerierungszeit (falls nötig). Typische Beispiele für diese Klasse der RAMs sind Kern- und Halbleiterspeicher.

Der Speicher mit zyklischem Zugriff verfügt nicht für jeden Speicherplatz über eine feste Verdrahtung und Adressierung. Die Adressierung geschieht durch eine Kombination von direktem Zugriff auf eine größere Einheit und einem sequentiellen Suchen, Zählen oder Warten (auf eine Markierung) innerhalb dieser Einheit, die gewisse Informationen über die Lage der gewünschten Daten umfassen muß. Die Zugriffszeit hängt hier von der Lage des gesuchten Speicherplatzes ab, sie ergibt sich aus der Summe der Wahlzeit (direkter Zugriff) und der Koinzidenzzeit (sequentieller Zugriff). Ein

Beispiel dieser Organisationsart ist der Plattenspeicher, bei dem etwa auf die Platte und auf die Spur der Platte direkt, auf die Information innerhalb der Spur jedoch sequentiell zugegriffen wird.
Bei Speichern mit sequentiellem Zugriff werden die gespeicherten Worte oder Blöcke voll sequentiell gesucht. Die dazu nötige Information wird ebenfalls mitgespeichert. Die Zugriffszeit schwankt je nach Lage des aufgerufenen Elementes. Diese Technik findet sich heute sowohl in sehr schnellen Speichertypen (elektronische Schieberegister, Magnetblasenspeicher) wie auch in sehr langsamen, wie etwa Magnetbandgeräten.
Der assoziative Speicher umfaßt neben dem fest verdrahteten Adressierungsmechanismus wie beim RAM eine zusätzliche,fest verdrahtete Logik, die es ermöglicht, bestimmte Bitpositionen mit einem vorgegebenen Muster zu vergleichen. Dieser Vergleich kann für alle Speicherplätze (Worte) gleichzeitig innerhalb eines Speicherzyklus geschehen. Das Aufsuchen von Information muß hier also nicht über feste Adressen geschehen, da ein Teil des Inhalts von Worten zum Aufsuchen der Gesamtinformation verwendet werden kann. Alle Plätze, für die bei diesem inhaltsbezogenen Suchen Übereinstimmung mit der Vorgabe festgestellt wird, werden entsprechend gekennzeichnet. Bei seriell arbeitenden CAMs ist die Zykluszeit (besser Operationszeit für die parallele Verarbeitung aller Worte) proportional zur Länge des vorgegebenen Operanden.

Bei Festspeichern (auch Totspeicher genannt) wird der Zugriff ähnlich wie bei RAMs gehandhabt, d.h. jede Speichereinheit ist direkt adressierbar.
Man unterscheidet folgende Varianten von Festspeichern oder Semifestspeichern:
- ROM (Festspeicher): Wird beim Herstellungsprozeß ein für allemal beschrieben, kann also nur gelesen werden.
- PROM (Programmierbarer Festspeicher): Wird nicht beim Herstellungsprozeß, sondern erst vom Benutzer programmiert. Danach ist jedoch nur noch Lesen möglich.
- RMM (Read mostly memory) oder REPROM (Reprogrammable memory): Semifestspeicher, bei denen das Schreiben möglich, jedoch wesentlich aufwendiger als das Lesen ist (meist um einige Zehnerpotenzen).

Allen Festspeicherarten ist gemeinsam, daß die Lesezeiten im allgemeinen kürzer sind als jene bei RAMs.

3.3.3 Beschreibung der wichtigsten Speichertechnologien

3.3.3.1 Klassische Technologien

Auf die klassischen Technologien soll nur kurz eingegangen werden, es wird auf die Literatur SEITZER, 1975 und MATICK, 1975 verwiesen.

a) Datenspeicherung durch stabilen magnetischen Fluß:

a1) Ferritkernspeicher

Der Kernspeicher wurde in den frühen 50er Jahren eingeführt und wird bis heute als häufigstes Hauptspeichermedium in Rechenanlagen verwendet. Ferromagnetische Materialien besitzen zwei Ruhezustände, die Remanenzpunkte $+B_r$ und $-B_r$ (vgl. Abbildung 3.14), die sich zur Speicherung der bit-Werte 0 oder 1 eignen.

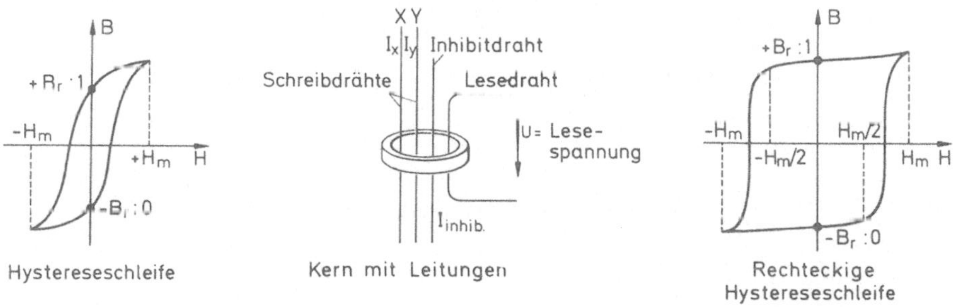

Abbildung 3.14: Prinzip des Ferritkernspeichers (nach KLAR, 1975)

Die durch spezielle Materialien erzielte rechteckige Hystereseschleife erlaubt die Organisation der Speicher nach dem Koinzidenzprinzip: Durch jedes Speicherelement (Ferritring) führen 4 Drähte. Die zum Umschalten nötigen Magnetfelder $\pm H_m$ werden durch Ströme auf den Schreibdrähten

X und Y durch das Koinzidenzprinzip erzeugt. [1] Soll der Kern gelesen werden, muß er in den Zustand $-B_r$(also"0") geschaltet werden. Die durch Induktion im Lesedraht dabei auftretende Spannung zeigt dann, ob eine "0" oder eine "1" gespeichert war. Dieser "zerstörende Lesevorgang", der eine "0" erzeugt (Zustand $-B_r$), macht ein nachträgliches Zurückschreiben der Information nötig, wobei immer so verfahren wird, als ob eine "1" geschrieben werden müßte. Ist im Lesevorgang jedoch eine "0" entdeckt worden, so wird durch Überlagerung eines Feldes durch einen Inhibitstrom (damit Reduzierung des Feldes auf $\pm \frac{1}{2} H_m$) das Einschreiben der "1" verhindert.

Abbildung 3.15 zeigt das Zeitdiagramm eines vollständigen Kernspeicherzyklus. Der Lese- und Abtastimpuls erfolgt zum günstigsten Zeitpunkt für die Abfrage der Lesespannung.

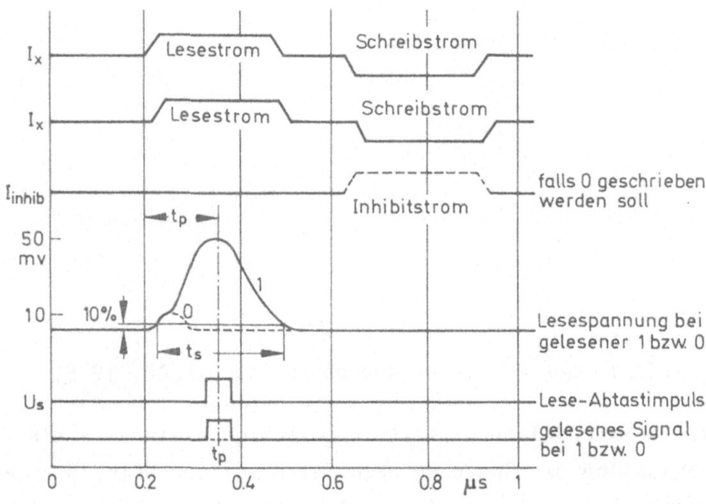

Abbildung 3.15: Lese-Schreibzyklus eines Kernspeichers mit 1 μs Zykluszeit (nach KLAR, 1975)

---

[1] Das Koinzidenzprinzip besagt, daß die Felder $\pm H_m$ durch zwei sich überlagernde Teilfelder $\pm \frac{1}{2} H_m$ der Teilströme X und Y erzeugt werden. Zur Auswertung dieses Prinzips benötigt man Materialien mit rechteckiger Hystereseschleife, die bei einem Feld von $\pm H_m$ umschalten, bei $\pm \frac{1}{2} H_m$ jedoch nicht.

Die zum Lesen und Schreiben nötigen Ströme werden durch Verstärker (Treiber) erzeugt. Um die Anzahl der Treiber zu minimieren, werden die Ferritkerne in einem Matrixschema angeordnet (Abbildung 3.16).

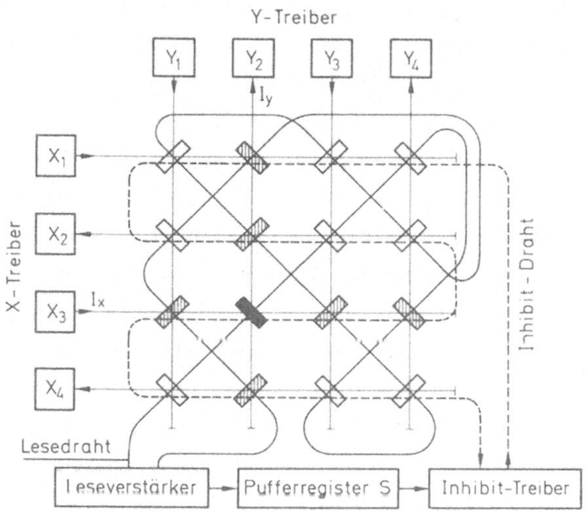

Abbildung 3.16: Anordnung der Ferritkerne in einer Matrix, Auswahl des Kernes K_{32} (nach KLAR, 1975)

Der gesamte Kernspeicher (vgl. Abbildung 3.17) besteht schließlich aus N Speicherebenen und einer Ansteuerlogik. Dabei ist N die in der entsprechenden Rechenanlage verwendete Wortlänge. Die Ansteuerungslogik besteht aus dem Adreßteil (Adreßregister, Entschlüsselung, Treiber) für die X- und die Y-Richtung der Matrix sowie einem Informationsteil, der die Leseverstärker, ein Speicherpufferregister und den Inhibit-Treiber umfaßt.

Neben dem Kernspeicher mit der hier beschriebenen dreidimensionalen Anordnung (3D-Speicher) gibt es auch wortorganisierte, zweidimensionale Speicher (2D-Speicher). Der sogenannte $2\frac{1}{2}$ D-Speicher hat die Struktur eines 2D-Speichers mit sehr langen, in Gruppen unterteilten Wörtern (vgl. dazu MATICK, 1975).

Da die Ferritkernspeicher heute an die Grenze der technologischen Entwicklung bezüglich der Miniaturisierung der Kerne und damit der Schaltzeiten geraten sind, werden sie in Zukunft mehr und mehr durch Halbleiterspeicher ersetzt werden.

a2) Magnetschichtspeicher

Mit Hilfe der Magnetschichtspeicher hoffte man die Speicher-Zugriffsgeschwindigkeit gegenüber den Ferritkernspeichern weiter zu erhöhen, um damit Anschluß an die Entwicklung bei den Prozessoren zu gewinnen (vgl. Abschnitt 3.3.1). Die Magnetschichten bieten gegenüber den Kernen vernachlässigbare Schaltzeiten und Schaltverluste. Wenn sich die Magnetschichtspeicher dennoch nicht entscheidend auf dem Markt durchgesetzt haben, so liegt das daran, daß die Halbleiterspeicher bei gleicher Leistung heute bereits wesentlich billiger angeboten werden. Es gibt eine Reihe von Varianten des Magnetschichtspeichers, von denen wir den Magnetfilm- und den Magnetdrahtspeicher betrachten (vgl. Abbildung 3.18 und 3.19). Bei beiden Varianten bilden dünne magnetische Schichten die eigentlichen Speicherelemente. Bei der Herstellung wird in dieser Schicht eine magnetische Anisotropie hergestellt, so daß das Magnetfeld ohne äußere Einflüsse die Richtung $\pm H_B$ einnimmt (Abbildung 3.19), die man die "leichte Magnetisierungsrichtung" nennt. Die dazu senkrechte Richtung H_W nennt man die harte Magnetisierungsrichtung. Die beiden einander entgegengesetzten Magnetisierungsrichtungen H_B bilden zwei stabile Ruhezustände, denen man die "0" und die "1" zuordnet. Während beim Magnetdrahtspeicher nicht zerstörendes Lesen vorgesehen ist (vgl. Abbildung 3.20), ist der Magnetfilmspeicher durch löschendes Lesen gekennzeichnet. Bei ersterem wird lediglich ein Wortstrom I_W angelegt, der die Richtung des Magnetfeldes aus dem stabilen Zustand verdreht und einen Leseimpuls (positive- oder negative Spannung) V_S erzeugt, die Richtung des Feldes aber nicht umdreht. Zum Schreiben verwendet man die Koinzidenz eines Wort- und eines Bitstromes (I_W und I_B), wobei I_W zuerst angelegt wird, was das Feld in die "harte" Richtung dreht. Der nachfolgende Bitstrom bewirkt zusammen mit I_W das Umklappen in die gewünschte Ruhelage.

Beim Magnetfilmspeicher muß auch beim Lesen ein Bitstrom verwendet werden, um die gewünschte Ausgangslage wieder herzustellen (vgl. Abbildung 3.20).

Nach den bisher besprochenen Hauptspeicherkonzepten sollen nunmehr die zur gleichen Kategorie gehörigen Hintergrundspeicher kurz behandelt werden, die durch die Hinzunahme einer mechanischen Bewegung (Bewegung der Speicherschicht relativ zu Leseköpfen) gekennzeichnet sind.

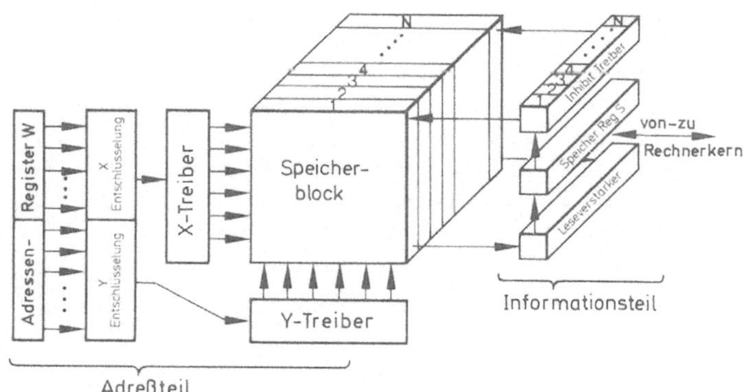

Abbildung 3.17: Darstellung des Kernspeichers und der zugehörigen Ansteuerungslogik (nach KLAR, 1975).

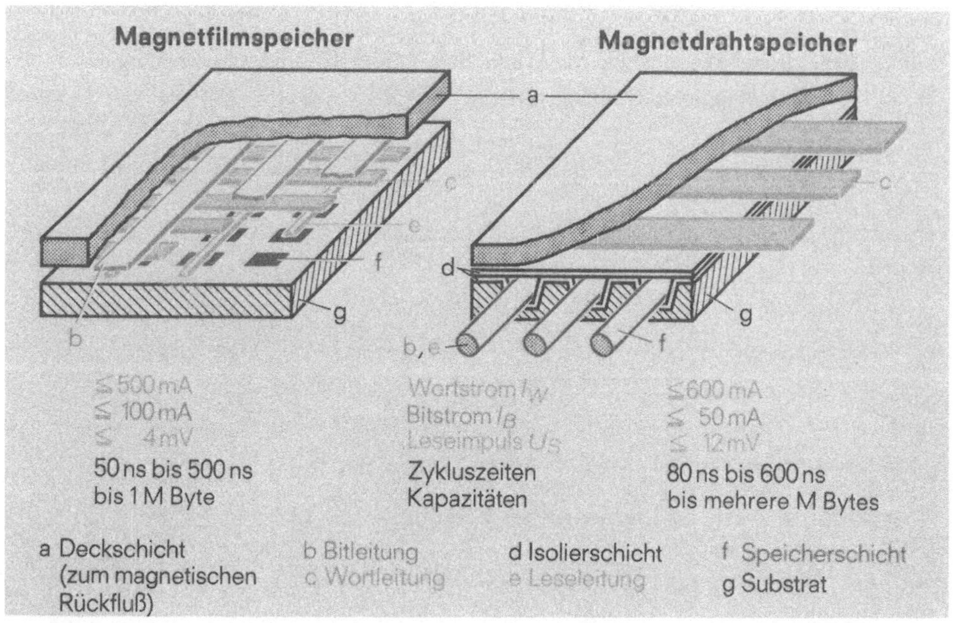

Abbildung 3.18: Schematische Darstellung von Magnetfilm- und Magnetdrahtspeicher.

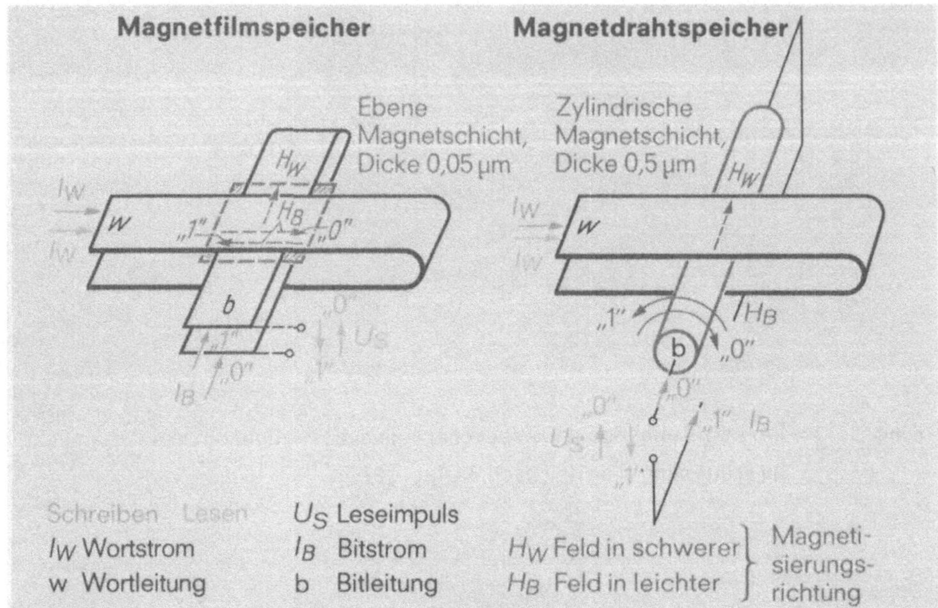

Abbildung 3.19: Schematische Darstellung der Schreib- und Lesevorgänge in Magnetschichtspeichern.

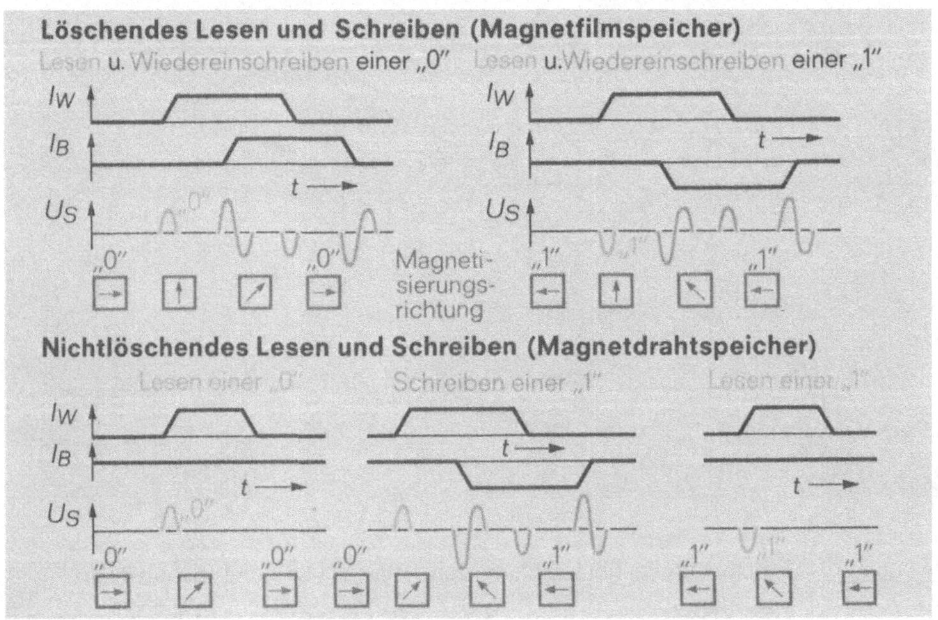

Abbildung 3.20: Funktionsweise von Magnetschichtspeichern.

a3) Magnetplattenspeicher

Die Magnetplattenspeicher werden heute als häufigste Massenspeicher verwendet. Gegenüber den unter a4 beschriebenen Magnettrommelspeichern haben sie den Vorteil der besseren Raumausnutzung (Speicherkapazität proportional zum Volumen, bei Trommelspeichern proportional zur Oberfläche) und des geringeren Preises, während die unter a5 beschriebenen Magnetbandspeicher wesentlich geringere Arbeitsgeschwindigkeit aufweisen, weswegen diesen andere Aufgaben zukommen (ausschließlich langfristige Datenhaltung). Trotz dieser Vorteile werden die Plattenspeicher möglicherweise schon in wenigen Jahren durch neuere magnetische oder opto-elektronische Verfahren verdrängt werden, die wegen des Wegfallens mechanischer Bewegungen geringere Preise und höhere Geschwindigkeiten versprechen (vgl. dazu die Beschreibung neuerer Verfahren unter 3.3.3.2).

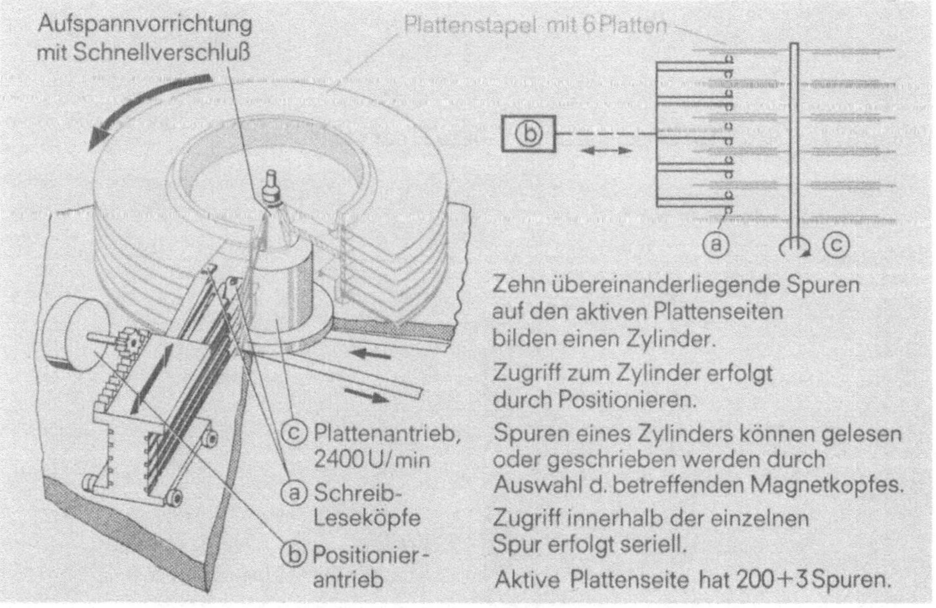

Abbildung 3.21: Magnetplattenspeicher, Gesamtdarstellung.

Plattenspeicher tragen die magnetisierbare Schicht auf der Oberfläche von rotierenden Trägerplatten, auf der bis zu 200 konzentrische Datenspuren von minimal 125 μm Breite angeordnet sind (vgl. Abbildung 3.22).

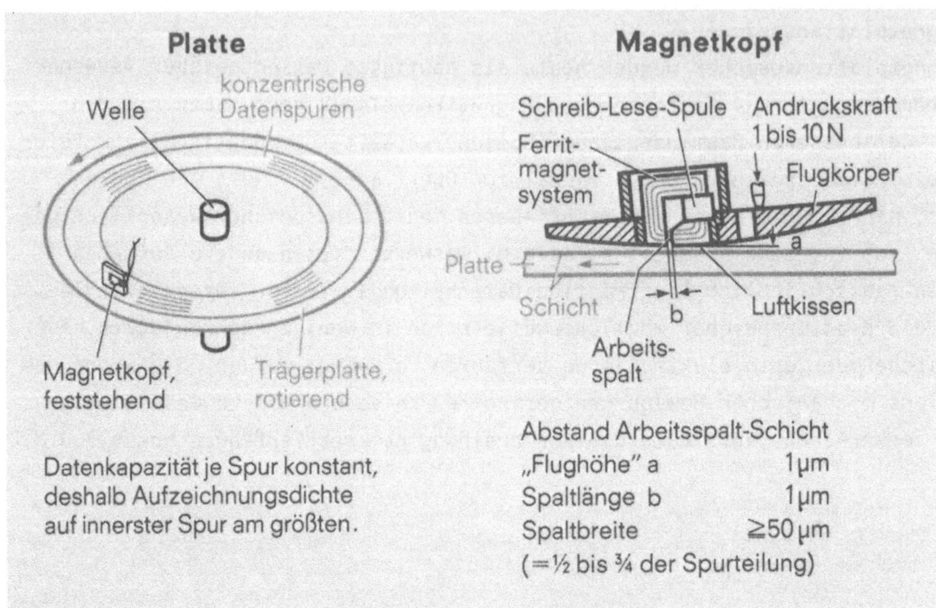

Abbildung 3.22: Magnetplattenspeicher, Detaildarstellung.

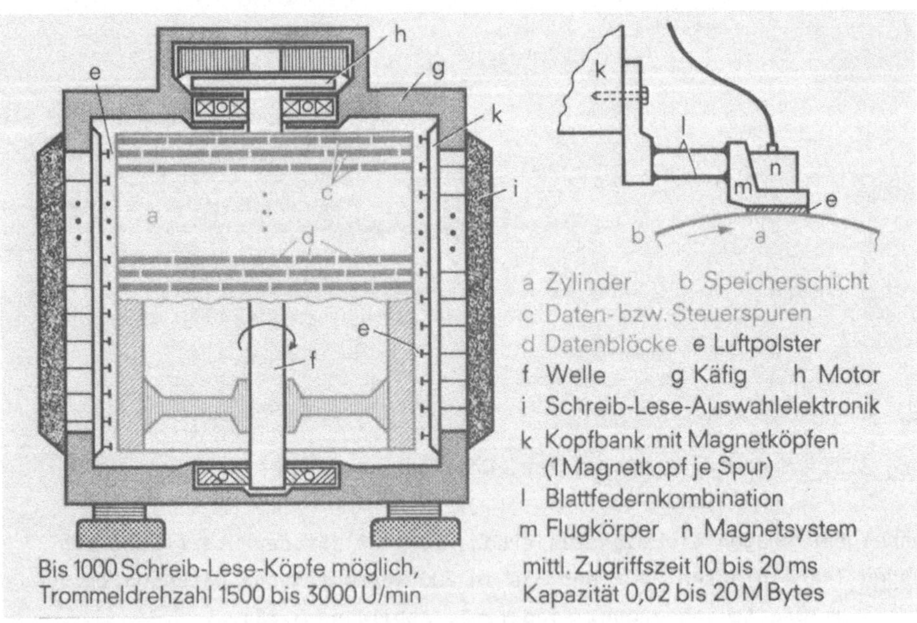

Abbildung 3.23: Magnettrommelspeicher und Lesekopf.

Ein feststehender oder beweglicher Magnetkopf, der auf einem Luftkissen auf der Magnetplattenoberfläche "schwimmt", führt die Schreib- und Leseaufgaben durch. Die Induktionsänderungen, die die Lesespannung induzieren, werden hier durch die Relativbewegung der Magnetplatte erzeugt, so daß es sich also um zerstörungsfreies Lesen handelt. Beim Schreiben wird im Kopf ein Magnetfeld erzeugt, das die Magnetisierung der Oberfläche entsprechend ändert (vgl. KLAR, 1970). Bei einer Plattenspeichereinheit werden mehrere Platten übereinander zu einem Zylinder zusammengefaßt, wobei jede Platte über einen eigenen Schreib/Lesekopf verfügt (vgl. Abbildung 3.21). Da es sich bei der Magnetplatte um einen Direktzugriffsspeicher mit sequentiellem Zugriff handelt, ergibt sich die Zugriffszeit aus der mechanischen Bewegung des Kopfes auf die gewählte Spur (Direktzugriff: 25-75 msec) und der mittleren Umlaufzeit einer Spur (sequentieller Zugriff: einige Millisekunden). Der Beschleunigung von Plattenspeichern durch das Anlegen von separaten Köpfen für jede Spur, der Steigerung der Drehbewegung und einer dichteren Speicherpackung stehen wirtschaftliche Grenzen entgegen.

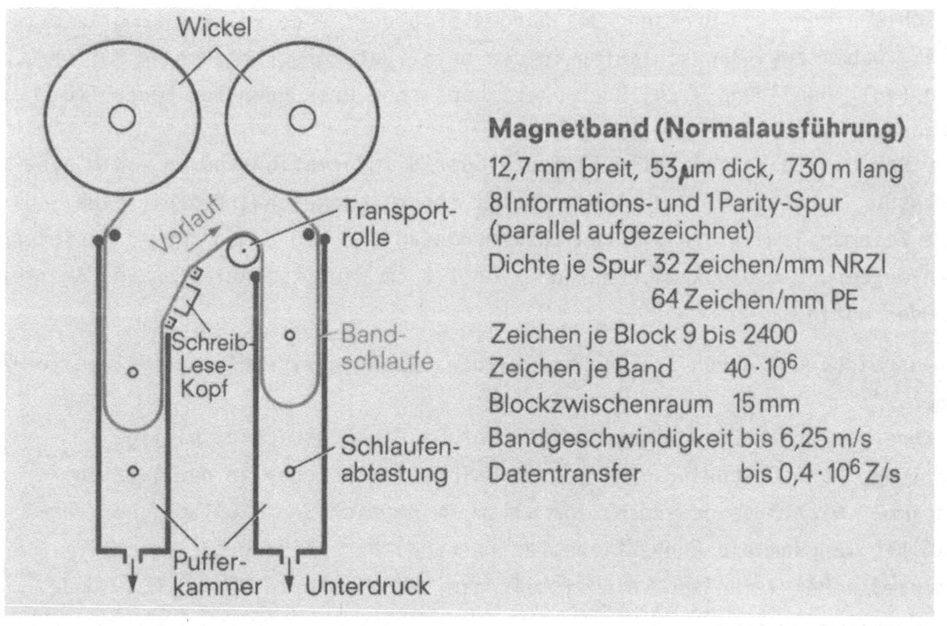

Abbildung 3.24: Magnetbandspeicher.

a4) Magnettrommelspeicher

Bei den Magnettrommelspeichern (vgl. Abbildung 3.23) handelt es sich ebenfalls um einen Direktzugriffsspeicher mit sequentiellem Zugriff. Auf der Oberfläche einer sich drehenden Trommel, die in Spuren eingeteilt ist, wird die Information magnetisch gespeichert. Für jede Spur auf der Trommel existiert ein Schreib-/Lesekopf, der nach dem gleichen Prinzip wie der Schreib-/Lesekopf bei der Magnetplatte arbeitet. Die Magnettrommelspeicher sind die schnellsten der konventionellen Massenspeicher, kommen aber wegen der hohen Herstellungskosten (große mechanische Belastung) immer weniger in Verwendung.

a5)Magnetbandspeicher

Wegen ihrer geringen Arbeitsgeschwindigkeit werden Magnetbandgeräte lediglich für sehr große, nicht laufend benutzte Datenbestände verwendet. Da sie jedoch eine billige und raumsparende Langzeitspeicherung ermöglichen, sind Magnetbandgeräte in Rechenzentren als Datenarchive weit verbreitet. Die Daten werden auf auswechselbaren Magnetbändern gespeichert, die bei einer Breite von 0,5 Zoll bis zu 1000 m lang sind. Im Gegensatz zu Magnettrommel und Magnetplatte ist das Magnetband nicht dauernd in Bewegung: Es arbeitet im Start- Stop- Betrieb. Die Beschleunigung und Bremsung des Bandes erfordert eine relativ komplizierte Mechanik, wobei zwei Bandschlaufen in den unter Unterdruck stehenden Pufferkammern (vgl. Abbildung 3.24) über elektrooptische Messungen zur Kontrolle der Transportrolle verwendet werden.
Auf der Bandbreite sind im allgemeinen 6 oder 8 Informationsspuren sowie eine Paritätsspur vorgesehen. Wegen der relativ hohen Lesegeschwindigkeit sind mehrere Zeichen jeweils zu Blöcken zusammengefaßt, deren Namen zur Adressierung gelesen werden. Die Blockzwischenräume von 1-2 cm sind zum Anlaufen und Bremsen des Bandes nötig.

b) Datenspeicherung durch stabile Strom- bzw. Spannungsverteilung: Halbleiterspeicher. [1)]

Wegen ihrer vorteilhaften Eigenschaften (große Packungsdichte, billige Herstellung, hohe Geschwindigkeit) sind Halbleiterspeicher in den letzten Jahren immer wichtiger geworden, vor allem im Bereich der Hauptspeicher verdrängen sie langsam die konventionellen Kernspeicher. Eine große Anzahl unterschiedlicher Techniken, die sich in die beiden Hauptgruppen: MOS- und

---

[1)] Die Halbleiterspeicher könnten wegen ihrer weiteren Entwicklungsmöglichkeiten auch im Abschnitt 3.3.3.2 über zukünftige Technologien behandelt werden. Da sie jedoch bereits im Einsatz sind, wurden sie hier zu den klassischen Technologien eingereiht.

bipolare Techniken einreihen lassen, wurden entwickelt (vgl. dazu auch Abschnitt 3.2.1). Nachfolgend werden kurz folgende Arten von Halbleiterspeichern diskutiert [1] (ausführliche Beschreibung siehe SEITZER, 1975):

- Halbleiter-Direktzugriffsspeicher
- Halbleiter-Festspeicher
- Serielle Halbleiterspeicher
- Assoziative Halbleiterspeicher.

b1) Halbleiter-Direktzugriffspeicher

Bei den Halbleiter-Direktzugriffspeichern (RAM) unterscheidet man die statischen - und die dynamischen Techniken. Statische Halbleiterspeicher bauen auf dem Prinzip der bistabilen Schaltung (Flip-Flop) auf (vgl. Abbildung 3.25): Zwei über Kreuz gekoppelte Transistoren T_1 und T_2 sind mit den Kollektorwiderständen R_1 und R_2 zu einem Flip-Flop zusammengeschaltet. Die Wortleitung W, die der Ansteuerung der Zelle dient, liegt im Ruhezustand auf Massepotential. Entsprechend der bistabilen Funktion ist im Ruhezustand einer der beiden Transistoren T_1 oder T_2 leitend. Ist z. B. die Information 1 gespeichert, so sei T_1 leitend und ein Kollektorstrom fließt über die Wortleitung ab. Zum Auslesen der Zelle wird das Potential der Wortleitung angehoben, wodurch der Kollektorstrom auf die Bitleitung B und über den Lastwiderstand R_L fließt, was im Bitdecoder als eine logische "1" interpretiert wird. Wird die Spannung der Wortleitung wieder gesenkt, so fließt der Kollektorstrom wieder auf der Wortleitung (zerstörungsfreies Lesen). Soll eine 1 in die Zelle eingeschrieben werden, so wird bei angehobenem Potential der Wortleitung W die Bitleitung B auf Massepotential gesetzt und $\overline{B}$ angehoben, was einen Zustand T_1 leitend, T_2 gesperrt erzwingt, der auch nach Zurücksetzen des Potentials von $\overline{B}$ und W stabil bleibt. Die jeweils entgegengesetzten Vorgänge - Schreiben und Lesen einer "0" - lassen sich ganz analog, jedoch unter Vertauschung von B mit $\overline{B}$ und T_1 mit T_2 herstellen. Abbildung 3.26 zeigt den Aufbau eines Direktzugriffspeichers, der aus $p \cdot q$ solcher Speicherzellen besteht.

---

[1] Wegen der raschen Änderungen der Technologie wird in diesem Abschnitt auf genaue Preis- und Leistungsangaben verzichtet.

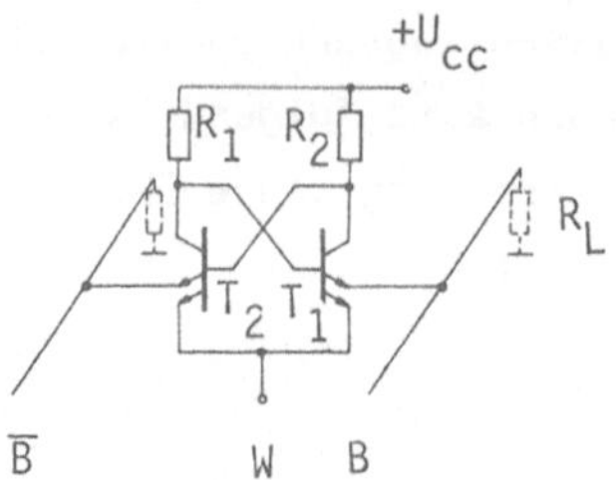

Abbildung 3.25: Aufbau einer statischen RAM-Halbleiterspeicherzelle mit Transistoren (Flip-Flop) (nach ZINNIKER, 1975).

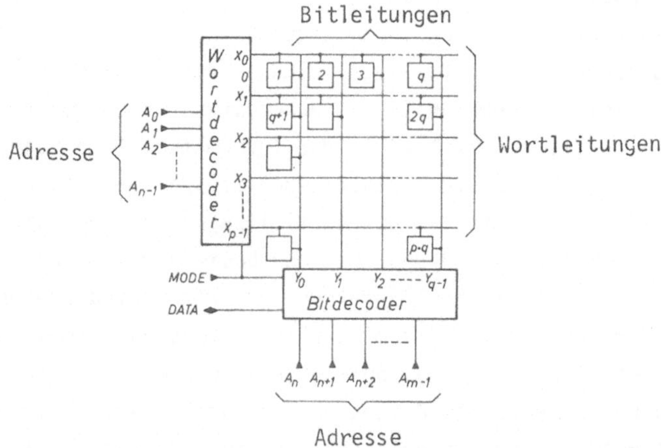

Abbildung 3.26: Aufbau eines Direktzugriffspeichers mit wortorganisierter Speicherebene (nach ZINNIKER, 1975).

Während bei den statischen Techniken (bipolar oder MOS) die Informationen unbegrenzt gespeichert werden können (solange die Betriebsspannung nicht ausfällt), werden bei den dynamischen Techniken Kondensatoren (nur MOS-Techniken) zur Speicherung verwendet, die sich durch sogenannte Leckströme regelmäßig entladen, so daß eine periodische Auffrischung der Information vonnöten ist. Die Vorteile der dynamischen Speicherung liegen in der geringeren Verlustleistung und einem kleineren Flächenbedarf.

Abbildung 3.27 zeigt den Aufbau einer dynamischen Speicherzelle, die ebenfalls als Grundelement für den in Abbildung 3.26 dargestellten wortorganisierten RAM verwendet werden kann. Die Speicherung der Information geschieht auf der Gate-Source-Kapazität C_{GS} des Transistors T_S. Zum Einschreiben von Information wird das Potential der Wortleitung X_W hochgesetzt, wodurch T_W leitet und die Information von der Wortleitung B_W auf den Kondensator übertragen wird. Um zu lesen, wird das Potential der Wortleitung X_R hochgesetzt, so daß der Transistor T_R leitet. Wurde im Kondensator eine "1" gespeichert, so ist C_{GS} positiv geladen, d.h. auch T_S leitet und die Bitleitung B_R wird auf Massepotential gesetzt, was als "1" im Bitdecoder interpretiert wird. Ist eine "0" gespeichert, so ist C_{GS} nicht geladen, T_S leitet nicht und das Potential von B_R liegt hoch. Das Auffrischen der Information geschieht durch Aktivierung beider Bitleitungen, so daß die vorhandene Information durch den Verstärker A (nur einmal für mehrere Zellen vorhanden) verstärkt und neu eingelesen wird.

Neben der hier dargestellten 3-Transistor-Zelle sind neuerdings auch 1-Transistor-Zellen üblich, die aus Platzgründen vor allem für die Herstellung größerer Speicherkapazitäten auf einem Chip verwendet werden (mehrere K bits). Statische Speicherzellen, die eine größere Zahl von Transistoren pro Zelle umfassen, erlauben lediglich die Herstellung von 256 bits pro Chip, benötigen dafür aber keine Auffrischzeiten.

Beide Speicherarten finden ihren Einsatz als Hauptspeicher in Rechenanlagen.

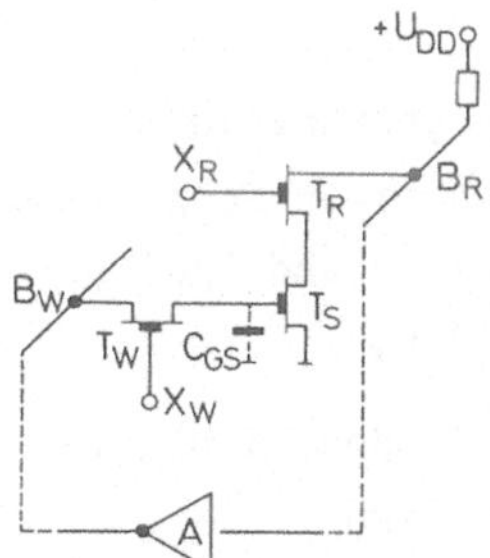

Abbildung 3.27: Aufbau einer dynamischen RAM-Halbleiterspeicherzelle mit 3 Transistoren (nach ZINNIKER, 1975).

b2) Halbleiter-Festspeicher

Festspeicher sind wie Schreib/Lesespeicher matrixförmig angeordnet, haben jedoch auch eine Gemeinsamkeit mit fest verdrahteter Logik: Sie stellen eine feste Verknüpfung zwischen Eingangs- und Ausgangssignalen her. Da die einzelnen Speicherzellen wesentlich einfacher geartet sind als bei Schreib/Lesespeichern, sind Festspeicher billiger herstellbar, haben geringeren Platz- und Energiebedarf und sind zudem meist schneller als jene. Man unterscheidet reversible und irreversible Festspeicher (SEITZER, 1975). Irreversible Festspeicher existieren als vom Hersteller bei der Fertigung programmierte Festspeicher (ROM) und vom Benutzer einmalig programmierbare Festspeicher (PROM). Reversible Festspeicher (RMM, REPROM) sind Speicher,bei denen überwiegend gelesen wird, die jedoch auch - mit wesentlich höherem Aufwand - beschrieben werden können.

Abbildung 3.28 zeigt das Prinzip eines Festwertspeichers: Die horizontalen Leitungen der matrixförmigen Anordnung stellen die Wortleitungen dar, die vertikalen die Bit- (oder Lese-)leitungen, an denen die Leseverstärker sitzen. An jedem Kreuzungspunkt ist eine Diode als Kopplung angebracht, jedoch ist bei einem Teil der Dioden die Verbindungsleitung unterbrochen (Information "0"), bei anderen durchgezogen (Information "1"). Als Kopplungsglieder verwendet man je nach Anwendung auch Widerstände und Transistoren, es werden sowohl bipolare - wie auch MOS-Techniken angewandt. Bei programmierbaren Festspeichern werden als Kopplungsglieder z. B. solche Widerstände verwendet, die bei Beschickung mit einem geeigneten Stromstoß (10 mA) durchbrennen.

Reversible Festspeicher sind dadurch gekennzeichnet, daß das Einschreiben von Informationen nur durch Überschreiten einer Schwellspannung möglich ist. Man unterscheidet verschiedene MOS-Techniken und Speicher aus halbleitendem Glas (sogenannte Ovonics, vgl. SEITZER, 1975).

Wegen ihrer günstigen Eigenschaften finden Halbleiter-Festspeicher heute weite Verbreitung. Anwendungsgebiete sind

- Speicherung von Konstantentabellen
- Speicherung von Mikroprogrammen zur Steuerung von Teilwerken eines Rechners
- Codewandler.

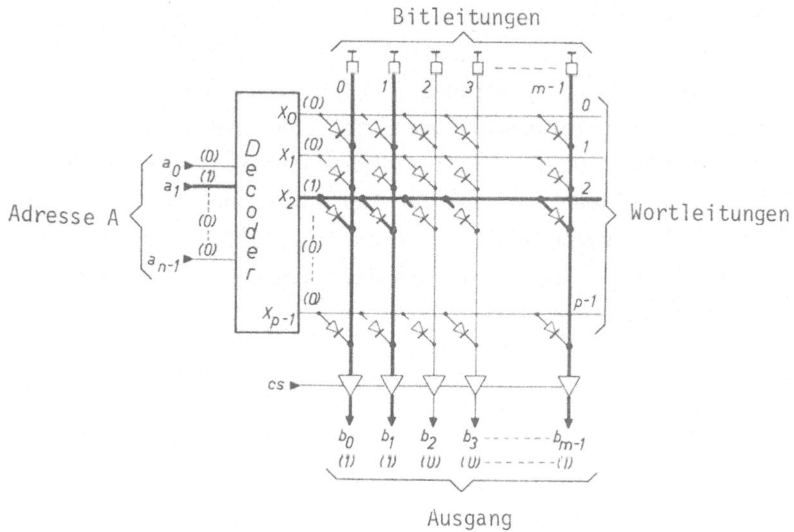

Abbildung 3.28: Darstellung eines wortorientierten Festspeichers (nach ZINNIKER, 1975).

b3) Serielle Halbleiterspeicher

Serielle Halbleiterspeicher sind Speicher mit rein sequentiellem Zugriff: Die Speicherzellen sind hier rein linear (in einer Linie) angeordnet, jede Zelle ist nur mit ihren beiden Nachbarn verbunden. Die Vorteile dieser Speicherform liegen (wie etwa beim Magnetband) in der starken Verbilligung der Speichereinrichtung, die für eine lange Kette von Speicherzellen lediglich eine Schreib/Leselogik benötigt. Die Zugriffszeiten sind dagegen länger als bei Direktzugriffsspeichern, sie entsprechen im Mittel der halben Laufzeit vom Ein- zum Ausgang der Kette.

Der grundsätzliche Aufbau eines seriellen Speichers ist in Abbildung 3.29 dargestellt. Die Länge des seriellen Speichers sei n. Jede der n Speicherzellen bestehe aus 2 Unterzellen, dem "master" und dem "slave", die man deshalb benötigt, weil nicht gleichzeitig neue Information empfangen und alte Information weitergegeben werden kann. In einem ersten Takt Φ_1

wird die Information von der "slave-Zelle" S_i zum Master M_{i+1} weitergegeben, im Takt Φ_2 vom Master M_i zur slave-Zelle S_i. Die "recirculate logic" übernimmt die Aufgabe der Steuerung des Speichers (Einlesen, Auslesen). Wie bei den Direktzugriffsspeichern unterscheidet man statische und dynamische Speicherzellen. Ferner unterscheidet man 2-, 3- und 4-Takt-Schieberegister. Neben den Schieberegistern ist auch die Eimerkette und der ladungsgekoppelte Schiebespeicher (CCD = "charge coupled device") bekannt (SEITZER, 1975). Vor allem letztere versprechen schon bald die Lücke zwischen Hauptspeicher und konventionellen Hintergrundspeichern zu schließen.

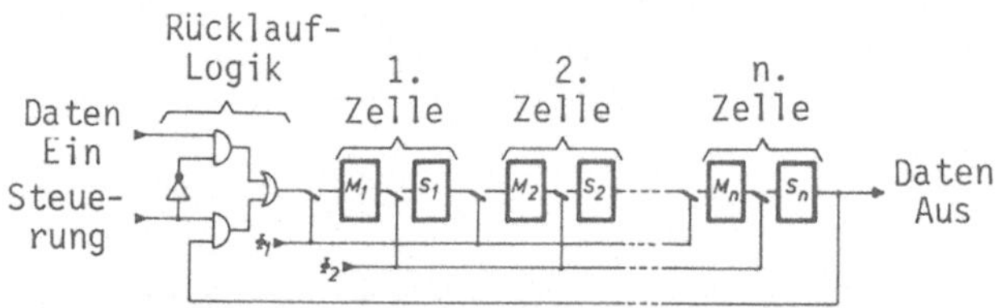

Abbildung 3.29: Grundsätzlicher Aufbau eines seriellen Speichers mit 2-Phasen-Takt, M_i = Master-Zelle, S_i = Slave-Zelle (nach ZINNIKER, 1975).

b4) Assoziative Halbleiterspeicher

Assoziative Speicher, die auch inhaltsorientierte Speicher (CAM) genannt werden, wurden zunächst auch in anderen Technologien hergestellt (Ferritkern-, Magnetdrahttechnik etc., vgl. RUDOLPH, FULMER, MEILANDER, 1971), wegen der speziellen Anforderungen an die einzelne Speicherzelle eignen sich insbesondere Halbleitertechnologien für die Realisierung dieser Speicherform (vgl. auch SEITZER, 1975). Da assoziative Speicher großen Einfluß auf die gesamte Architektur von Rechenanlagen haben können und einen hohen Grad an Parallelisierung der Berechnungen zulassen, werden diese Elemente im Rahmen des Abschnittes über "Parallelismus" des 2. Bandes Rechnerarchitektur ausführlich besprochen. Hier soll das Prinzip des Assoziativspeichers nur kurz behandelt werden und eine technische Realisierung angedeutet werden. Während bei konventionellen Direktzugriffsspeichern der Zugriff auf ein Speicherwort über eine explizite logische Adresse geschieht, die neben den eigentlichen Daten existiert und durch einen Decodierer den Zugriff auf die physikalische Adresse erlaubt, werden beim Assoziativspeicher Teile des Datums selbst (bzw. das gesamte Datum) zur Adressierung verwendet. Dazu müssen die einzelnen Speicherzellen beim Assoziativspeicher neben der Fähigkeit des Speicherns zusätzlich gewisse Verarbeitungsschritte zulassen.

Im einfachsten Fall besteht der Assoziativspeicher aus folgenden Elementen:

- Einem Feld von Speicherzellen mit der Fähigkeit, nicht zerstörendes Lesen auszuführen
- Einem Vergleichsregister, das das Bitmuster angibt, durch das die gewünschten Daten zu erkennen sind
- Einem Maskenregister, das definiert, welche Teile des Vergleichsregisters zur Adressierung herangezogen werden sollen
- Logischen Schaltkreisen, die einen Exklusiven-Oder-Vergleich durchführen
- Einem Trefferregister, das mit den Speicherworten durch Leseverstärker verbunden ist.

Das Aufsuchen der gewünschten Daten im Assoziativspeicher geschieht nun bitweise[1] gemäß der im Vergleichsregister angegebenen Muster, wobei jede Bitstelle parallel mit allen entsprechenden Bitstellen sämtlicher im Speicher vorhandenen Worte verglichen wird, was bei Speichern mit vielen Einträgen zu sehr hoher Verarbeitungsgeschwindigkeit führt. Bei Feststellung einer Differenz zwischen der Vorgabe und dem entsprechenden Bit in den zu durchsuchenden Worten, wird das entsprechende Bit im Trefferregister, das ursprünglich ganz auf 11....1 gestellt war, auf "0" gesetzt. Damit wird gekennzeichnet, daß das durch "0" gekennzeichnete Wort nicht den gesuchten Inhalt umfaßt. Als Beispiel betrachten wir den in Abbildung 3.30 schematisch dargestellten Assoziativspeicher mit 4 Worten á 4 Bit Länge, einem Vergleichsregister und dem Trefferregister. Das Maskenregister habe den Wert 1111, d.h. das Bitmuster des Vergleichsregisters werde auf voller Wortlänge mit den Worten im Speicher verglichen. Vor dem ersten Schritt sei das Trefferregister auf den Wert 1111 gesetzt. Nunmehr werde parallel Bit 1 des Vergleichsregisters mit Bit 1 der 4 Speicherworte verglichen: Dabei wird eine Nichtübereinstimmung bei Wort 1 gefunden, was zu einem Eintrag von "0" in der entsprechenden Spalte des Trefferregisters führt. Im zweiten Schritt wird Bit 2 verglichen: Bei Wert 1 und 4 wird eine Nichtübereinkunft festgestellt, also das entsprechende Bit im Trefferregister auf "0" gesetzt (bei Wert 1 führt das zu keiner Ausführung, da das Bit ja bereits auf "0"

---

1) Der hier beschriebene assoziative Zugriff ist wortparallel und bitseriell. Wort- und bitparallele Realisierungen sind ebenso bekannt (vgl. Abbildungen 3.32 und 3.33)

steht); u.s.w.. Die Suche kann abgebrochen werden, wenn das Trefferregister nur noch Einträge "0" besitzt, oder, wenn alle relevanten Bits des Vergleichsregisters abgearbeitet sind. In unserem Beispiel trifft der zweite Fall ein: Die "1" auf der Höhe des Wortes 3 im Trefferegister zeigt an, daß Wort 3 die gesuchte Bit-Kombination enthält. Anders als beim Zugriff durch Adressierung können hier also möglicherweise als Ergebnis mehrere Worte gefunden werden, die dem gewünschten Kriterium entsprechen. Es ist unmittelbar einsichtig, daß Assoziativspeicher vor allem mit größeren Wortlängen und größerer Anzahl an Speicherplätzen sinnvoll sind. Beispielsweise kann man sich die Einträge einer Bibliothek in einem Assoziativspeicher vorstellen: Jedes Wort umfasse den Namen des Autors, das Erscheinungsjahr, den Verlag, das Fachgebiet, den Titel u.s.w.. Um nun beispielsweise alle Bücher eines Autors, die in einem bestimmten Jahr erschienen sind, aufzusuchen, wird man lediglich den Namen und das Erscheinungsjahr in den entsprechenden Positionen des Suchregisters eintragen und die entsprechenden Bits des Maskenregisters auf "1" setzen. Dann werden parallel alle Bibliothekseinträge bitweise mit dem Autor auf Übereinstimmung verglichen. Ist beispielsweise der Name des Autors gar nicht vorhanden, so kann gegebenenfalls schon nach wenigen Schritten die Suche abgebrochen werden (alle Bits des Trefferregisters auf "0"), wohingegen bei gleicher Suche im Direktzugriffsverfahren (RAM) sämtliche Einträge nacheinander hätten durchsucht werden müssen.

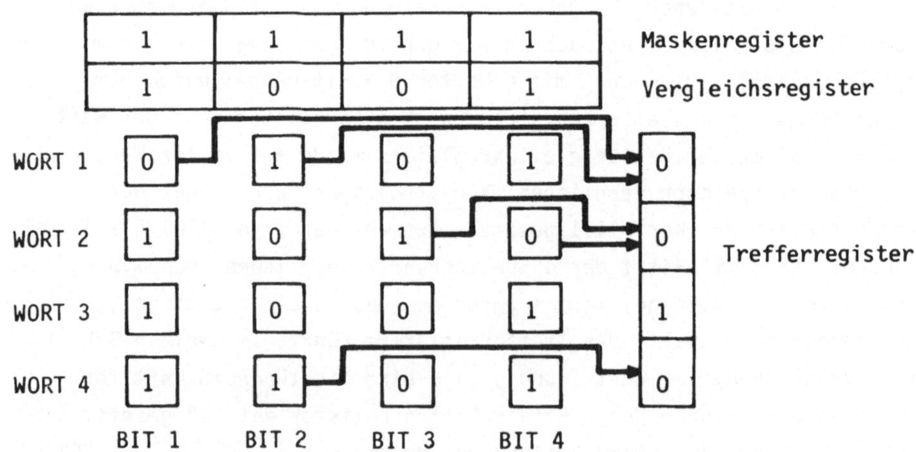

Abbildung 3.30: Schematische Darstellung eines Assoziativspeichers

In welcher Weise nun die gefundenen Worte ausgelesen und weiterverarbeitet werden, hängt von der sogenannten "Wortrandlogik" und dem Einsatzgebiet des Rechners ab. Auch wird man anstelle eines einzigen Trefferregisters möglicherweise mehrere Register haben, um beispielsweise bestimmte Worte zu markieren, bei denen der Vergleich durchzuführen ist, um Zwischenergebnisse zu speichern, u.s.w.. Es ergibt sich so der schematische Aufbau von Abbildung 3.31. Eine weitere Ergänzung der Trefferlogik um arithmetische Fähigkeiten führt dann zu den sogenannten assoziativen Prozessoren, die beispielsweise parallel Teile von Worten aufsummieren können. Auf diese Entwicklungen wird im Rahmen des 2. Bandes Rechnerarchitektur eingegangen.

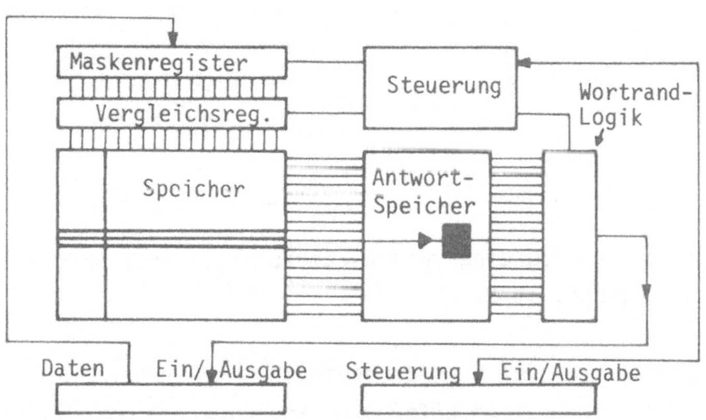

Abbildung 3.31: Schematischer Aufbau eines Assoziativspeichers und der zugehörigen Verwaltung

Die Anwendung von Assoziativspeichern für Aufgaben wie im obigen Beispiel ist heute noch recht selten, was daran liegt, daß die entsprechenden Speicher sehr groß sein müssen, jedoch auch die einzelnen Speicherzellen komplizierter sind als bei Direktzugriffsspeichern. Abbildung 3.32 zeigt die Struktur einer assoziativen Speicherzelle. Neben dem eigentlichen Speicherelement ist die Schaltung für die Äquivalenzprüfung (Vergleich mit dem entsprechenden Bit des Vergleichsregisters) und die entsprechende Weitergabe an das Trefferregister vorgesehen. Zusätzlich zur Wortleitung W und zur Leseleitung L (die auch in konventionellen Speicherzellen vorhanden sind), gibt es eine Leitung N für das Vergleichsbit und eine Leitung M für das entsprechende Maskenbit. Nur wenn der Inhalt von Q_μ und von N_μ äquivalent sind und die Maske M gesetzt ist, wird eine 1 an das Trefferregister gegeben. Das "wired and" deutet an, daß zusätzlich alle Ausgänge A_μ für n=0,1...,u (u = Länge des Speicher-Wortes) durch ein logisches "UND" verknüpft sind. D.h. das Trefferregister wird nur dann auf "1" gesetzt, wenn alle maskierten Bits übereinstimmen. [1] Eine Realisierung dieser Zelle in Halbleitertechnik zeigt Abbildung 3.33.

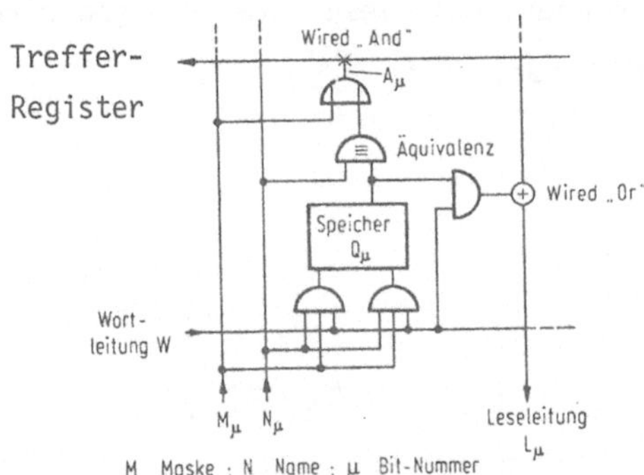

Abbildung 3.32: Logischer Aufbau einer assoziativen Speicherzelle (nach SEITZER, 1975).

Kleinere Assoziativspeicher werden bereits heute in Rechnern für Verwaltungsaufgaben, die hohe Geschwindigkeiten erfordern, angewandt,ferner finden große Assoziativspeicher Verwendung in Zusammenhang mit assoziativen Prozessoren wie STARAN (vgl. RUDOLPH, 1972).
Da die Halbleiterspeicher insgesamt wesentlich kürzere Zugriffszeiten zulassen als magnetische Speicher, werden sie diese wahrscheinlich schon recht bald weitgehend ersetzen. Für einige Aufgaben kommen sie jedoch wegen der Gefahr des Verlustes von Information bei Stromausfall (volatile Speicher) nicht in Frage, bzw. erfordern zusätzliche Schutzmaßnahmen (z.B. Batteriebetrieb).

---

[1] Diese Realisierung nach SEITZER, 1975 geht im Unterschied zu unserem Beispiel davon aus, daß das Trefferregister vor Beginn des assoziativen Suchens auf "00...0" gesetzt wird.

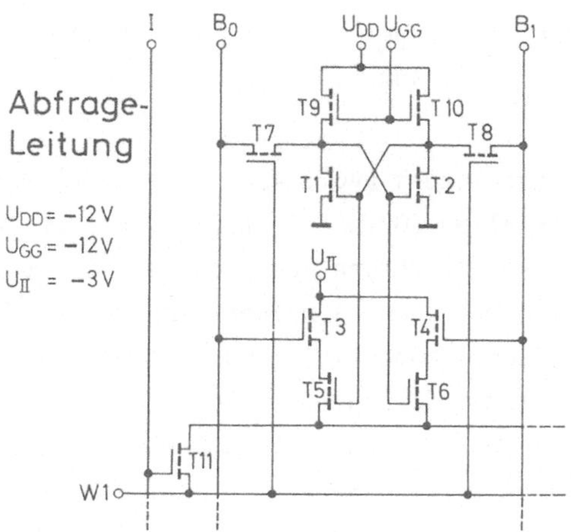

Abbildung 3.33: Realisierung einer assoziativen Speicherzelle in MOS-Technik (TEXAS INSTRUMENTS TMS 4000 JC) (nach SEITZER, 1975).

3.3.3.2 Zukünftige Technologien

Im folgenden Abschnitt soll kurz auf zukünftige Speichertechnologien eingegangen werden. Neben den zwei vorzustellenden Richtungen: Holographische- und Magnetblasenspeicher gibt es noch eine große Anzahl von weiteren Forschungsgebieten, deren Anwendung jedoch zum Teil noch in so weiter Ferne liegt, daß sie für die Rechnerarchitektur nicht von unmittelbarem Interesse sind (vgl. dazu MATICK, 1972, SEITZER, 1975).

a) Magnetblasenspeicher

Magnetblasenspeicher (auch magnetische Zylinderdomänen genannt) sind Speicher mit bewegter Information (also mit zyklischem Zugriff), wobei jedoch das Speichermedium nicht bewegt wird. Der Vorteil zyklischer Speichermedien liegt in ihrer Preisgünstigkeit, da die Schreib-Lesevorrichtung jeweils nur einmal für eine relativ große Informationsmenge vorhanden ist. Daraus ergeben sich jedoch andererseits höhere Zugriffszeiten, vor allem bei mechanisch bewegten Speichermaterialien (Magnetplatte, -trommel, -band). Magnetblasenspeicher zeichnen sich dadurch aus, daß keine mechanische Bewegung des Trägermediums vorliegt, hier wird die Information durch Anlegen eines Magnetfeldes auf dem fixen Speichermaterial in Bewegung gesetzt. Damit werden die Vorteile des zyklischen Speichermediums ausgenutzt (relativ geringer Preis) und die Nachteile (langsamere Geschwindigkeit) weitgehend ausgeschlossen. Ferner sind Magnetblasenspeicher sehr viel kleiner als die konventionellen Speichermedien (92 K bit auf 6,4 cm^2), sie sind also sogar auf Chips unterzubringen.

Das Prinzip des Magnetblasenspeichers (vgl. Abbildung 3.34) beruht auf der Verwendung von Speichermaterialien (Orthoferrite, magnetische Granate), bei denen die leichte Magnetisierungsrichtung senkrecht zur Speicherschicht verläuft. Im Ruhezustand (Abbildung 3.34, A) bilden sich mäanderförmige Speicherdomänen unterschiedlicher Magnetisierungsrichtung. Wird von außen an die Speicherschicht ein Stützfeld angelegt (Abbildung 3.34, B), wachsen die in der Richtung des Stützfeldes liegenden Domänen, bis von den in entgegengesetzter Richtung magnetisierten Bereichen nur noch zylinderförmige Bereiche (Blasen, englisch "bubbles") übrig bleiben, die sich als Träger von Speicherinformation verwenden lassen. Durch Anlegen eines Magnetfeldes (Abbildung 3.34, C) in der Ebene der Speicherschicht lassen sich die Magnetblasen verschieben, wobei man, um definierte Wege zu erzeugen, ein

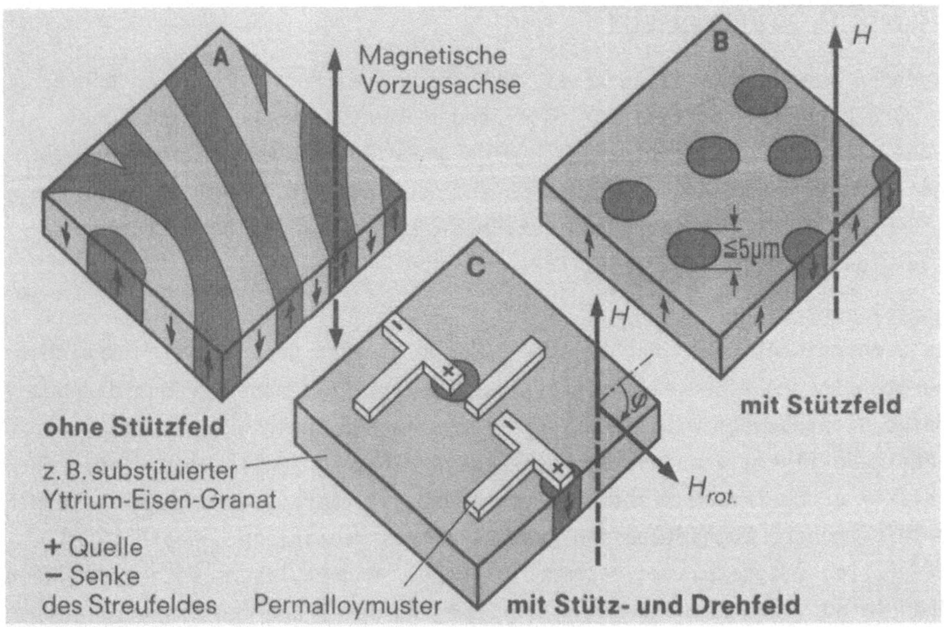

Abbildung 3.34: Prinzip des Magnetblasenspeichers, H = Richtung der magnetischen Vorzugsachse.

T-Muster aus weichmagnetischem Material (Permalloy) verwendet, und ein rotierendes Magnetfeld anlegt. Die Muster bilden jeweils kleine Magneten, die die Blasen anziehen und sie bei Drehung des Magnetfeldes um ein Stückchen weitergeben (vgl. Abbildung 3.35). Mit entsprechenden Mustern lassen sich Blasen erzeugen und vernichten ("Schreiben"), das "Lesen" geschieht induktiv.

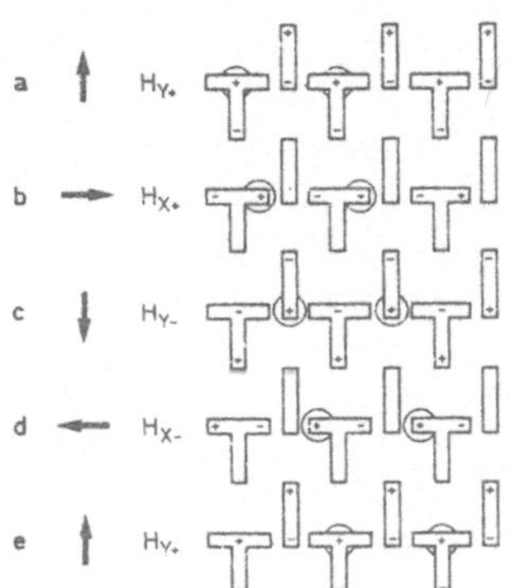

Abbildung 3.35: Verschiebung der Magnetblasen in einem Permalloy-Muster (nach SEITZER, 1975).

Erste Magnetblasenspeicher sind seit 1977 auf dem Markt (TEXAS INSTRUMENTS: 92 K bit bis 1 Megabit Speicherkapazität, Zugriffszeit (mittlere) 12,8 msec).

b) Holographische Speicher (Optische Speicher)

Anders als die Blasenspeicher befinden sich die holographischen Speicher noch voll im Stadium der Entwicklung. Die Technik der Holographie beruht auf der Verwendung von kohärentem Licht (Laser) zum Lesen und Schreiben auf lichtempfindlichem oder thermoplastischem Material. Ein Laserstrahl wird durch einen Strahlteiler[1] in zwei Teile gespalten, den zur Ansteuerung über einen Lichtablenker geleiteten Referenzstrahl und den zum Schreiben verwendeten Objektstrahl (vgl. Abbildung 3.36). Beim Schreiben läuft der Objektstrahl über einen Drehspiegel, der den Laserstrahl in X- und Y-Richtung auslenkt, so daß ein entsprechendes Unterhologramm der Speicherplatte entsteht. Die Interferenz zwischen Objekt- und Referenzstrahl bildet ein Interferenzmuster, das vom Speichermedium absorbiert wird, wobei durch Erwärmung und nachfolgende Abkühlung eine dauerhafte Ummagnetisierung stattfindet (durch Überschreiten des Curie-Punktes, "Curie-point-writing"). Die zu speichernde Information wird

---

1) Der Strahlteiler wird bisweilen "Hololinse" genannt.

dabei vom Objektstrahl übertragen, der über Datenmasken geleitet wird, die entweder lichtdurchlässig sind ("1") oder nicht ("0"). Die Datenmasken sind bisweilen auch als Flüssigkristall-Spiegel realisiert, die je nach anliegender Spannung reflektieren oder nicht.

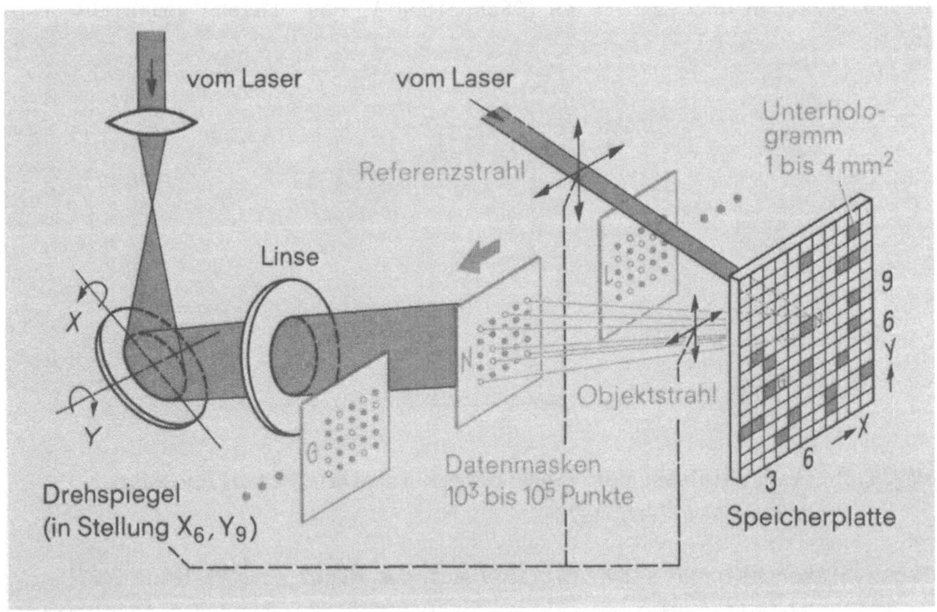

Abbildung 3.36: Prinzip des Holographischen Speichers: Erzeugung eines Hologramms ("Schreiben").

Das Lesen der gespeicherten Information geschieht durch Beleuchtung der Speicherplatte nur mit dem Referenzstrahl, wodurch auf einer dahinterliegenden Detektormatrix das Abbild der beim Schreiben verwendeten Datenmaske entsteht, die durch elektrooptische Wandler in digitale Information umgewandelt wird.

Ein Vorteil des holographischen Speichers besteht in der redundanten Speicherung der Information durch das jeweilige Unterhologramm: Da die Information für jedes Bit über die ganze Fläche eines Unterhologramms verteilt gespeichert ist, führen Materialfehler in Teilen des Unterhologramms nur zu Signalstörungen, die Information selbst ist aber zu gewinnen.

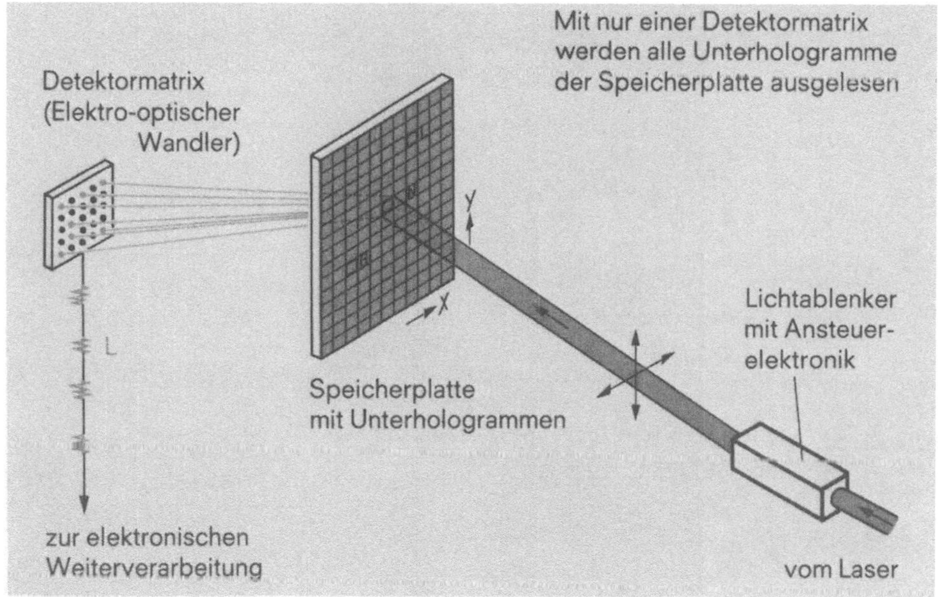

Abbildung 3.37: Prinzip des holographischen Speichers: "Lesen".

Holographische Speicher sollen Kapazitäten bis zu 10^9 bit erhalten (10^4 - 10^5 Unterhologramme mit je 1 mm^2 Fläche, die je 10^4 bit Speicherkapazität besitzen). Die Zugriffszeiten liegen zwischen 1...5 μsec (Lesen) und 50 μsec (Schreiben). Holographische Speicher sind also im wesentlichen als schnelle Massenspeicher gedacht. Holographische Festspeicher (ROMs) werden bereits heute verwendet.

3.3.3.3 Übersichten

Zur Abrundung der Ausführungen über Speichertechnologien seien hier noch einige Vergleichstabellen nach SEITZER, 1975 angegeben.

Abbildung 3.38 zeigt die Kennwerte von verbreiteten Speicherverfahren, wobei die Vorteile der Halbleitertechnik klar hervortreten. Abbildung 3.39 zeigt Kosten pro bit und Zugriffszeiten einiger Speicherverfahren. Die holographischen Speicher (optische Speicher) erweisen sich dabei als sehr billige Lösung, wobei jedoch lediglich Schätzwerte vorliegen, da diese Speicher noch nicht im regulären Einsatz sind.

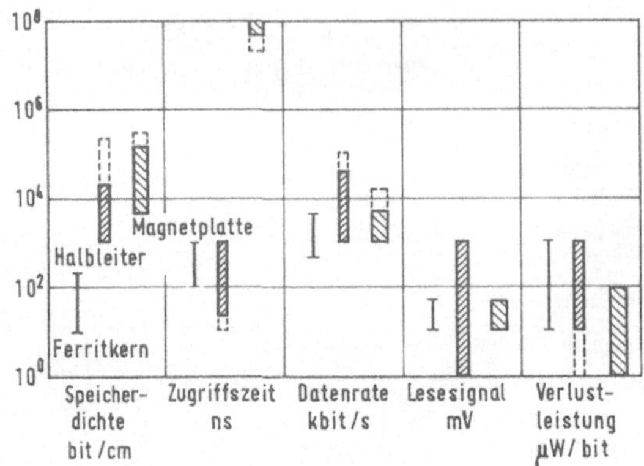

Abbildung 3.38: Kennwerte wichtiger Speicherverfahren (nach SEITZER, 1975).

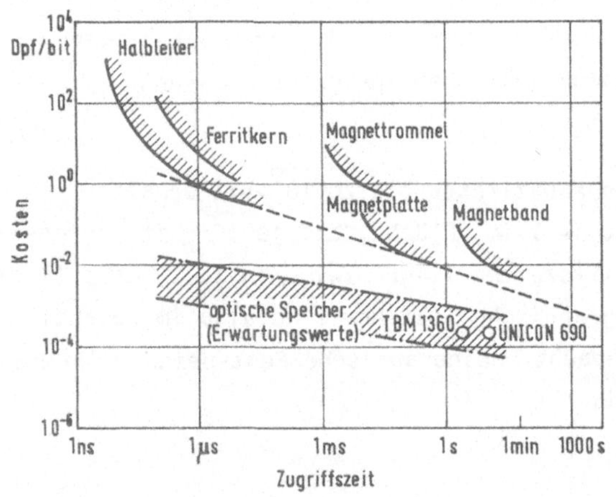

Abbildung 3.39: Kosten pro bit und Zugriffszeiten wichtiger Speicherverfahren (nach SEITZER, 1975).

4. Formale Hilfsmittel der Rechnerarchitektur

Die Beschreibung der Struktur von Rechenanlagen sowie deren funktionalem Verhalten machte die Verwendung formaler Hilfsmittel nötig. In diesem Kapitel wird nunmehr eine Einführung in vier dieser Hilfsmittel gegeben. Im ersten Abschnitt wird die Automatentheorie behandelt. In der Rechnerarchitektur werden Automaten als abstrakte Modelle für das funktionale Verhalten von Schaltwerken und für die in diesen Werken zu realisierenden Algorithmen verwendet (vgl. GILOI, LIEBIG, 1973).

Die im zweiten Abschnitt eingeführten PETRI-Netze dienen im wesentlichen der Beschreibung simultaner Prozesse und deren gegenseitiger Abhängigkeiten. Abschnitt 4.3 behandelt die Elementaren Berechnungsschemata, mit deren Hilfe Algorithmen und deren interne Struktur dargestellt werden können. Im letzten Abschnitt dieses Kapitels werden schließlich die Rechnerentwurfssprachen als Beschreibungsmittel von Rechenanlagen auf verschiedenen Niveaus vorgestellt.

Die nachfolgenden Abschnitte können nicht beanspruchen, die vorgestellten Hilfsmittel vollständig einzuführen und zu behandeln: Jeder der vier Bereiche hat sich zu einer eigenen Spezialdisziplin im Bereich der Informatik entwickelt, so daß sich dieses Kapitel darauf beschränken muß, eine Einführung zu geben, die eine Brücke zur speziellen Literatur bzw. entsprechenden Vorlesungen schlagen soll. Es wurde daher auch darauf verzichtet, Beweise auszuführen. Der Leser wird hier auf die Spezialliteratur verwiesen.

Insbesondere in den Bereichen der Automatentheorie, der PETRI-Netze und der Elementaren Berechnungsschemata wurden inzwischen Variationen der hier vorgestellten grundlegenden Beschreibungen entwickelt; auch diese formalen Hilfsmittel der Rechnerarchitektur können hier nicht behandelt werden, es wird jedoch kurz auf sie verwiesen.

4.1 Automatentheorie

Die Automatentheorie ist ein formales Hilfsmittel zur Beschreibung des funktionalen Verhaltens von Schaltwerken. Dieses Verhalten wird durch sogenannte endliche Automaten beschrieben,und die "Strukturtheorie" (HARTMANIS, STEARNS, 1966) dieser Automaten erlaubt es, eine Reihe von Techniken anzugeben, nach denen "komplizierte" Automaten durch zusammengesetzte einfachere Automaten realisiert werden können. Der Vorteil dieser Strukturtheorie besteht also darin, daß algebraisch abgeleitete Existenzsätze direkt auf die physikalische Realisierung von Automaten angewendet werden können.

Die Automatentheorie selbst hat sich zu einem weiten Teilgebiet der Informatik entwickelt. Für unsere Zwecke sind nur die Bereiche von Interesse, die sich im weitesten Sinne mit ihrer Anwendung auf die Schaltwerktheorie befassen. Eine grundlegende Einführung geben HARTMANIS, STEARNS, 1966. Anwendungsbezogen sind die Werke HACKL, 1972; GILOI, LIEBIG, 1973; WENDT, 1974 und SCHULTE, 1967.

4.1.1 Automatentheorie in der Schaltkreis- und Schaltwerktheorie

Betrachtet man allgemein Maschinen nach ihrem Verhalten (Ein-, Ausgabe) und den sie charakterisierenden Bestandteilen, so lassen sich folgende 3 Typen unterscheiden (vgl. auch Abbildung 4.1):

- Schaltkreis
- Zuordner (Festspeicher)
- Schaltwerk.

Schaltkreis und Zuordner (Festspeicher) liefern unabhängig von der Zeit feste Zuordnungen für den Ausgang y bzw. die Ausgänge $y_1 \ldots y_s$ in Abhängigkeit der Eingänge $x_1 \ldots x_r$. Diese kombinatorischen Schaltkreise (SCHULTE, 1967) werden mit Hilfe der kombinatorischen Logik (BOOLE'sche Algebra, Schaltalgebra, Minimisierungsmethoden) beschrieben und behandelt, sie kommen daher hier nicht in Betracht. Schaltwerke dagegen sind durch ein "Gedächtnis" gekennzeichnet, d.h. die Ausgangswerte $y_1 \ldots y_s$ sind nicht nur von den Eingangswerten $x_1 \ldots x_r$, sondern auch vom Zeitpunkt T der Schaltung, also vom Zustand des Schaltwerkes, der durch die Flip-Flops $z_1, z_2, \ldots, z_t$ beschrieben wird, abhängig. Diese sequentiellen Netzwerke (SCHULTE, 1967) besitzen zwei Klassen von Übergangsfunktionen:

- die Funktionen λ_i bestimmen die Ausgangswerte $y_1 \ldots y_s$

$$y_1 = \lambda_1 (z_1, z_2, \ldots, z_t, x_1, x_2, \ldots, x_r)$$
$$y_2 = \lambda_2 (z_1, z_2, \ldots, z_t, x_1, x_2, \ldots, x_r)$$
$$\vdots$$
$$y_s = \lambda_s (z_1, z_2, \ldots, z_t, x_1, x_2, \ldots, x_r)$$

- die Funktionen δ_j bestimmen die Zustände der Flip-Flops zum Zeitpunkt T+1.

$$z_1' = \delta_1\ (z_1, z_2, \ldots, z_t,\ x_1,\ x_2, \ldots,\ x_r)$$
$$z_2' = \delta_2\ (z_1, z_2, \ldots, z_t,\ x_1,\ x_2, \ldots,\ x_r)$$
$$\vdots$$
$$z_t' = \delta_t\ (z_1, z_2, \ldots, z_t,\ x_1,\ x_2, \ldots,\ x_r)$$

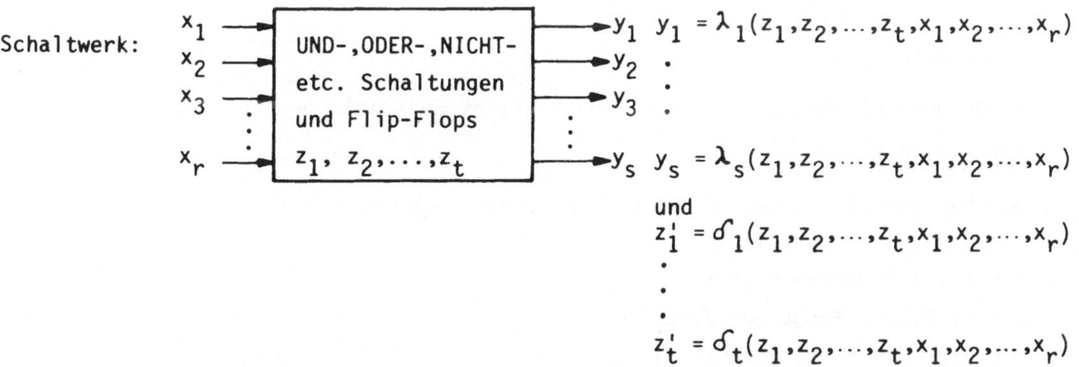

Abbildung 4.1: Modelle für Schaltkreis, Zuordner und Schaltwerk

Man unterscheidet ferner zwischen synchronen und asynchronen Schaltwerken. Bei synchronen Schaltwerken liegen die Ausgangswerte $y_1,\ldots,y_s$ zu einem festen Zeitpunkt (Takt) T+1 nach der Eingabe der Werte $x_1\ldots x_r$ zum Zeitpunkt T vor. Asynchrone Schaltwerke liefern die Ergebnisse in Abhängigkeit der individuellen Schaltzeiten, d.h. sie sind nicht getaktet. Wir wollen hier zunächst synchrone Schaltwerke betrachten.

Sequentielle Netzwerke lassen sich durch endliche Automaten beschreiben, die wir nunmehr einführen:

Definition 4.1: Ein MEALY-Automat $\mathfrak{A}$ ist ein Quintupel

$\mathfrak{A} = (X, Y, Z, \delta, \lambda)$ mit

X: eine endliche, nichtleere Menge von Eingabesymbolen (das Eingabealphabet),

Y: eine endliche, nichtleere Menge von Ausgabesymbolen (das Ausgabealphabet),

Z: eine endliche, nichtleere Menge von (inneren) Zuständen des Automaten,

δ: $Z \times X \to Z$ eine Funktion, die die Zustände abbildet, $z, z' \in Z, x \in X$: $z' = \delta(z,x)$

λ: $Z \times X \to Y$ eine Funktion, die die Ausgaben abbildet. $z \in Z, x \in X, y \in Y$: $y = \lambda(z,x)$

Die Abbildungen δ und λ können durch 2 äquivalente Darstellungen des Automaten $\mathfrak{A}$ beschrieben werden:

- Automatentafel
- Automatengraph.

Beide Darstellungsformen werden anhand eines Beispiels beschrieben:

Beispiel 4.2

Gegeben sei ein Automat $\mathfrak{A}$ mit den folgenden Eigenschaften:

$X = \{1,2,3\}$ Eingabealphabet

$Y = \{1,2\}$ Ausgabealphabet

$Z = \{1,2,3,4\}$ Menge der Zustände.

Die zugehörige Automatentafel (vgl. Abbildung 4.2) beschreibt zu jedem Paar $(z,x) \in Z \times X$ (Zustand, Eingabezeichen) ein neues Paar von Zeichen, von denen das erste den Zustand bezeichnet, in den der Automat übergeht $z' = \delta(z,x)$, und das zweite das entstehende Ausgabesymbol $y = \lambda(z,x)$. Stellt man die Zustände des Automaten als Knoten, die Übergänge von einem Zustand in einen anderen durch Kanten eines gerichteten Graphen dar, so erhält man den Automatengraphen. Die Kanten sind dabei mit einem Paar markiert, wobei das erste Zeichen das Eingabesymbol $x \in X$, das zweite Zeichen das Ausgabesymbol $y \in Y$ angibt.

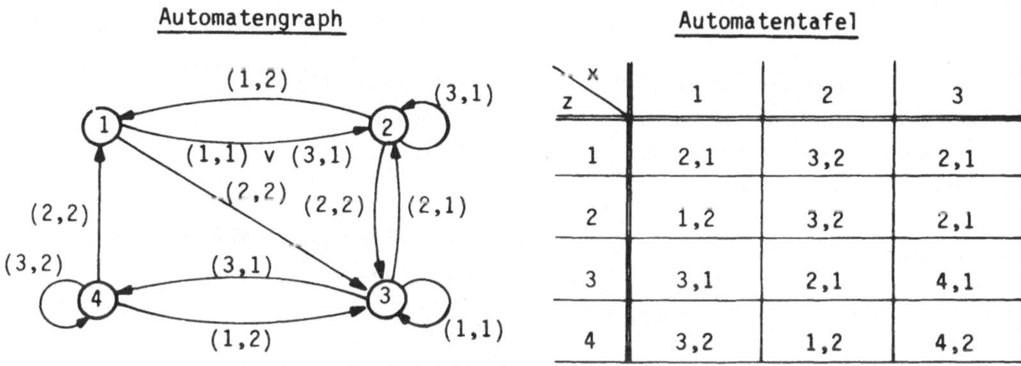

z \ x	1	2	3
1	2,1	3,2	2,1
2	1,2	3,2	2,1
3	3,1	2,1	4,1
4	3,2	1,2	4,2

Abbildung 4.2: Automatengraph und Automatentafel

Die Definition der beiden Abbildungen δ und λ wird nun erweitert, um unser Schaltwerk vollständig beschreiben zu können: Es werden auch Ketten von Ein- und Ausgabesymbolen zugelassen, wobei diese Ketten Elemente der freien Halbgruppen X^* und Y^* sein müssen.

Gegeben seien Ketten der Länge s:

$$x^1\, x^2\, x^3 \,.....x^s = \bar{x} \in X^*$$

$$y^1\, y^2\, y^3 \,.....y^s = \bar{y} \in Y^*$$

$$\delta(z,\bar{x}) = z^1\, z^2 \,.....z^s \in Z^*$$

$$\lambda(z,\bar{x}) = y^1\, y^2 \,.....y^s \in Y^*$$

$\Delta_X \in X^*$ sei das leere Wort. Wir definieren zusätzlich eine der Abbildung δ verwandte Funktion d, genannt Endzustandsfunktion:

$d: Z \times X^* \rightarrow Z$
$d\ (z,\ \Delta_x) := z$
$d\ (z,x) := \delta(z,x)$
$d\ (z,\bar{x}x) := d(d(z,\bar{x}),\ x)$

und sind damit in der Lage, die Erweiterung von δ und λ auf Ketten zu definieren. Wir erhalten so $\bar{\delta}$ und $\bar{\lambda}$

$\bar{\delta}\ (z,\ \Delta_x) := z$
$\bar{\delta}\ (z,\ \bar{x}x) := \delta(z,\bar{x})\ \bar{\delta}(d(z,\bar{x}),\ x)$

$\bar{\lambda}\ (z,\ \Delta_x) := \Delta_y$
$\bar{\lambda}\ (z,\ \bar{x}x) := \lambda(z,\bar{x})\ \bar{\lambda}(d(z,\bar{x}),\ x).$

Der Einfachheit halber wird im folgenden für $\bar{\delta}$, $\bar{\lambda}$ nur δ und λ geschrieben.

Automaten lassen sich bezüglich zweier Punkte vergleichen:
- Äquivalenz: Automaten leisten gleiche Ausgabefunktion
- Z-Homomorphismus: Automaten haben gleiche "Struktur".

Wir definieren hierzu:

Definition 4.3: Zwei Zustände $z \in Z$ und $z' \in Z$ eines Automaten $\mathfrak{A}$ heißen äquivalent ($z \equiv z'$), wenn gilt:

$\forall \bar{x}\ (\bar{x} \in X^* \rightarrow \lambda\ (z,\ \bar{x}) = \lambda\ (z',\ \bar{x})),$

d. h. für jede beliebige Kette von Eingabesymbolen ergibt sich die gleiche Kette von Ausgabesymbolen, wobei es unerheblich ist, ob vom Zustand z oder vom Zustand z' ausgegangen wird.

Definition 4.4: Zwei Automaten $\mathfrak{A} = (X,Y,Z,\delta,\lambda)$ und $\mathfrak{A}' = (X,Y,Z',\delta',\lambda')$ heißen äquivalent ($\mathfrak{A} \equiv \mathfrak{A}'$), wenn es zu jedem Zustand $z \in Z$ des Automaten $\mathfrak{A}$ einen Zustand $z' \in Z'$ des Automaten $\mathfrak{A}'$ gibt, der ihm äquivalent ist (d. h. $z \equiv z'$) und umgekehrt.

Die Äquivalenz von Automaten bzw. deren Zuständen ist für den Entwurf von Schaltwerken von Wichtigkeit, da es durch Auffinden von äquivalenten Zuständen eines Automaten gelingen kann, diesen bei gleicher Leistung (Ausgabe) zu vereinfachen. Da äquivalente Zustände so definiert sind, daß sie für beliebige Eingabeketten je gleiche Ausgaben leisten, kann man in der Tat alle äquivalenten Zustände eines Automaten zu einem einzigen Zustand zusammenfassen, ohne die Ausgabe des Automaten zu verändern. So könnten z. B. bei einem Schaltwerk Flip-Flops gespart werden. Wir kommen so zum Begriff des vollreduzierten Automaten.

Definition 4.5: Ein Automat $\mathfrak{A}$ heißt vollreduziert, dann und nur dann, wenn aus der Äquivalenz zweier beliebiger Zustände s_1 und s_2 des Automaten folgt, daß diese Zustände gleich sind ($s_1 = s_2$).

Definition 4.6: Ein Automat $\mathfrak{A}_1 = (X,Y,Z_1,\delta_1,\lambda_1)$ heißt Z-homomorph abbildbar auf einen Automaten $\mathfrak{A}_2 = (X,Y,Z_2,\delta_2,\lambda_2)$ bzw. $\mathfrak{A}_1 \to \mathfrak{A}_2$, wenn es eine surjektive Abbildung $h: Z_1 \to Z_2$ gibt, so daß das Diagramm

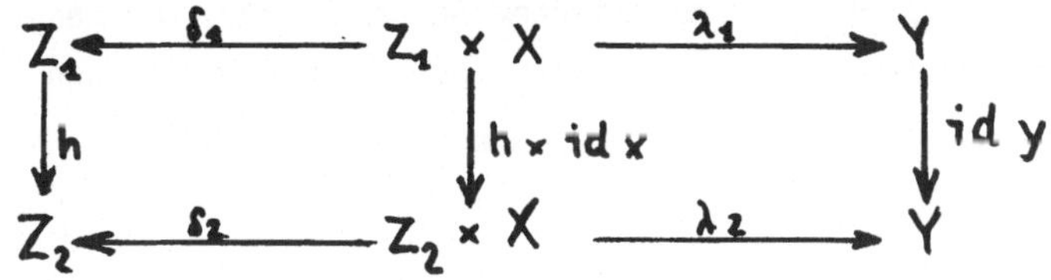

kommutativ ist, d. h. es gilt:

$h \bullet \delta_1 = \delta_2 \bullet (h \times idx)$ und

$\lambda_2 \bullet (h \times idx) = idy \bullet \lambda_1$

Bei Z-homomorphen Automaten ist also bei gleichen Ein- und Ausgabemengen, aber unterschiedlichen Zustandsmengen, eine Aussage über die innere Struktur getroffen.

Isomorphie ist ein spezieller Homomorphismus: Es besteht lediglich in der Umbenennung der Zustände des Ausgangsautomaten $\mathfrak{A}_1$ im Automaten $\mathfrak{A}_2$, wobei die Zustände jedoch die gleiche Struktur behalten.

Satz 4.7: (Hauptsatz der Automatentheorie): Zu jedem endlichen, vollständigen [1] MEALY-Automaten $\mathfrak{A}$ gibt es einen bis auf Isomorphie eindeutig bestimmten vollreduzierten Automaten $\mathfrak{A}_v$, auf den jeder zu $\mathfrak{A}$ äquivalente Automat homomorph abgebildet werden kann.

Keiner der zu $\mathfrak{A}$ äquivalenten Automaten hat weniger Zustände als $\mathfrak{A}_v$.

---

[1] Die Vollständigkeit eines Automaten $\mathfrak{A}$ besagt, daß zu jedem Paar $(z, x) \in Z \times X$ genau zwei Werte $\delta(z,x)$ und $\lambda(z,x)$ definiert sind.

Der Hauptsatz der Automatentheorie stellt sicher, daß es ein algorithmisches Verfahren gibt, für ein gefordertes Verhalten den am wenigsten aufwendigen Automaten (geringste Anzahl von Zuständen) zu erhalten.

Beispiel 4.8:

Der Automat $\mathfrak{A}_1$ (vgl. Abbildung 4.3) hat die äquivalenten Zustände z_1 und z_2 (bei Eingabe von "1" wird nach z_3 übergegangen und "0" ausgegeben. Bei Eingabe von "0" gehen sie ineinander über und "1" wird ausgegeben) sowie z_4 und z_5. Diese äquivalenten Zustände lassen sich in Äquivalenzklassen (Mengen von äquivalenten Zuständen) zusammenfassen und zu einem einzigen Zustand reduzieren. Man erhält so den vollreduzierten Automaten $\mathfrak{A}_2$. Man nennt aus diesem Grunde den vollreduzierten Automaten auch den Äquivalenzklassen-Automaten.

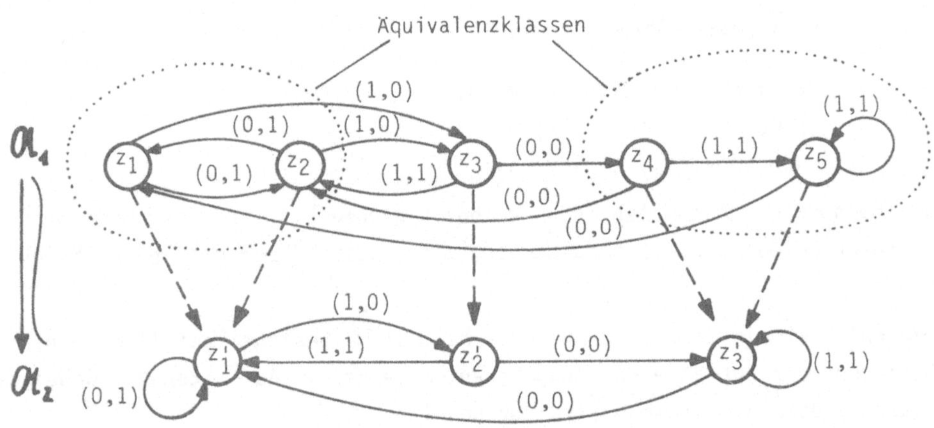

Abbildung 4.3: Darstellung des Automaten $\mathfrak{A}_1$ mit äquivalenten Zuständen und des aus ihm gebildeten vollreduzierten Automaten $\mathfrak{A}_2$.

Neben den bereits eingeführten MEALY-Automaten wollen wir nunmehr noch den sogenannten MOORE-Automaten einführen, der für gewisse Beweise eine einfachere Darstellung liefert.

Definition 4.9: Ein MOORE-Automat $\mathfrak{M}$ ist ein Quintupel

$\mathfrak{M} = (X,Y,Z,\delta,\mu)$ mit

X: eine endliche, nichtleere Menge von Eingabesymbolen, das Eingabealphabet,

Y: eine endliche, nichtleere Menge von Ausgabesymbolen, das Ausgabealphabet,

Z: eine endliche, nichtleere Menge von (inneren) Zuständen des Automaten,

δ: $Z \times X \rightarrow Z$ eine Zustandsüberführungsfunktion und

μ: $Z \rightarrow Y$ eine Markierungsfunktion.

Auch der MOORE-Automat kann mit Hilfe eines Automatengraphen bzw. einer Automatentafel beschrieben werden.

Beispiel 4.10:

Gegeben sei der MOORE-Automat $\mathfrak{M}$ mit den folgenden Mengen: X = {1,2,3} Eingabealphabet, Y = {0,1} Ausgabealphabet, Z = {1,2,3,4} Zustandsmenge und der wie in Abbildung 4.4 definierten Zustandsüberführungsfunktion und der Markierungsfunktion.

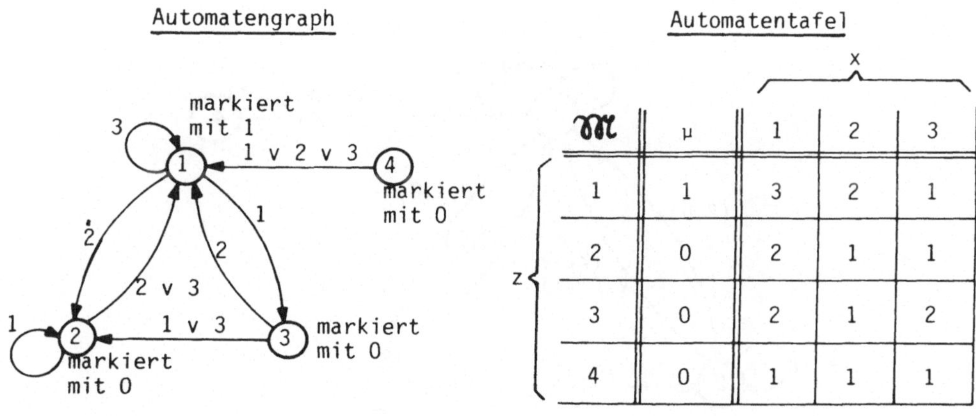

$\mathfrak{M}$	μ	1	2	3
1	1	3	2	1
2	0	2	1	1
3	0	2	1	2
4	0	1	1	1

Abbildung 4.4: Automatengraph und Automatentafel zu einem MOORE-Automaten $\mathfrak{M}$

Die Automatentafel umfaßt eine gesonderte Spalte für die Markierungsfunktion. Die Ausgaben sind im Unterschied zum MEALY-Automaten hier nicht den Übergängen von einem Zustand zum nächsten zugeordnet, sondern den Zuständen selbst und daher unabhängig von der Eingabe x. Die Eintragungen für gegebene Zustände z und Eingaben x bezeichnen die jeweiligen Nachfolgezustände. Beim Automatengraphen sind die Kanten lediglich mit den entsprechenden Eingaben gekennzeichnet, die Knoten (Zustände) erhalten eine Kennzeichnung für die zugeordnete Ausgabe: "markiert mit y".

Über den Zusammenhang zwischen MOORE- und MEALY-Automaten geben die Sätze 4.11 und 4.13 Auskunft.

Satz 4.11: Jeder MOORE-Automat ist zugleich MEALY-Automat.

Beispiel 4.12:
Wir übernehmen den in Beispiel 4.10 beschriebenen MOORE-Automaten und verändern seinen Automatengraphen so, daß er zu einem MEALY-Automaten wird. Wir müssen dazu lediglich die Knotenbezeichnungen "markiert mit y" entfernen und die entsprechenden "y" (Ausgaben) auf die in den jeweiligen Knoten führenden Kanten zu den dort bereits angegebenen Eingaben ("x") hinzufügen. Es entsteht so der in Abbildung 4.5 dargestellte MEALY-Automat.

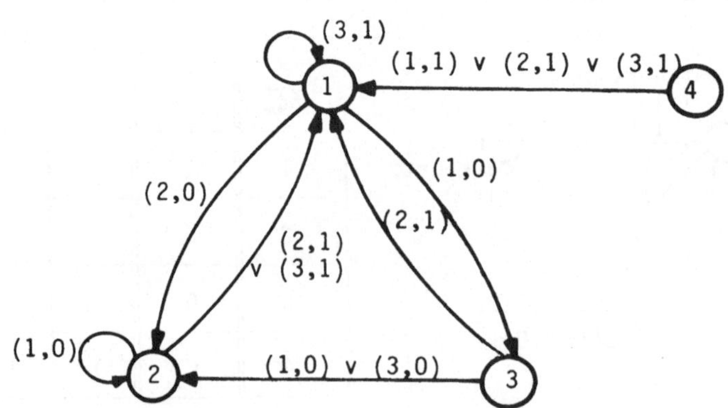

Abbildung 4.5: Automatengraph des MEALY-Automaten zu Beispiel 4.10 und 4.12

Satz 4.13: Zu jedem MEALY-Automaten gibt es einen ihm äquivalenten MOORE-Automaten.

Nicht jeder MEALY-Automat ist zugleich MOORE-Automat: Stimmen nicht alle Ausgabesymbole von Kanten, die in denselben Knoten eines MEALY-Automaten enden, überein, so ist dieser kein MOORE-Automat (denn man müßte den entsprechenden Knoten mit mehreren Ausgabemarkierungen versehen). Um einen zu $\mathfrak{A}$ äquivalenten MOORE-Automaten $\mathfrak{M}$ zu erhalten, müssen daher aus dem einen Knoten des MEALY-Automaten $\mathfrak{A}$ soviele Knoten des MOORE-Automaten $\mathfrak{M}$ gemacht werden, wie es unterschiedliche Ausgabesymbole auf in den mit entsprechenden Knoten von $\mathfrak{A}$ führenden Kanten gibt. Im allgemeinen hat daher ein zu einem MEALY-Automaten $\mathfrak{A}$ äquivalenter MOORE-Automat $\mathfrak{M}$ mehr Zustände als $\mathfrak{A}$. Gelegentlich wird noch ein weiterer Automatentyp benötigt:

Definition 4.14: Ein MEDVEDEV-Automat ist ein Tripel

$\mathfrak{Z} = (X,Z,\delta)$ mit

X: eine endliche, nichtleere Menge von Eingabesymbolen, das Eingabealphabet,

Z: eine endliche, nichtleere Menge von Zuständen, die Zustandsmenge,

δ: $Z \times X \to Z$ die Zustandsüberführungsabbildung.

Der MEDVEDEV-Automat zeigt kein Verhalten nach außen, er geht aufgrund von Eingaben lediglich jeweils in einen neuen Zustand über (bzw. verharrt im gleichen Zustand). In der Fachliteratur findet man für die bisher beschriebenen Automaten noch folgende Namen: Der MEALY-Automat wird Übergangsautomat genannt (Ausgabe bei Zustandsübergängen), der MOORE-Automat Zustandsautomat (Ausgabe Zuständen zugeordnet) und schließlich nennt man den MEDVEDEV-Automaten auch Halbautomaten (keine Ausgabe).

4.1.2 Realisierung, Komposition und Dekomposition von Automaten

In diesem Abschnitt befassen wir uns mit einer "Strukturtheorie" der bisher eingeführten endlichen Automaten (HARTMANIS, STEARNS, 1966). Wir führen Werkzeuge ein, um komplexe Automaten aus einfacheren Automaten zusammenzusetzen, interessieren uns dafür, wie diese einfacheren Automaten von dem Gesamtautomaten bestimmt werden und welche Verbindungen zwischen den Teilautomaten bestehen. Dazu müssen wir zunächst den Begriff der Realisierung einführen. Wir befassen uns dabei mit der Frage, wie ein Automat $\mathfrak{A}'$, der nicht notwendig äquivalent zu einem Automaten $\mathfrak{A}$ ist, benutzt werden kann, um diesen zu "imitieren", indem seine Ein- und Ausgaben entsprechend abgebildet werden. Man kann sich diese Abbildungen z. B. als kombinatorische Netzwerke denken, die vor und hinter $\mathfrak{A}'$ geschaltet werden, um diesem Automaten das gleiche Verhalten wie $\mathfrak{A}$ aufzuprägen. Wir werden $\mathfrak{A}'$ dann eine Realisierung von $\mathfrak{A}$ nennen.

Definition 4.15: Gegeben seien zwei Automaten $\mathfrak{A} = (X,Y,Z,\delta,\lambda)$ und $\mathfrak{A}' = (X', Y', Z',\delta',\lambda')$. Ein Tripel (α,β,γ) nennt man eine Zuordnung von $\mathfrak{A}$ in $\mathfrak{A}'$, wenn
α eine Abbildung von X in X',
β eine Abbildung von Y' in Y und
γ eine Abbildung von Z in nichtleere Teilmengen von Z' ist, so daß folgende Beziehungen gelten:
(1) $\delta'(\gamma(z),\alpha(x)) \subseteq \gamma(\delta(z,x)) \quad \forall z \in Z$ und $\forall x \in X$
(2) $\beta(\lambda'(z',\alpha(x))) = \lambda(z,x) \quad \forall z \in Z, \quad \forall z' \in \gamma(z)$ und $\forall x \in X$

Definition 4.16: Ein Automat $\mathfrak{A}'$ wird eine Realisierung von $\mathfrak{A}$ genannt, wenn es eine Zuordnung (α,β,γ) von $\mathfrak{A}$ in $\mathfrak{A}'$ gibt.

Satz 4.17: Ist $\mathfrak{A}'$ eine Realisierung von $\mathfrak{A}$, dann verhält sich $\mathfrak{A}'$ gestartet in $z' \in \gamma(z)$ wie $\mathfrak{A}$ gestartet in z, d. h. es gilt für $\overline{x} \in X^*$: $\lambda(z,\overline{x}) = \beta(\lambda'(z',\alpha(\overline{x})))$

Satz 4.18: Sind zwei Automaten $\mathfrak{A}$ und $\mathfrak{A}'$ äquivalent, dann ist $\mathfrak{A}'$ eine Realisierung von $\mathfrak{A}$ und umgekehrt.

Die Definitionen und Sätze 4.15 bis 4.19 sind hier für den MEALY-Automat angegeben, können aber ebenso für den MOORE-Automat vorgenommen werden.

Beispiel 4.19:

Gegeben sei der MOORE-Automat $\mathfrak{A} = (X,Y,Z,\delta,\mu)$, der durch die folgende Automatentafel definiert ist:

$\mathfrak{A}$	μ	a	b
1	0	3	2
2	1	1	2
3	1	3	1

a) Wir wollen $\mathfrak{A}$ durch einen Automaten $\mathfrak{A}'$ mit 4 Zuständen realisieren, um ihn durch eine Schaltung mit 2 Flip-Flops zu beschreiben[1]. Wir benutzen dazu die folgende Zuordnung:

$\gamma(1) = \{0,2\}$ $\alpha(a) = 0$ $\beta(0) = 0$

$\gamma(2) = \{3\}$ $\alpha(b) = 1$ $\beta(1) = 1$

$\gamma(3) = \{1\}$

$\mathfrak{A}'$ ist dann durch die folgende Automatentafel definiert:

$\mathfrak{A}'$	μ'	0	1
0	0	1	3
2	0	1	3
3	1	0	3
1	1	1	2

Um das durch den Automaten $\mathfrak{A}$ definierte Verhalten in einem Schaltkreis zu realisieren, müssen wir die Automatentafel von $\mathfrak{A}$ binär darstellen: Die zugehörige Schaltung ist in Abbildung 4.6 dargestellt, wobei ξ_1 und ξ_2 als Flip-Flops realisiert sind.

---

1) In unserem Falle müssen getaktete Flip-Flops verwendet werden, da es sich um ein synchrones Schaltwerk handeln soll. Ein getaktetes Flip-Flop ist ein Speicherglied, das zwei eindeutig unterscheidbare elektrisch stabile Zustände einnehmen kann, die im allgemeinen als "0" und "1" interpretiert werden. Bei Anliegen einer Taktflanke T werden die Signale R,S (Auslösesignale) untersucht: ein Signal R setzt das Flip-Flop in den Zustand "0", ein Signal S in den Zustand "1".

ξ_1 ξ_2	μ	0	1
0 0	0	01	11
1 0	0	01	11
1 1	1	00	11
0 1	1	01	10

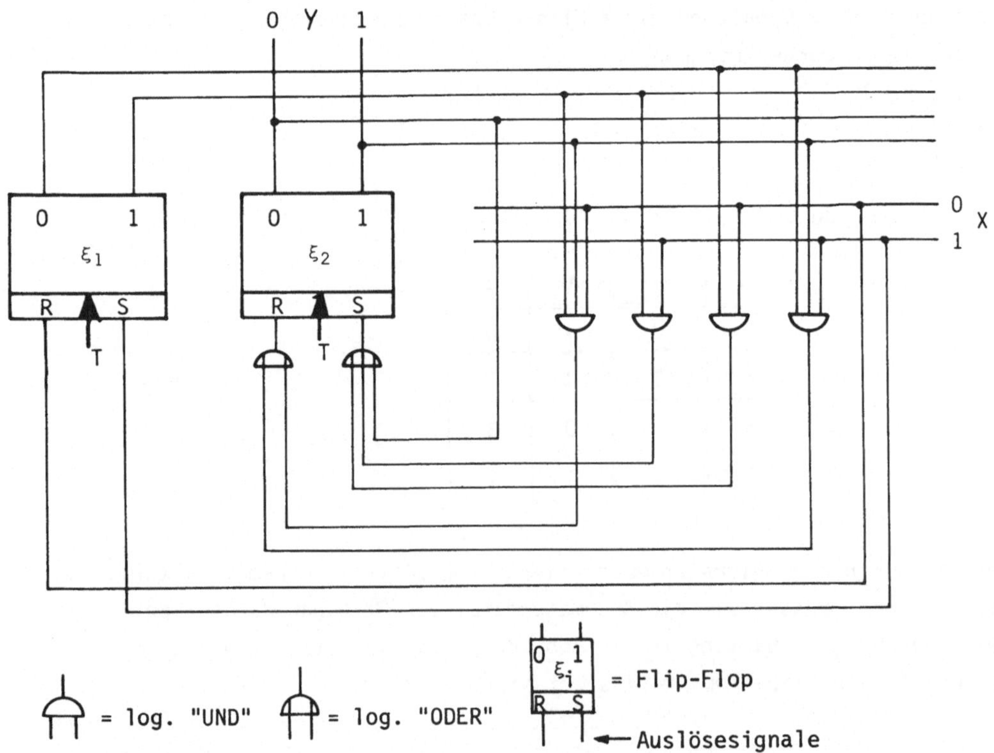

Abbildung 4.6: Schaltbild der Realisierung $\mathfrak{A}'$ aus Beispiel 4.19

b) Eine andere Realisierung $\mathfrak{A}''$ entsteht durch die Zuordnung:

$\gamma(1) = \{0\}$ α (a) = 0 β (0) = 0

$\gamma(2) = \{1\}$ α (b) = 1 β (1) = 1

$\gamma(3) = \{2\}$

Dabei ist die Abbildung γ injektiv, d. h. kein Zustand von $\mathfrak{A}$ wird in mehr als einen Zustand von $\mathfrak{A}''$ abgebildet. Wegen der Hardware-Realisierung von $\mathfrak{A}''$ wollen wir einen Zustand 3 hinzunehmen, obwohl es in $\mathfrak{A}$ keinen Zustand z gibt mit $\gamma(z) = 3$. 3 wird ein flüchtiger Zustand genannt, $\mathfrak{A}''$ eine

"Zustandsrealisierung". Entfernt man den Zustand 3 und schränkt δ und λ auf die Zustandsmenge {0,1,2} ein, so erhält man den Teilautomaten $\mathfrak{A}$. Abbildung 4.7 zeigt die im Vergleich zu $\mathfrak{A}'$ wesentlich einfachere Zustandsrealisierung $\mathfrak{A}''$ von $\mathfrak{A}$.

$\mathfrak{A}''$	μ''	0	1
0	0	2	1
1	1	0	1
2	1	2	0
3	1	0	0

binär:

ξ_1 ξ_2	μ''	0	1
0 0	0	10	01
0 1	1	00	01
1 0	1	10	00
1 1	1	00	00

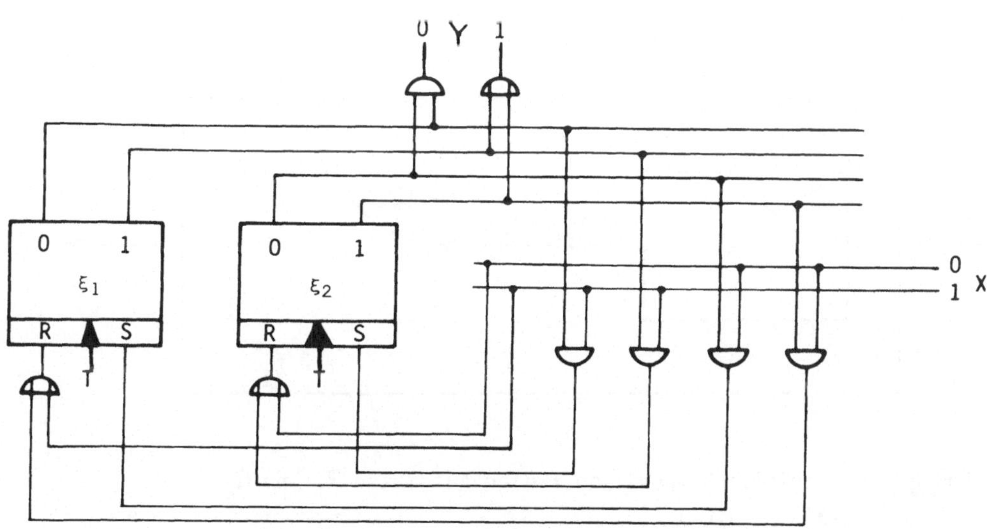

Abbildung 4.7: Schaltbild der Zustandsrealisierung $\mathfrak{A}''$ aus Beispiel 4.19

Nach der Definition der Realisierung von Automaten wollen wir nun die Realisierung "komplizierter" Automaten durch zusammengeschaltete "einfachere" Automaten betrachten.

Definition 4.20: Die serielle Komposition zweier Automaten
$\mathfrak{A}_1 = (X_1,Y_1,Z_1,\delta_1,\lambda_1)$ und $\mathfrak{A}_2 = (X_2,Y_2,Z_2,\delta_2,\lambda_2)$, für die gilt $Y_1 = X_2$, ist der Automat $\mathfrak{A}$:
$\mathfrak{A} = \mathfrak{A}_1 \ominus \mathfrak{A}_2 = (X_1,Y_2,Z_1 \times Z_2,\delta,\lambda)$ mit
$\delta((z_1,z_2),x) = (\delta_1(z_1,x),\ \delta_2(z_2,\lambda_1(z_1,x)))$ und
$\lambda((z_1,z_2),x) = \lambda_2(z_2,\lambda_1(z_1,x))$.

Das Ausgabealphabet von $\mathfrak{A}_1$ muß also dem Eingabealphabet von $\mathfrak{A}_2$ entsprechen. Der durch serielle Komposition entstandene Automat $\mathfrak{A}$ hat als Zustände jeweils ein Paar von Zuständen aus den beiden Unterautomaten. Eine schematische Darstellung der seriellen Komposition zeigt Abbildung 4.8.

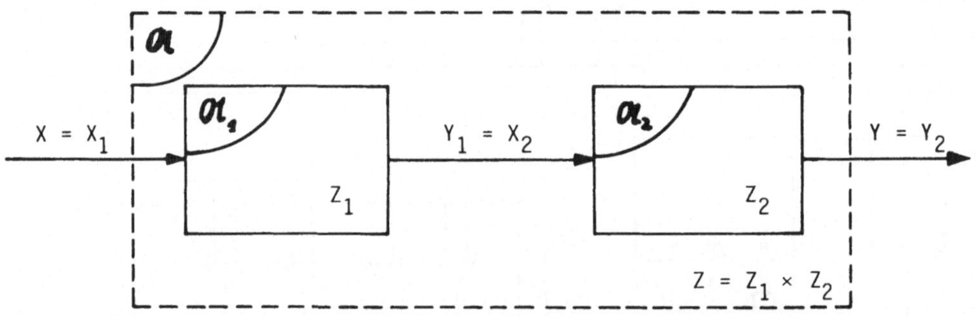

Abbildung 4.8: Serielle Komposition zweier Automaten $\mathfrak{A}_1$ und $\mathfrak{A}_2$
$\mathfrak{A} = \mathfrak{A}_1 \ominus \mathfrak{A}_2$

Definition 4.21: Die parallele Komposition zweier Automaten

$\mathfrak{A}_1 = (X_1,\ Y_1,\ Z_1,\ \delta_2,\ \lambda_2)$ und $\mathfrak{A}_2 = (X_2,Y_2,Z_2,\delta_2,\lambda_2)$, für die gilt $X_1 = X_2$, ist der Automat
$\mathfrak{A} = \mathfrak{A}_1 \textcircled{\parallel} \mathfrak{A}_2 = (X_1,\ Y_1 \times Y_2,\ Z_1 \times Z_2,\ \delta,\ \lambda)$ mit

$$\delta((z_1, z_2), x) = (\delta_1(z_1, x), \delta_2(z_2, x)) \text{ und}$$
$$\lambda((z_1, z_2), x) = (\lambda_1(z_1, x), \lambda_2(z_2, x)).$$

Bei der parallelen Komposition müssen also beide Teilautomaten das gleiche Eingabealphabet haben. Der durch parallele Komposition entstandene Automat hat als Zustände und Ausgaben je ein Paar von Zuständen und Ausgaben der beiden Unterautomaten. Eine schematische Darstellung der parallelen Komposition zeigt Abbildung 4.9.

Ferner können die beiden Ausgaben Y_1 und Y_2 durch einen gedächtnisfreien (kombinatorischen) Schaltkreis σ so miteinander verbunden werden, daß eine gemeinsame Ausgabe Y entsteht (vgl. Abbildung 4.9).

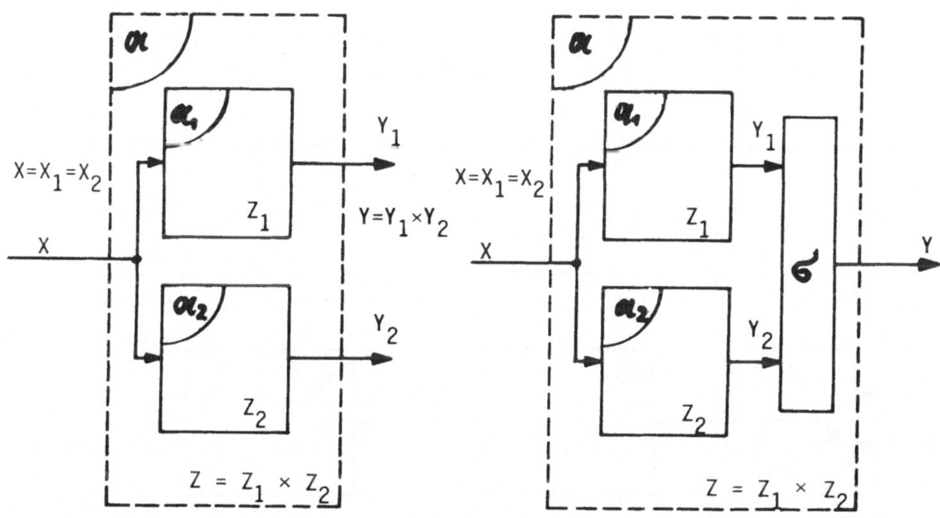

Abbildung 4.9: Parallele Komposition zweier Automaten $\mathfrak{A}_1$ und $\mathfrak{A}_2$
$\mathfrak{A} = \mathfrak{A}_1 \oplus \mathfrak{A}_2$ mit und ohne Verknüpfungsschaltkreis σ für die Ausgaben Y_1, Y_2

Neben den beiden Elementarformen der Komposition, die in den Definitionen 4.20 und 4.21 eingeführt wurden, gibt es nun eine Reihe von komplizierteren Schaltungen von Automaten. Wir wollen hier nur noch auf die Komposition mit Rückkopplung eingehen.

Definition 4.22: Die Komposition mit Rückkopplung zweier Automaten $\mathfrak{A}_1 = (X_1, Y_1, Z_1, \delta_1, \lambda_1)$ und $\mathfrak{A}_2 = (X_2, Y_2, Z_2, \delta_2, \lambda_2)$ ist ein Automat $\mathfrak{A} = \mathfrak{A}_1 \ominus \mathfrak{A}_2 = (X, Y, Z_1 \times Z_2, \delta, \lambda)$ wobei gilt:

(1) $\mathfrak{A}_1$ und $\mathfrak{A}_2$ sind ringförmig zusammengeschlossen,

(2) X_1 entsteht aus Zusammensetzung von X und Y_2 durch den Schaltkreis σ,

(3) $Y = Y_1$

(4) $Y_1 = X_2$

(5) $\delta((z_1, z_2), x) = (\delta_1(z_1, \sigma(x, y_2)), \delta_2(z_2, \lambda_1(z_1, \sigma(x, y_2))))$

(6) $\lambda((z_1, z_2), x) = \lambda_1(z_1, \sigma(x, y_2))$

Abbildung 4.10 zeigt eine schematische Darstellung der Komposition mit Rückkopplung.

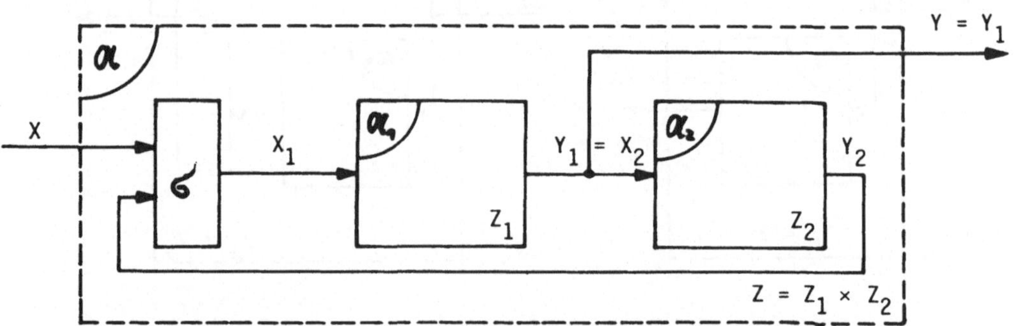

Abbildung 4.10: Komposition mit Rückkopplung zweier Automaten $\mathfrak{A}_1$ und $\mathfrak{A}_2$

$\mathfrak{A} = \mathfrak{A}_1 \ominus \mathfrak{A}_2$

Definition 4.23: Die Automaten $\mathfrak{A}_1 \oplus \mathfrak{A}_2$, $\mathfrak{A}_1 \circledcirc \mathfrak{A}_2$, $\mathfrak{A}_1 \circleddash \mathfrak{A}_2$ sind serielle bzw. parallele Dekompositionen (bzw. mit Rückkopplung) von $\mathfrak{A}$, d.u.n.d. wenn sie $\mathfrak{A}$ realisieren.

Definition 4.24: Eine Dekomposition von $\mathfrak{A}$ ist nicht-trivial, wenn jeder der sie realisierenden Automaten $\mathfrak{A}_1$ und $\mathfrak{A}_2$ weniger Zustände hat als $\mathfrak{A}$.

Mit der Komposition haben wir es ermöglicht, das Verhalten zusammengesetzter Automaten besser zu erkennen. Für die Praxis wichtiger ist jedoch die Dekomposition, kann man mit ihrer Hilfe doch ein gefordertes Verhalten durch zusammengeschaltete, nach Möglichkeit einfachere (im Falle der nicht-trivialen Dekomposition) Automaten realisieren. Man erhofft sich dadurch eine bessere Überschaubarkeit des Gesamtsystems und führt eine Trennung nach Einzelfunktionen durch. In der Praxis wird die Dekomposition nicht immer nach Teilautomaten mit möglichst wenigen Zuständen suchen, sondern danach, verschiedene Teilfunktionen durch gleichartige Teilelemente zu realisieren. Durch die Verwendung gleicher Teilelemente können bei der Entwicklung und der Ersatzteilhaltung Ersparnisse erzielt werden, die - gegenüber einer "voll reduzierten" Realisierung - den Bau und den Betrieb von Rechenanlagen verbilligen.

Beispiel 4.25:

Als Beispiel für eine Dekomposition betrachten wir die Dekomposition des Universal-Rechenautomaten $\mathfrak{A}$ nach VON NEUMANN, BURKS, GOLDSTINE. Abbildung 4.11 zeigt die Dekomposition in die Teilautomaten $\mathfrak{A}_E$: Eingabewerk, $\mathfrak{A}_L$: Leitwerk, $\mathfrak{A}_S$: Speicherwerk, $\mathfrak{A}_R$: Rechenwerk und $\mathfrak{A}_A$: Ausgabewerk, sowie die Ein- und Ausgabealphabete und die Zustandsmengen dieser Teilautomaten.

Im folgenden suchen wir nach einem Konzept, geeignete Zerlegungen eines gegebenen Automaten zu finden. Wir teilen dazu die Menge der Zustände des Automaten in Partitionen (Teilmengen) ein.

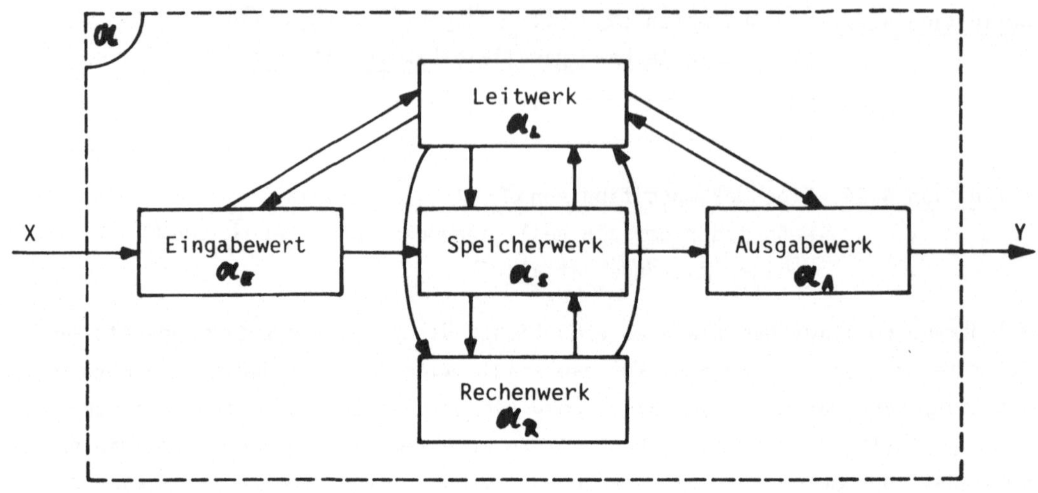

$\mathfrak{A}$	X	Y	Z
$\mathfrak{A}_L$	X_L: Befehle Kriterien Fertigmeldungen	Y_L: Steuersignale	Z_L: Befehlszähler Befehlsregister
$\mathfrak{A}_S$	X_S: Daten von Eingabe und von Rechenwerk Aufrufsignale	Y_S: Fertigsignal Daten nach Ausgabe, Leit- u. Rechenwerk	Z_S: Speicherregister Speicherzellen
$\mathfrak{A}_R$	X_R: Daten von Speicher Steuersignale	Y_R: Daten nach Speicher Fertigsignal	Z_R: Bedingungs-Flipflops Akkumulator Multiplikantenregister Quotientenregister etc.
$\mathfrak{A}_E$	X_E: Daten Steuersignale	Y_E: Fertigsignal Daten nach Speicher	Z_E: Zeichenpuffer Status-Flipflops
$\mathfrak{A}_A$	X_A: Daten Steuersignale	Y_A: Fertigsignal Daten	Z_A: Zeichenpuffer Status-Flipflops

Abbildung 4.11: Dekomposition des klassischen Universalrechenautomaten nach BURKS, GOLDSTINE und VON NEUMANN.

Definition 4.26: Eine Partition Π (Zerlegung) auf der Zustandsmenge Z eines Automaten ist eine Menge von paarweise disjunkten Teilmengen von Z, deren Vereinigungsmenge Z ist.

In anderen Worten: $\Pi = \{Z_i\}, i = 1,2....,$ so daß $Z = \bigcup Z_i$ und $Z_i \cap Z_j = \{0\}, i \neq j$. Die Untermengen Z_i werden auch als Blöcke bezeichnet. Die Funktion $B_\Pi (z)$ gibt an, in welchem Block das Element z zu finden ist. Wir schreiben ferner $z \equiv z' \ (\Pi)$, wenn z und z' zum gleichen Block gehören:
$z \equiv z' \ (\Pi) \iff B_\Pi (z) = B_\Pi (z')$.
Jede Partition Π auf Z definiert also eine Äquivalenzrelation auf Z.

Beispiel 4.27:

Gegeben sei $Z = \{z_1,z_2,z_3,z_4,z_5,z_6,z_7,z_8,z_9\}$.
Wir definieren eine Partition Π : $\Pi = \{\{z_1,z_3\},\{z_2,z_5,z_9\},\{z_4,z_7,z_8\},\{z_6\}\}$
und führen die einfachere Schreibweise ein:
$\Pi = \{\overline{1,3}, \overline{2,5,9}, \overline{4,7,8}, \overline{6}\}$,
$B_\Pi(9) = \overline{2,5,9}$; $B_\Pi(6) = \overline{6}$.

Definition 4.28: Sind Π_1, Π_2 Zerlegungen von Z, so soll gelten
(0) $\Pi_1 \leqslant \Pi_2 \iff (B \in \Pi_1 \Rightarrow (\exists B' \in \Pi_2 : B \in B'))$*
(1) $\Pi_1 \circ \Pi_2$ ist diejenige Zerlegung, für welche gilt:
$z \equiv z' \ (\Pi_1 \circ \Pi_2) \iff z \equiv z' \ (\Pi_1) \wedge z \equiv z' \ (\Pi_2))$
(2) $\Pi_1 + \Pi_2$ ist diejenige Zerlegung, für welche gilt
$z \equiv z' \ (\Pi_1 + \Pi_2) \iff \exists (z_1,z_2,\ldots,z_k)\colon (z=z_1 \wedge z'=z_k$
$\wedge \forall i \ (1 \leqslant i \leqslant k-1) \Rightarrow z_i \in Z \wedge (z_i \equiv z_{i+1} \ (\Pi_1) \vee z_i \equiv z_{i+1} (\Pi_2)))$

Da $\Pi_1 \circ \Pi_2 \leqslant \Pi_1$ und $\Pi_1 \circ \Pi_2 \leqslant \Pi_2$, d. h. die Untermengen weiter aufgespalten werden, ist $\Pi_1 \circ \Pi_2$ eine Verfeinerung, während $\Pi_1 + \Pi_2$ eine Vergröberung darstellt: $\Pi_1 + \Pi_2 \geqslant \Pi_1$ und $\Pi_1 + \Pi_2 \geqslant \Pi_2$; d.h. die Partition $\Pi_1 + \Pi_2$ enthält weniger oder höchstens gleichviele Teilmengen wie Π_1 oder Π_2.
$\Pi_1 \circ \Pi_2$ und $\Pi_1 + \Pi_2$ können algorithmisch aus Z, Π_1 und Π_2 hergestellt werden.

Beispiel 4.29:

Gegeben sei Z wie in Beispiel 4.27. Wir betrachten zwei Partitionen $\Pi_1 = \{\overline{1,2}, \overline{3,4}, \overline{5,6}, \overline{7,8,9}\}$ und
$\Pi_2 = \{\overline{1,6}, \overline{2,3}, \overline{4,5}, \overline{7,8,9}\}$

* $\Pi_1 \leqslant \Pi_2$ wird als: "die Zerlegung Π_1 ist kleiner oder gleich der Zerlegung Π_2" bezeichnet.

Wir erhalten dann

$\pi_1 \circ \pi_2 = \{\overline{1}, \overline{2}, \overline{3}, \overline{4}, \overline{5}, \overline{6}, \overline{7, 8}, \overline{9}\}$ und

$\pi_1 + \pi_2 = \{\overline{1, 2, 3, 4, 5, 6}, \overline{7, 8, 9}\}$

<u>Definition 4.30:</u> Gegeben eine Menge $Z = \{z_1, z_2, \ldots z_k\}$. Die Zerlegungen $\pi_o = 0 = \{\overline{z_1}, \overline{z_2}, \overline{z_3}, \ldots, \overline{z_k}\}$ (feinste Zerlegung) und $\pi_i = I = \{\overline{z_1, z_2, z_3, \ldots, z_k}\}$ heißen <u>triviale Zerlegungen</u>.

Im folgenden führen wir spezielle Partitionen ein, die die Anzahl der möglichen Zerlegungen einschränken, indem sie das Verhalten des Automaten, über dessen Zustandsmenge die Partitionen definiert sind, mit einbeziehen.

<u>Definition 4.31:</u> Eine Zerlegung π der Zustandsmenge Z eines Automaten $\mathfrak{A} = (X, Y, Z, \delta, \lambda)$ heißt <u>Substitutionszerlegung</u> (S-Zerlegung), wenn gilt:
$\forall (z, z'), \forall x((z, z') \in Z \times Z \wedge x \in X \wedge z \equiv z'(\pi) \Rightarrow \delta(z, x) \equiv \delta(z', x)\ (\pi))$

π ist also eine S-Zerlegung, wenn für alle Zustände, die im gleichen Block liegen und für alle Eingaben gesichert ist, daß auch die Folgezustände wieder in einem Block liegen.

<u>Definition 4.32:</u> Ist π eine S-Zerlegung der Zustandsmenge Z eines Automaten $\mathfrak{A} = (X, Y, Z, \delta, \lambda)$, so wird der MEDVEDEV-Automat $\mathfrak{A}_\pi = (X, \pi, \delta_\pi)$ mit $\delta_\pi(B_\pi, x) = B'_\pi \Leftrightarrow \delta(B_\pi, x) \subset B'_\pi$ das <u>π-Bild</u> des Automaten $\mathfrak{A}$ genannt.

Das π-Bild eines Automaten hat also als Zustände die durch die Partition der Zustandsmenge gebildeten Blöcke. Für die triviale Zerlegung $\pi = 0$ (feinste Zerlegung) sind $\mathfrak{A}_\pi$ und $\mathfrak{A}$ isomorph: $\mathfrak{A}_\pi \rightleftarrows \mathfrak{A}$, da die Blöcke ja aus je einem Zustand von $\mathfrak{A}$ bestehen: $\mathfrak{A}_o$ führt also die "vollständige" Berechnung von $\mathfrak{A}$ durch. Im Falle nicht-trivialer Zerlegungen führt $\mathfrak{A}_\pi$ "vergröberte" Berechnungen (Teilberechnungen) durch.

<u>Definition 4.33:</u> Eine S-Zerlegung π wird <u>ausgabetreu</u> genannt, wenn $\forall (z, z'), \forall x((z, z') \in Z \times Z \wedge x \in X \wedge z \equiv z'(\pi) \Rightarrow \lambda(z, x) = \lambda(z', x))$

π ist also eine ausgabetreue S-Zerlegung, wenn für alle Zustände eines Blockes der S-Zerlegung gilt, daß sie bei Eingabe eines beliebigen Zeichens die gleiche Ausgabe produzieren.

Beispiel 4.34:

Gegeben sei der MEALY-Automat $\mathfrak{A} = (X,Y,Z,\delta,\lambda)$ mit $Z = \{1,2,3,4,5,6\}$, $X = Y = \{0,1\}$ und δ, λ definiert durch die folgende Automatentafel:

Z \ X	0	1
1	4,0	3,0
2	6,0	3,0
3	5,1	2,1
4	2,1	5,1
5	1,0	4,0
6	3,0	4,0

Die Zerlegung $\pi_1 = \{\overline{1,2,3}\ ,\ \overline{4,5,6}\}$ ist eine S-Zerlegung, wie sich nach Definition 4.31 überprüfen läßt. Die S-Zerlegung ist jedoch nicht ausgabetreu (vgl. Definition 4.33). Das π-Bild $\mathfrak{A}_{\pi_1}$ (Definition 4.32) ist dann der MEDVEDEV-Automat $\mathfrak{A}_{\pi_1}$

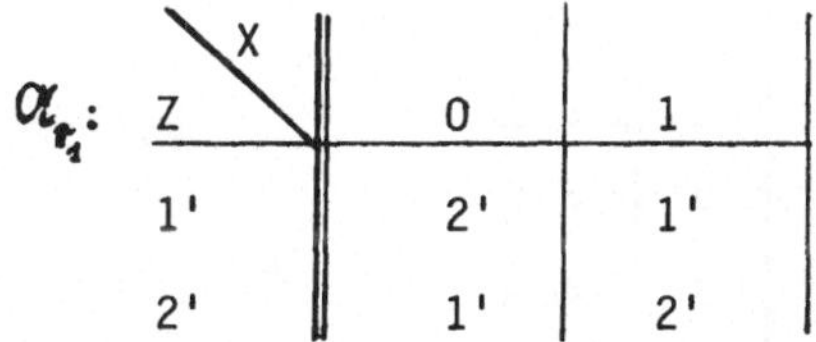

$\mathfrak{A}_{\pi_1}$:

Z \ X	0	1
1'	2'	1'
2'	1'	2'

$\mathfrak{A}_{\pi_1}$ führt nur eine Teilberechnung durch.

Die Zerlegung $\pi_2 = \{\overline{1,6}\ ,\ \overline{2,5}\ ,\overline{3,4}\}$ ist ebenfalls eine S-Zerlegung und ausgabetreu. Der zugehörige MEDVEDEV-Automat $\mathfrak{A}_{\pi_2}$ führt eine andere Teilberechnung durch.

Um zu klären, wie man die S-Zerlegungen eines gegebenen Automaten herausfinden kann, betrachten wir nun deren Eigenschaften.

Satz 4.35: (1) Sind π_1 und π_2 S-Zerlegungen der Zustandsmenge Z eines Automaten $\mathfrak{A}$, so sind auch $\pi_1 \circ \pi_2$ und $\pi_1 + \pi_2$ S-Zerlegungen.

(2) Die Menge der S-Zerlegungen eines Automaten (einschließlich der trivialen Zerlegungen 0 und I) bilden einen Verband $V_{\mathfrak{A}}$ mit den Operationen "$\circ$" und "+".

(3) Die Menge der ausgabetreuen S-Zerlegungen eines Automaten $\mathfrak{A}$ bildet einen Verband $W_{\mathfrak{A}}$, der ein Teilverband des Verbandes $V_{\mathfrak{A}}$ ist.

Da sich alle Elemente eines Verbandes durch ein Erzeugenden-System bestimmen lassen, genügt es nach Satz 4.35, ein solches System anzugeben, um alle S-Zerlegungen zu einem Automaten zu erhalten. Ein solches Erzeugenden-System lautet:

(1) Man berechne für jedes Paar von Zuständen (z,z') des Automaten die kleinste[1] S-Zerlegung $\pi^{Min}_{z,z'}$, welche die Zustände identifiziert.

(2) Man bilde durch Anwendung der Verbandsoperationen alle möglichen Summen aus den Zerlegungen $\pi^{Min}_{z,z'}$.

Beispiel 4.36:

Gegeben sei der durch folgende Automatentafel definierte MOORE-Automat $\mathfrak{A} = (X,Y,Z,\delta,\mu)$.

$\mathfrak{A}$	μ	1	2	3	4	5
1	0	2	1	5	8	3
2	0	1	2	6	7	4
3	0	4	3	6	6	1
4	0	3	4	5	5	2
5	0	5	6	3	4	7
6	0	6	5	4	3	8
7	0	7	8	4	2	5
8	1	8	7	3	1	6

[1] Die kleinste Zerlegung ist die Zerlegung mit der größten Anzahl von Blöcken (vgl. Def. 4.28 (0)).

Gesucht sei der Verband der S-Zerlegungen von Z. Gemäß dem oben definierten Erzeugenden-System beginnen wir für das Zustandspaar (1,2) die kleinste S-Zerlegung zu finden, die die Zustände identifiziert. Es müssen also die jeweiligen Folgemengen untersucht werden, ob sie wieder in die gegebene Klasseneinteilung passen.
Für (1,2) erhalten wir $\pi_1 = (\overline{1,2}\ ,\ \overline{3,4}\ ,\ \overline{5,6}\ ,\ \overline{7,8})$.
Diese Untersuchung führen wir für alle Paare $(z,z') \in Z \times Z$ durch. Anschließend werden alle mittels der Verbandsoperation entstehenden Zerlegungen gebildet.

Wir erhalten so:

$\pi_2 = \{\overline{1,2,3,4}\ ,\ \overline{5,6,7,8}\}$
$\pi_3 = \{\overline{1,4}\ ,\ \overline{2,3}\ ,\ \overline{5,8}\ ,\overline{6,7}\}$
$\pi_4 = \{\overline{1,2,7,8}\ ,\ \overline{3,4,5,6}\}$

sowie die trivialen Zerlegungen. Der Verband läßt sich wie Abbildung 4.12 darstellen. Die Verbindung von π_1 nach π_2 zeigt,

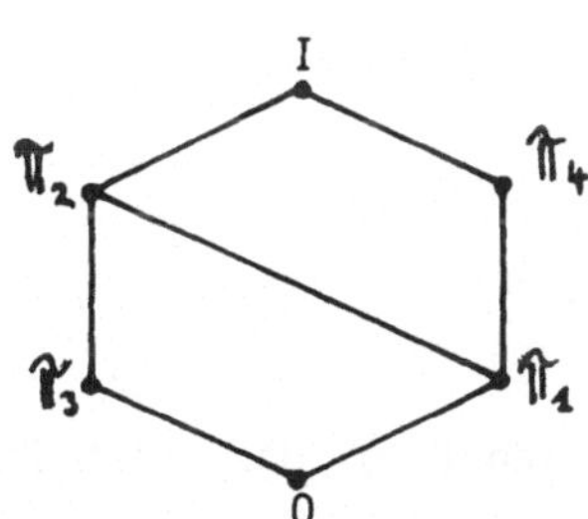

Abbildung 4.12: Darstellung des Verbandes von S-Zerlegungen zum Automaten aus Beispiel 4.3 6

daß π_2 aus der Verknüpfung von π_1 und π_3 entsteht:
$\pi_2 = \pi_1 + \pi_3$. Umgekehrt gilt $\pi_1 = \pi_2 \circ \pi_4$.

Beispiel 4.37:

Gegeben sei der durch folgende Automatentafel definierte MOORE-Automat $\mathfrak{A} = (X,Y,Z,\delta,\mu)$.

$\mathfrak{A}$	μ	0	1
1	0	3	7
2	0	4	8
3	1	1	6
4	0	2	5
5	0	2	4
6	1	1	3
7	1	4	4
8	0	3	3

Wie in Beispiel 4.36 wird die Menge der S-Partitionen hergeleitet. Wir erhalten:

$$0 = \{\overline{1}, \overline{2}, \overline{3}, \overline{4}, \overline{5}, \overline{6}, \overline{7}, \overline{8}\}$$
$$\pi_1 = \{\overline{1,2}, \overline{3,4}, \overline{5,6}, \overline{7,8}\}$$
$$\pi_2 = \{\overline{1,2,3,4}, \overline{5,6,7,8}\}$$
$$\pi_3 = \{\overline{1}, \overline{2}, \overline{3}, \overline{4, 5}, \overline{6}, \overline{7}, \overline{8}\}$$
$$\pi_4 = \{\overline{1}, \overline{2}, \overline{3, 6}, \overline{4}, \overline{5}, \overline{7}, \overline{8}\}$$
$$\pi_5 = \{\overline{1}, \overline{2}, \overline{3,6}, \overline{4,5}, \overline{7}, \overline{8}\}$$
$$\pi_6 = \{\overline{1,2}, \overline{3,4,5,6}, \overline{7,8}\}$$
$$I = \{\overline{1,2,3,4,5,6,7,8}\}$$

Wie man gemäß Definition 4.33 erkennt, bilden die S-Zerlegungen $0, \pi_3, \pi_4, \pi_5$ den Teilverband $W_{\mathfrak{A}}$ der ausgabetreuen Zerlegungen. Da π_5 die größte ausgabetreue S-Zerlegung ist, ist das π_5-Bild der vollreduzierte Automat $\mathfrak{A}_v$ von $\mathfrak{A}$. Den Verband der S-Zerlegungen zeigt Abbildung 4.13.

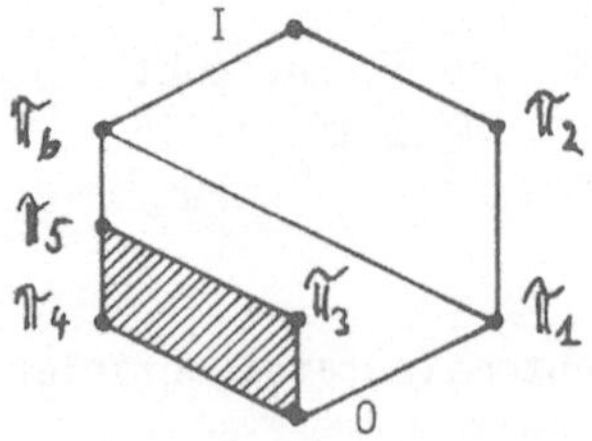

Abbildung 4.13: Verband der S-Partitionen und der ausgabetreuen S-Partitionen zu Beispiel 4.37

Den Zusammenhang zwischen Realisierung (Definition 4.16), Dekomposition (Definition 4.20, 4.21) und S-Zerlegungen (Definitionen 4.24, 4.25) stellen die folgenden Existenzsätze her:

Satz 4.38: Für einen Automaten $\mathfrak{A} = (X,Y,Z,\delta,\lambda)$ gibt es eine Realisierung in Form einer Paralleldekomposition $\mathfrak{A}' \oplus \mathfrak{A}''$ genau dann, wenn zwei nichttriviale S-Zerlegungen π_1 und π_2 der Zustandsmenge Z von $\mathfrak{A}$ existieren, so daß $\pi_1 \circ \pi_2 = 0$.

Satz 4.39: Für einen Automaten $\mathfrak{A} = (X,Y,Z,\delta,\lambda)$ gibt es eine Realisierung in Form einer Seriendekomposition $\mathfrak{A}' \ominus \mathfrak{A}''$ genau dann, wenn eine nichttriviale S-Zerlegung π der Zustandsmenge Z von $\mathfrak{A}$ existiert, so daß sich mit einer beliebigen Zerlegung τ der Zustandsmenge $\pi \cdot \tau = 0$ ergibt.

Die Sätze 4.38, 4.39 zeigen, daß Dekompositionen spezielle Realisierungen sind, wobei man zur Realisierung die Automaten π_1-Bild und π_2-Bild heranzieht.

Nach HWANG, 1973, gelingt es durch Nutzung von Periodizitäten in Automaten, besonders einfache Realisierungen herzustellen. Jeder periodische endliche Automat läßt sich in:

- autonome Taktgeber und
- eingabeabhängige aperiodische Teilautomaten

zerlegen. Die autonomen Taktgeber lassen sich als fertige Bausteine verwenden, so daß bei einem gegebenen Automaten für die Realisierung lediglich noch der eingabeabhängige aperiodische Teil entworfen werden muß.

Definition 4.40: Gegeben sei ein Automat $\mathfrak{A} = (X,Y,Z,\delta,\lambda)$ und eine Zerlegung π_p der Zustandsmenge Z mit $\pi_p = \{Z_0, Z_1, \ldots, Z_{p-1}\}$. π_p heißt zyklische Zerlegung, wenn für die Übergangsfunktion δ gilt:
$\delta : Z_i \times X \rightarrow Z_{i+1} \pmod p$. p wird die Zyklenlänge genannt.

Definition 4.41: (1) Das kleinste gemeinsame Vielfache D aller Zyklenlängen in einen Zustandsgraphen eines Automaten $\mathfrak{A}$ wird Periode von $\mathfrak{A}$ genannt.[1)]

---

1) Bei HWANG, 1973, wird irrtümlich der größte gemeinsame Teiler als Periode definiert.

(2) π_D ist die maximale zyklische Zerlegung eines Automaten $\mathfrak{A}$

(3) Für D > 1 : $\mathfrak{A}$ ist periodischer Automat

D = 1 : $\mathfrak{A}$ ist aperiodischer Automat

Satz 4.42: Der Verband $V_{c\mathfrak{A}}$ der zyklischen Zerlegungen ist ein Teilverband des Verbandes der S-Zerlegungen.

Nach Satz 4.42 sind die zyklischen Zerlegungen also auch S-Zerlegungen. Damit lassen sich die Dekompositionssätze 4.38 und 4.39 auch auf zyklische Zerlegungen anwenden, d. h. periodische Automaten lassen sich in einfachere Teilautomaten zerlegen.

Beispiel 4.43 (aus HWANG, 1973):

Gegeben sei ein Automat $\mathfrak{A} = (X,Y,Z,\delta,\lambda)$ mit dem in Abbildung 4.14 dargestellten Zustandsdiagramm. Man erkennt sofort, daß die maximale zyklische Zerlegung π_{12} von $\mathfrak{A}$ die folgende Struktur hat :

$\pi_{12} = \{\overline{1}, \overline{2,3}, \overline{4}, \overline{5}, \overline{6,7}, \overline{8,9}, \overline{10,11}, \overline{12,13}, \overline{14,15}, \overline{16,17}, \overline{18}, \overline{19,20}\}$

Weiterhin gilt $\pi_{12} = \pi_3 \circ \pi_4$ mit π_3, π_4 nichttriviale zyklische Zerlegungen.

$\pi_3 = \{\overline{1,5,10,11,16,17}, \overline{2,3,6,7,12,13,18}, \overline{4,8,9,14,15,19,20}\}$

$\pi_4 = \{\overline{1,6,7,14,15}, \overline{2,3,8,9,16,17}, \overline{4,10,11,18}, \overline{5,12,13,19,20}\}$

Wir suchen nun eine Zerlegung τ, so daß

$\pi_{12} \circ \tau = \pi_3 \circ \pi_4 \circ \tau = 0$ (triviale Zerlegung)

$\tau = \{\overline{1,2,4,5,6,8,10,12,14,16,18,19}, \overline{3,7,9,11,13,15,17,20}\}$

Da τ keine S-Zerlegung ist, gilt nach den Sätzen 4.38 und 4.39: Für den Automaten $\mathfrak{A}$ gibt es eine Parallel-Serien-Dekomposition $\mathfrak{A}'$, die $\mathfrak{A}$ realisiert:

$$\mathfrak{A}' = [\mathfrak{A}_{\pi_3} \text{ (II) } \mathfrak{A}_{\pi_4}] \ominus \mathfrak{A}_N.$$

$\mathfrak{A}_{\pi_3}$ und $\mathfrak{A}_{\pi_4}$ lassen sich als autonome Taktgeber realisieren (wie die π-Bilder, vgl. Def. 4.32), lediglich $\mathfrak{A}_N$ muß gefunden werden.

Weitere Anwendungen der Automatentheorie sind HARTMANIS/STEARNS, 1966 zu entnehmen.

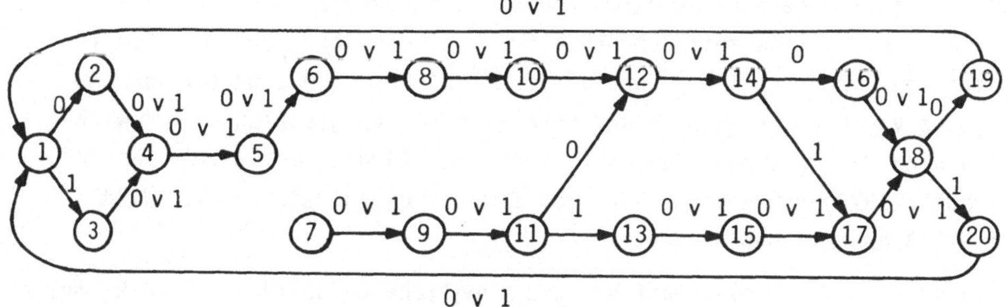

Abbildung 4.14: Zustandsdiagramm des Automaten $\mathfrak{A}$ in Beispiel 4.43

4.2 PETRI-Netze

Während die in Abschnitt 4.1 behandelte Automatentheorie für die Beschreibung von synchronen Systemen von besonderem Interesse ist, werden die PETRI-Netze für die Untersuchung und Darstellung asynchroner Systeme und simultaner Abläufe (parallele Prozesse) verwendet. Insbesondere im Zuge des Versuchs, Rechenanlagen durch Parallelisierung der Ausführung zu beschleunigen, wurden PETRI-Netze zu einem sehr wichtigen und häufig benutzten Beschreibungsmittel. DENNIS, 1970 etwa beschreibt den Ablauf von parallelen Prozessen auf einem der Rechenanlage CD 6600 ähnlichen Modellrechner mit Hilfe von PETRI-Netzen. MISUNAS, 1973 verwendet den engen Zusammenhang zwischen asynchronen Schaltwerken ("speed independent design") und PETRI-Netzen für den Entwurf eines ultraschnellen asynchronen Prozessors. Beispiele aus diesen Arbeiten werden im folgenden genannt. Andererseits wurden jedoch auch Versuche gemacht, PETRI-Netze außerhalb der Informatik, etwa im Bereich des Entwurfs von Produktionsanlagen oder der Rechtssprechung zu verwenden.

Die Definition von PETRI-Netzen geht zurück auf die Dissertation von PETRI, 1962. PETRI-Netze beschreiben Strukturen und Resourcen sowie Steuer- und Datenwege, sind aber nicht in der Lage, echte Datenflüsse zu formulieren, da es nur eine Art von Marken (keine "Werte") gibt. Weiterhin läßt sich mit PETRI-Netzen Parallelismus ausdrücken, es gibt jedoch keine Regeln zur Auflösung von Konflikten, falls solche in einem gegebenen PETRI-Netz auftreten. Schließlich sind PETRI-Netze nicht geeignet, exakte zeitliche Abläufe zu beschreiben. Um die genannten Nachteile der ursprünglichen Version der PETRI-Netze zu umgehen, wurden eine Reihe von Einschränkungen und Erweiterungen vorgeschlagen: Die wichtigsten sind die "Koordinations-Netze" (PATIL, 1970), "Evaluations-Netze" (NOE, NUTT, 1973) sowie eine Reihe von Erweiterungen, die von AGERWALA, FLYNN, 1973 beschrieben werden.

Im folgenden wird lediglich auf die ursprüngliche Definition der PETRI-Netze eingegangen, die neben den zahlreichen Erweiterungen dennoch häufig zur Beschreibung paralleler Systeme verwendet werden.

4.2.1 Einführung in die PETRI-Netze

Definition 4.44: (1) Ein PETRI-Netz N ist ein gerichteter Graph,
$N = (T,P,A,M^o)$, mit
$T = \{t_1,t_2,\dots,t_n\}$ eine endliche Menge von Transitionen,
$P = \{p_1,p_2,\dots,p_m\}$ eine endliche Menge von Bedingungen
mit $T \cap P = \emptyset$,
$A = \{a_1,a_2,\dots,a_k\}$ eine endliche Menge gerichteter Kanten
mit $A \subseteq P \times T \cup T \times P$.
Jede Bedingung $p_i \in P$ kann eine oder mehrere Marken enthalten oder leer sein.
M^o ist eine Anfangs-Markierung auf der Menge der Bedingungen $M^o : P \to \{0,1,2,\dots\}$.

(2) Die Menge der Marken, die zu einem gegebenen Moment die "Belegung" der Bedingungen $p_i \in P$ eines PETRI-Netzes bilden, wird Markierung genannt.

$T \cup P$ ist die Menge der Knoten des Graphen, N ist also ein bipartiter Graph. Die gerichteten Kanten $a_i \in A$ verbinden jeweils eine Transition $t_i \in T$ mit einer Bedingung $p_j \in P$ oder umgekehrt, jedoch nie zwei Transitionen oder Bedingungen miteinander. Die Anfangsmarkierung M^o läßt sich auch als Menge ausdrücken: $M^o = \{(p,n) | p \in P \text{ und } n \in \{0,1,2\dots\}\}$, wobei n die Anzahl der Marken auf der Bedingung p angibt. Die graphische Darstellung eines PETRI-Netzes zeigt Abbildung 4.15.

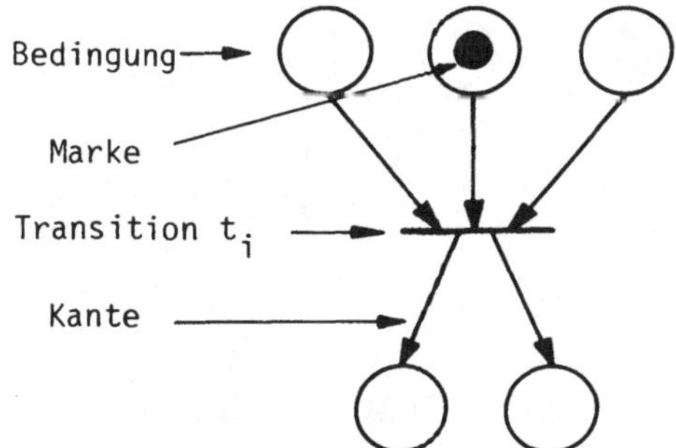

Abbildung 4.15: Graphische Darstellung eines PETRI-Netzes

Definition 4.45: (1) Gegeben sei ein PETRI-Netz mit einer Markierung M. Eine Transition $t_i \in T$ von N heißt aktiviert, wenn alle ihre Eingabebedingungen durch mindestens eine Marke belegt sind.

(2) Ist eine Transition aktiviert, so kann sie schalten, wobei von allen Eingabebedingungen je eine Marke entfernt wird und alle Ausgabebedingungen mit je einer neuen Marke belegt werden.

Durch das Schalten von Transitionen, das auch "Zünden" oder "Feuern" (englisch "firing") genannt wird, geht die Markierung M in eine neue Markierung M' über. Veränderungen von Markierungen können nur durch Schalten von Transitionen entstehen. Aus diesem Grunde ist die Anfangsmarkierung M^o mit in die Definition des PETRI-Netzes aufgenommen: Es gibt keine "Eingabe" von Marken in das PETRI-Netz.

Nach Definition 4.45 kann eine Marke nur jeweils zu einem Schaltvorgang Anlaß geben (dies wird in gewissen Fällen zu Konflikten führen). Man sagt auch: Das Schalten von t_i unter Belegung M ergibt die Belegung M'. Abbildung 4.16 zeigt den Schaltvorgang eines PETRI-Netzes.

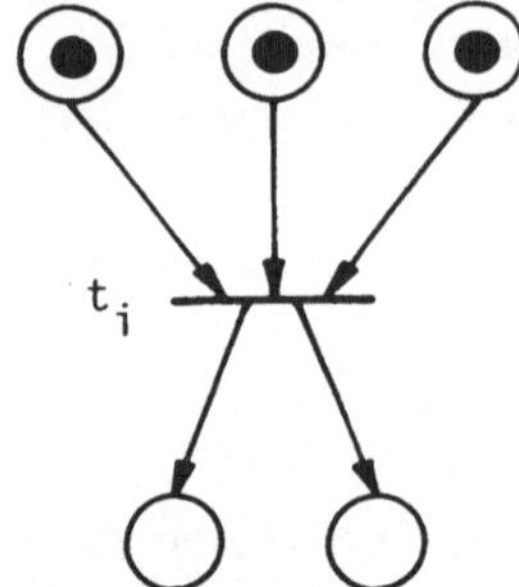

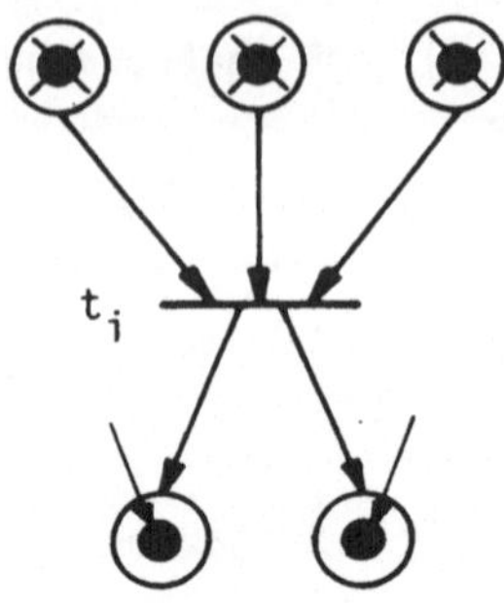

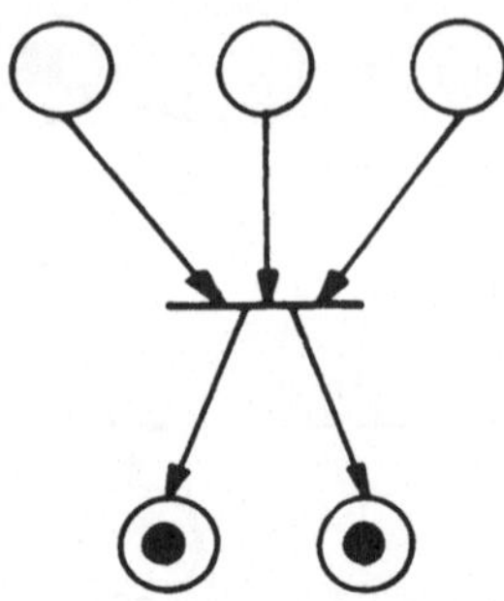

PETRI-Netz N
Transition t_i <u>aktiviert</u>
Markierung M^o

Transition t_i
<u>schaltet</u>

Neue Markierung M^1

<u>Abbildung 4.16:</u> Schalten einer aktivierten Transition t_i eines PETRI-Netzes N: Übergang von Markierung M^o zu Markierung M^1.

<u>Definition 4.46:</u> (1) Gegeben sei ein PETRI-Netz N = (T,P,A,M^o). Man nennt $\overline{t} = t_{b_1}, t_{b_2}, t_{b_3}, \ldots, t_{b_n} \in T^*$ eine <u>Simulations-Folge</u>, wenn eine Folge von Markierungen $M^o, M^1, M^2, \ldots, M^n$ existiert, so daß t_{b_i} durch M^{i-1} mit $i \in \{1,2,\ldots,n\}$ aktiviert wird und durch Schalten von t_{b_i} die Markierung M^i entsteht.

(2) Die Menge aller Simulationsfolgen von N wird die <u>Simulations-Menge</u> von N bzw. $SIMSET_N$ genannt.

<u>Definition 4.47:</u> (1) Gegeben sei ein PETRI-Netz N = (T,P,A,M^o), ferner ein $T' \subset T$. Mann nennt $\overline{t}' = t_{c_1}, t_{c_2}, \ldots, t_{c_p}$ die <u>reduzierte Simulations-Folge</u> von $\overline{t} = t_{b_1}, t_{b_2}, \ldots, t_{b_n}$, wobei t_{b_i} nur dann in die reduzierte Simulationsfolge übernommen wird, wenn $t_{b_i} \in T'$.

(2) Die Menge aller reduzierten Simulations-Folgen (bezüglich T') wird die <u>reduzierte Simulations-Menge</u> (bezüglich T') von N bzw. $SIMSET_N|T'$ genannt.

Definition 4.48: Zwei PETRI-Netze $N_1 = (T_1, P_1, A_1, M_1^o)$ und $N_2 = (T_2, P_2, A_2, M_2^o)$ werden streng äquivalent in Bezug auf T genannt, wenn
$T \subset T_1$, $T \subset T_2$ und
$SIMSET_{N1}|T = SIMSET_{N2}|T$.
Man schreibt dann $N_1 \overset{T}{\equiv} N_2$.

Definition 4.49: Eine Interpretation I [T', E] eines PETRI-Netzes $N = (T, P, A, M^o)$ ist eine Abbildung $I: T' \to E$ von $T' = \{t_{a_1}, t_{a_2}, \ldots, t_{a_m}\} \subset T$ auf $E = \{E_1, E_2, \ldots, E_k\}$, eine Menge von Ereignis- oder Prozeß-Namen.

Die Interpretation bestimmt die "Semantik" von PETRI-Netzen, indem man den Transitionen Bedeutungen zuweist. Dabei kann einerseits das gleiche Ereignis (der gleiche Prozeß) verschiedenen Transitionen zugeordnet sein, andererseits kann ein und dasselbe PETRI-Netz durch verschiedene Interpretationen unterschiedliche "Situationen" darstellen.

Definition 4.50: (1) Gegeben sei ein PETRI-Netz $N = (T, P, A, M^o)$ und eine Interpretation I [T', E] mit $T' \subset T$. Man erhält für jede reduzierte Simulations-Folge (bezüglich T') $t_{b_1}, t_{b_2}, t_{b_3}, \ldots, t_{b_m}$ eine interpretierte Simulations-Folge $E_{c_1}, E_{c_2}, \ldots, E_{c_m}$ in Bezug auf I, wenn $I(t_{b_i}) = E_{c_i}$ für $1 \leq i \leq m$.

(2) Die Menge aller interpretierten Simulations-Folgen von N in Bezug auf I wird mit I $[SIMSET_N]$ bezeichnet.

Definition 4.51: Gegeben seien zwei PETRI-Netze $N_1 = (T_1, P_1, A_1, M_1^o)$ und $N_2 = (T_2, P_2, A_2, M_2^o)$ mit $T_1' \subset T_1$ und $T_2' \subset T_2$ sowie zwei Interpretationen I_1 $[T_1', E]$ und I_2 $[T_2', E]$. N_1 und N_2 sind schwach äquivalent, wenn $I_1 [SIMSET_{N_1}] = I_2 [SIMSET_{N_2}]$.
Man schreibt dann $N_1 \overset{I_1, I_2}{\equiv} N_2$.

Nach der Behandlung der Äquivalenz von PETRI-Netzen interessieren wir uns nunmehr für gewisse "strukturelle" Eigenschaften von PETRI-Netzen. Damit gewinnen wir einerseits Aussagen über die Beziehungen zwischen PETRI-Netzen und anderen formalen Beschreibungsmitteln, andererseits können wir Aussagen über die Markierungen bestimmter PETRI-Netze machen.

Definition 4.52: (1) Haben in einem PETRI-Netz zwei oder mehr Transitionen eine gemeinsame Ausgabebedingung, so spricht man von einem Rückwärtskonflikt (Konflikt 1. Art). Hat eine Transition zwei oder mehrere Ausgabebedingungen, spricht man ebenso von einem Rückwärtskonflikt (Konflikt 2. Art).

(2) Ist in einem PETRI-Netz eine Bedingung Eingabebedingung für zwei oder mehrere Transitionen, so spricht man von einem Vorwärtskonflikt (Konflikt 3. Art). Sind zwei oder mehr Bedingungen Eingabebedingungen einer Transition, so spricht man ebenfalls von einem Vorwärtskonflikt (Konflikt 4. Art).

Abbildung 4.17 beschreibt die vier Arten von Konflikten in PETRI-Netzen.

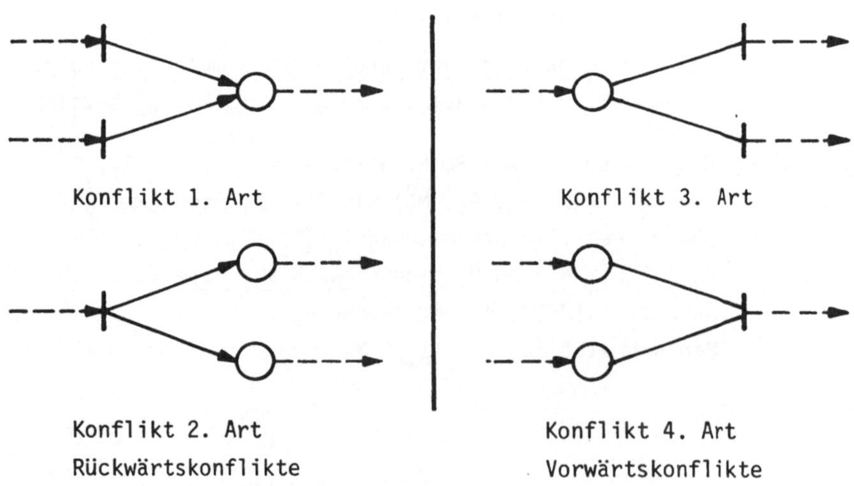

Abbildung 4.17: Konflikte in PETRI-Netzen

Satz 4.53: (1) PETRI-Netze, bei denen Konflikte 1. und 3. Art ausgeschlossen sind, sind markierte Graphen.

(2) PETRI-Netze, bei denen Konflikte 2. und 4. Art ausgeschlossen sind, sind Automaten-Zustands-Graphen.

Definition 4.54: Gegeben sei ein PETRI-Netz N und eine Markierung M. Die Menge $\vec{M}$ ist dann definiert als die Menge der Markierungen, die aus M durch Schalten beliebiger, nichtleerer Folgen von Transitionen des PETRI-Netzes hervorgehen. Die Menge $\overleftarrow{M}$ ist definiert als die Menge der Markierungen, aus der M durch Schalten von Transitionen herleitbar ist. $\vec{M} \cup \overleftarrow{M}$ wird dann die Markierungsklasse von M genannt.

Definition 4.55: Eine Markierung M eines PETRI-Netzes wird lebendig genannt, wenn aus $M' \in M \cup \vec{M}$ folgt, daß für jede Transition t ein $M'' \in \vec{M'}$ existiert, so daß t in M" aktiviert wird.

Definition 4.56: Eine Markierung M eines PETRI-Netzes wird sicher genannt, wenn aus $M' \in M \cup \vec{M}$ folgt, daß sich an jeder Bedingung in M' höchstens eine Marke befindet.

Satz 4.57: (1) Ist ein markierter Graph oder ein Automaten-Zustandsgraph streng zusammenhängend, dann hat er eine lebendige und sichere Markierung.

(2) Ein streng zusammenhängender Automat hat nur eine lebendige und sichere Markierungsklasse. Jede Markierung, welche nur eine Marke plaziert, gehört in diese Klasse.

4.2.2 Anwendungsbeispiele

Wir sehen, daß die in Abschnitt 4.1 behandelten deterministischen [1] Automaten durch eine spezielle Klasse von PETRI-Netzen beschrieben werden können.

---

[1] Unter deterministischen Automaten versteht man solche Automaten, für die bei gegebenem Zustand z und Eingabe x der Nachfolgezustand z' eindeutig definiert ist (solche wurden in 4.1 behandelt). Nicht-deterministische Automaten lassen mehrere Folgezustände zu.

Die Bedingungen des PETRI-Netzes entsprechen dann den Zuständen des Automaten, das Schalten von Transitionen dem Übergang von einem Zustand in einen anderen.

Für die Anwendung im Entwurf asynchroner Schaltwerke sind die Definitionen 4.55 und 4.56 von besonderer Wichtigkeit. MISUNAS, 1973 zeigt, daß durch PETRI-Netze beschriebene Schaltkreise nur dann geschwindigkeitsunabhängig sind, d. h. unabhängig von der Ankunftsreihenfolge der Signale gleiche Ausgaben erzielt werden, wenn diese PETRI-Netze sicher und lebendig sind. Konflikte in PETRI-Netzen beschreiben bei sequentiellen Schaltkreisen Wettrennbedingungen ("race conditions") d. h. nichtdeterministische Ausgaben.
Deshalb führt MISUNAS P-Netze ein, die aus PETRI-Netzen hervorgehen, indem diesen ein Satz von einschränkenden Bedingungen C_s bezüglich des Eingabevektors asynchroner Schaltwerke hinzugegeben wird, so daß das P-Netz sicher ist. Ist das entsprechende PETRI-Netz bereits sicher, so ist C_s leer. Ferner gibt es Netze, die auch durch Einschränkungen nicht sicher gemacht werden können.

In den nachfolgenden Beispielen wird zunächst die Verwendung von PETRI-Netzen zur Beschreibung der Synchronisation paralleler Prozesse aufgezeigt. Ferner wird an einem Beispiel aus MISUNAS, 1973 gezeigt, wie aus einem nicht sicheren und nicht lebendigen Netzwerk durch einschränkende Bedingungen C_s eine geschwindigkeitsunabhängige Schaltung gewonnen werden kann.

Beispiel 4.58:

Gegeben seien 2 Prozesse A und B, die zwei Transitionen t_A und t_B nicht gleichzeitig durchlaufen dürfen. Es wird daher eine "Betriebsbereit-Bedingung" eingerichtet, die dafür sorgt, daß nur t_A oder nur t_B schalten kann. A und B befinden sich in einer "Wettbewerbs"-Situation. Der zuerst vorhandene Prozeß kann schalten, der zweite nicht. Wenn beide Prozesse gleichzeitig ankommen, liegt ein Konflikt bei der "Betriebsbereit-Bedingung" vor. Es ist dann nicht festgelegt, welcher der beiden Prozesse Vorrang hat. Es ist lediglich gesichert, daß nur einer von beiden schalten kann. Abbildung 4.18 stellt das PETRI-Netz dar.

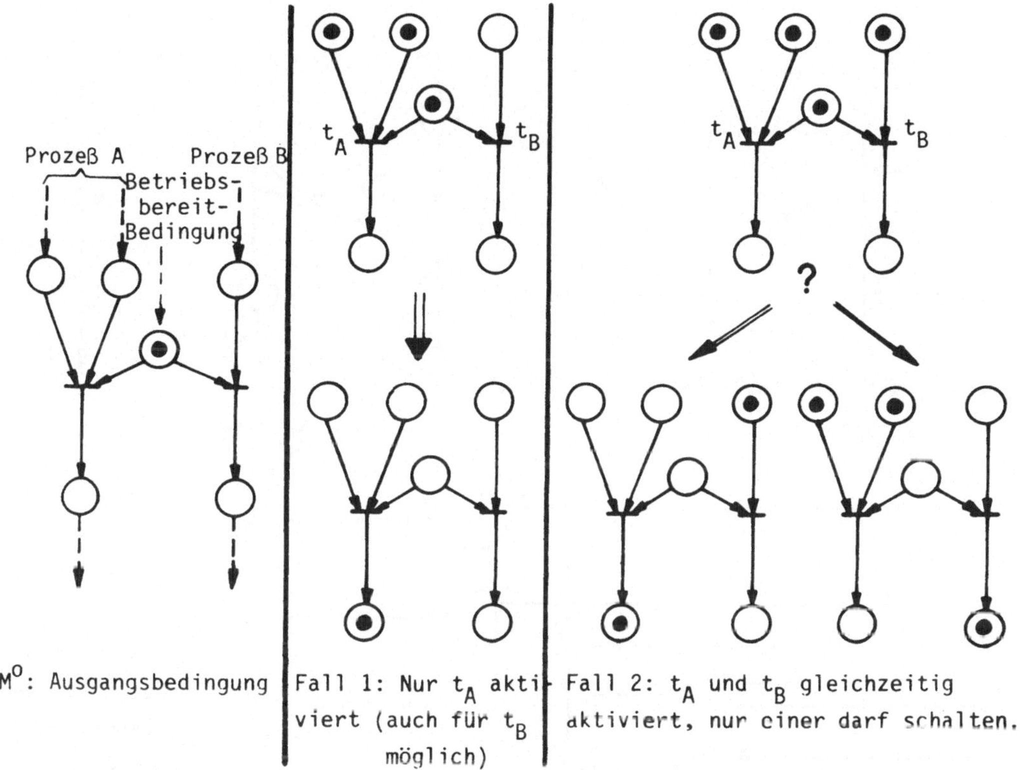

Abbildung 4.18: Darstellung des gegenseitigen Ausschlusses zweier Prozesse durch ein PETRI-Netz

Beispiel 4.59: (aus MISUNAS, 1973)

Abbildung 4.19 zeigt die Schaltung, das Ersatzbild und die PETRI-Netz-Beschreibung eines asynchronen Schaltwerkes, des sogenannten P-Moduls, das in Systemen mit Schleifen und Rückmeldungen verwendet werden kann.

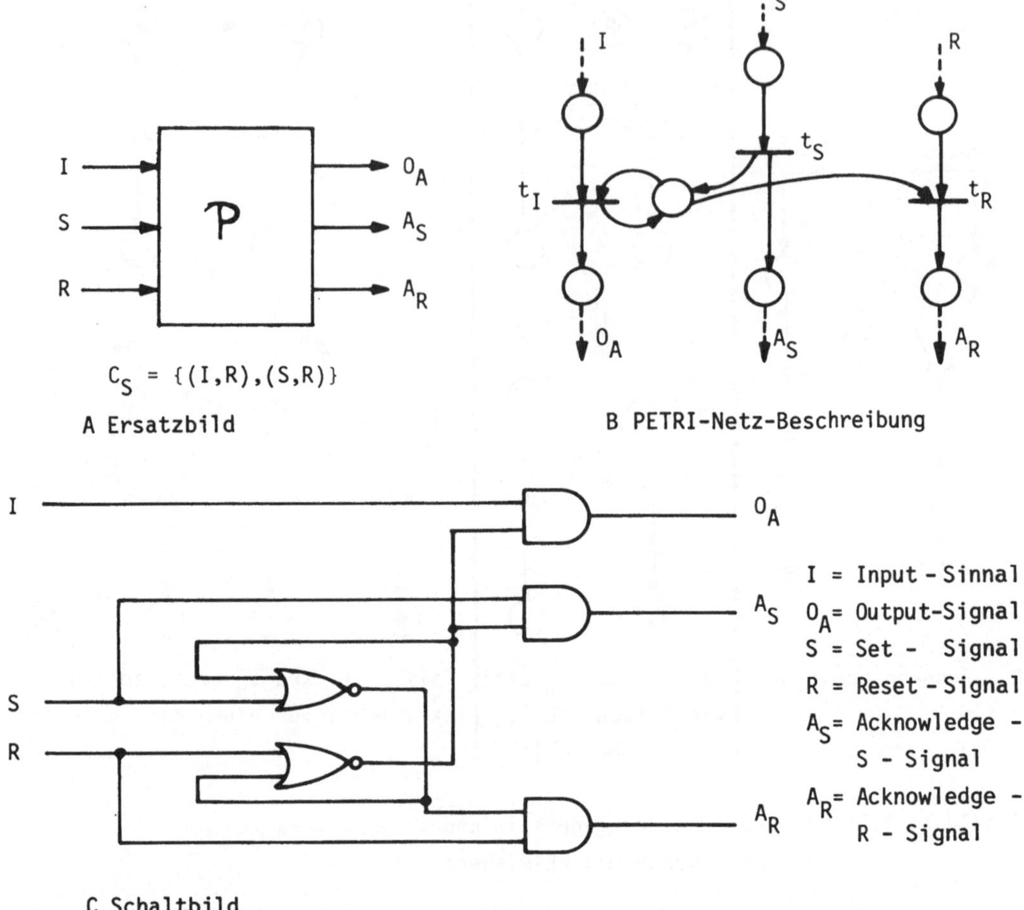

Abbildung 4.19: Ersatzbild, PETRI-Netz-Beschreibung und Schaltbild des in Beispiel 4.59 beschriebenen P-Moduls

Zur Beschreibung der Funktion des P-Moduls betrachten wir seine PETRI-Netz-Beschreibung: Durch Ankunft einer Marke auf dem Weg S wird die Transition t_S aktiviert und kann schalten. Damit wird die "Bereitschafts-Bedingung" für die Transition t_I markiert, so daß bei Ankunft von Marken über den Weg I t_I sofort schalten kann, wobei bei jedem Schaltvorgang die Bereitschaftsbedingung sofort wieder markiert wird, d. h. auch weitere Marken, die über I ankommen, werden sofort nach O_A weitergegeben. Dies gilt jedoch nur solange, wie keine Marke auf dem Weg R ankommt, die durch Schalten von t_R die Bereitschaftsmarke entfernt, ohne sie zu ersetzen. Innerhalb des P-Moduls wird also durch das S-Signal ("set") der Weg von I nach O_A geöffnet, solange bis er durch das R-Signal ("reset") wieder geschlossen wird. Die Signale S und R werden zurückgemeldet durch A_s und A_r ("acknowledge"). Die Implementierung dieses Moduls wird durch ein Flip-Flop realisiert, das durch die Signale S und R gesetzt wird und das den Signalfluß von I nach O_A erlaubt bzw. verhindert. Offensichtlich ist das P-Modul kein geschwindigkeitsunabhängiges Netzwerk, da nach Schalten der Transition t_s und gleichzeitiger Markierung von I und R ein Konflikt zwischen den Transitionen t_I und t_R besteht, d. h. es besteht eine Wettrenn-Situation zwischen den Signalen I und R. Weiterhin kann die Ankunft zweier Marken über den Weg S ohne die Ankunft einer Marke über den Weg R zu mehreren Marken auf der Bereitschaftsbedingung führen. Das Ausbleiben von Marken auf dem Weg S kann schließlich dazu führen, daß t_I und t_R nie schalten können. Das PETRI-Netz ist also weder lebendig noch sicher. Deshalb führt MISUNAS die einschränkende Bedingung $C_s = \{ (I,R), (S,R) \}$ ein, die dafür sorgt, daß das entsprechende Netzwerk geschwindigkeitsunabhängig ist. C_s besagt, daß weder die Signale I und R, noch die Signale S und R gleichzeitig auftreten dürfen. Wird diese Einschränkung eingehalten, so verhält sich das P-Modul wie ein geschwindigkeitsunabhängiger Schaltkreis. MISUNAS zeigt, daß sich aus einer Reihe solcher geschwindigkeitsunabhängiger Schaltkreise ein vollständiger Prozessor als asynchrones Schaltwerk aufbauen läßt.

4.3 Berechnungsschemata

Berechnungsschemata sind formale Beschreibungsmittel, die es erlauben, die Transformation von Information durch die Zusammenhänge zwischen den verschiedenen Schritten eines Algorithmus darzustellen, ohne daß auf die Vorgänge der Transformation während der einzelnen Schritte näher eingegangen wird. Berechnungsschemata lassen sich für die Beschreibung der Struktur von Rechenanlagen ebenso verwenden wie für die Beschreibung der auf diesen Rechenanlagen auszuführenden Algorithmen (Programme). Wie die PETRI-Netze werden die Berechnungsschemata dazu benutzt, parallele bzw. simultane Abläufe darzustellen, sie leisten jedoch mehr: Während in PETRI-Netzen lediglich die Struktur von Prozessen dargestellt wird (durch Markierungen), können Berechnungsschemata konkrete Berechnungen und deren Werte beschreiben.

Berechnungsschemata werden heute in weiten Bereichen der Informatik verwendet, wobei verschiedene Variationen - jeweils auf die bestimmte Anwendung zugeschnitten - in der Literatur bekannt sind. Im Bereich der theoretischen Informatik interessiert man sich insbesondere für die Programmschemata und deren Korrektheit. Für die Rechnerarchitektur sind heute die Datenflußschemata (DENNIS, FOSSEEN, LINDERMANN, 1974) von besonderer Wichtigkeit. Mit ihrer Hilfe erhofft man, den in Algorithmen vorhandenen natürlichen Grad an Parallelität voll ausnutzen zu können (siehe zu diesen Entwicklungen der sogenannten "Datenflußmaschinen" etwa einen ganzen Abschnitt in den Beiträgen zur SAGAMORE-Konferenz 1975 über Parallelverarbeitung, SAGAMORE, 1975). Im Rahmen des Abschnittes 4.3 werden wir uns als Einführung in den Bereich der Berechnungsschemata lediglich mit den Elementaren Berechnungsschemata ("elementary computation schemata", DENNIS, PATIL, 1971) befassen, die zur Formulierung von Algorithmen lediglich beliebige Operatoren, jedoch keine Kontrollstrukturen (z. B.: Verzweigungen, Laufanweisung) zulassen. Solche Berechnungsschemata werden Programmschemata ("basic schemata", "program graphs") genannt.

4.3.1 Elementare Berechnungsschemata

Definition 4.60: Ein Elementares Berechnungsschema S ist:

a) eine endliche Menge von Speicherzellen M,
b) eine endliche Menge von Operatoren Ω,
c) ein Datenflußgraph,
d) ein Reihenfolgegraph.

Die Knoten des Datenflußgraphen sind Operatoren und Speicherzellen. Gerichtete Kanten verbinden Operatoren und Speicherzellen. Eine Kante von einer Speicherzelle zu einem Operator definiert erstere als eine Eingabezelle des Operators, eine Kante von einem Operator zu einer Speicherzelle definiert diese als Ausgabezelle des Operators. Ein- und Ausgabezellen sind durch Zahlen geordnet.

Die Knoten des Reihenfolgegraphen bilden eine Menge $\{\alpha,\beta\} \cup N$ mit N endliche Menge, die α (Anfangsknoten) und β (Endeknoten) nicht enthält. Der Reihenfolgegraph muß zusammenhängend sein und darf keine (gerichteten) Zyklen enthalten. Jede Kante muß auf einem gerichteten Weg vom Anfangs- zum Endeknoten liegen. Jeder Knoten aus N ist mit einem Operator des Schemas markiert. Die Knoten des Reihenfolgegraphen werden Operator-Instanzen genannt.

Eine Teilmenge $E \subset M$ wird Menge der Eingabe-Zellen, eine Teilmenge $A \subset M$ Menge der Ausgabe-Zellen genannt.

In Definition 4.60 wird keine Aussage über die Art der Speicherzellen oder Operatoren vorgenommen. Es wird lediglich eine gewisse Anordnung der Operatoren und der Speicherzellen (Datenflußgraph) vorgegeben und es werden einige Einschränkungen bezüglich der Reihenfolge der Aktivierung von Operatoren (Reihenfolgegraph) definiert.

Die Arbeitsweise eines Elementaren Berechnungsschemas (EBS) muß man sich wie folgt vorstellen (vgl. dazu auch Beispiel 4.61): Der Operator eines EBS ist ein datenverarbeitendes Element, das Daten aus seinen Eingabezellen entnimmt, sie in gewisser Weise transformiert und die Ergebnisse in seinen Ausgabezellen ablegt. Die Reihenfolge der Datentransformationen durch Operatoren wird vom Reihenfolgegraphen bestimmt. Jeder Knoten des Reihenfolgegraphen [1] (außer α und β) ist eine Instanz eines Operators des EBS. Jeder Operator $\omega_i \in \Omega$ des EBS kann mehrere Instanzen haben, so daß der gleiche Operator in einer durch das EBS beschriebenen Berechnung mehrfach verwendet werden kann. Eine Kante von einer Instanz ω_{ij} zu einer Instanz ω_{kl} im Reihenfolgegraph bedeutet, daß in jeder durch das EBS beschriebenen Berechnung der zugehörige Operator ω_i vor dem zugehörigen Operator ω_k ausgeführt werden muß.

Beispiel 4.61

Gegeben sei das Elementare Berechnungsschema S mit den Mengen

$M = \{a, b, c, d, e, f\}$, Speicherzellen und

$\Omega = \{\omega_1, \omega_2, \omega_3, \omega_4, \omega_5\}$, Operatoren,

sowie der in Abbildung 4.20 dargestellte Datenflußgraph und der Reihenfolgegraph. Speicherzellen sind dabei als eckige Kästchen dargestellt, Operatoren als Kreise. Ein- und Ausgabezellen sind durch Zahlen an den Verbindungskanten zu ihren Operatoren geordnet, die Markierung unterbleibt bei eindeutigen

1) Der Reihenfolgegraph wird bisweilen auch Präzedenzgraph genannt.

Fällen (nur eine Kante). Im Reihenfolgegraph sind die Knoten durch die Namen der Operatoren markiert, die Namen der Operatorinstanzen sind neben den Knoten vermerkt: Beispielsweise wird Operator ω_4 zweimal verwendet. So gibt es zwei Operatorinstanzen ω_{41} und ω_{42}.

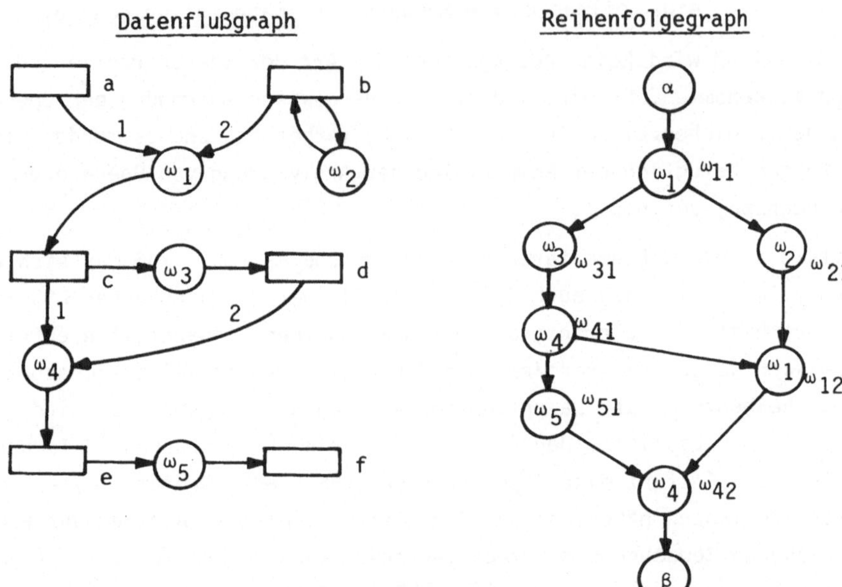

Abbildung 4.20: Darstellung des Datenflußgraphen und des Reihenfolgegraphen zu einem Elementaren Berechnungsschema

Im vorgegebenen Beispiel kann man etwa festlegen:

Menge der Eingabezellen des EBS $E = \{a, b\}$

Menge der Ausgabezellen des EBS $A = \{e, f\}$

Definition 4.62:
- Seien ω_{ij} und ω_{kl} zwei Operatorinstanzen eines EBS S. Dann heißt ω_{kl} Nachfolger von ω_{ij}, wenn im Reihefolgegraphen eine gerichtete Kante von ω_{ij} nach ω_{kl} führt. Entsprechend nennt man ω_{ij} Vorgänger von ω_{kl}.
- Führt in S ein gerichteter Weg von ω_{ij} nach ω_{kl}, so nennt man ω_{kl} Nachkomme von ω_{ij} bzw. ω_{ij} Ahne von ω_{kl}.

Da der Reihenfolgegraph eines EBS azyklisch und zusammenhängend sein muß, gelten die folgenden Aussagen.

Satz 4.63: Die durch ein EBS bestimmte Nachfolger-Relation hat die folgenden Eigenschaften:

1. Jede Operatorinstanz ist Nachkomme des Anfangsknoten α.
2. Der Endeknoten β ist ein Nachkomme einer jeden Operator-Instanz.
3. Keine Operatorinstanz ist Nachkomme von sich selbst.

Definition 4.64: Eine Ausführungsfolge eines EBS S ist eine Folge von Operator-Instanzen $(\omega_{ij}^1, \omega_{kl}^2, \ldots, \omega_{yz}^n)$ [1], für die gilt:

1. Jede Operatorinstanz von S tritt genau einmal in der Folge auf.
2. Wenn ω_{ij}^u und ω_{kl}^v zwei Elemente der Folge mit $u < v$ sind, dann ist ω_{ij} nicht Nachkomme von ω_{kl} im Reihenfolgegraphen von S.

Beispiel 4.65:

Ausführungsfolgen zu dem im Beispiel 4.61 angegebenen EBS S sind:

$\overline{x}_1 = (\omega_{11}, \omega_{21}, \omega_{31}, \omega_{41}, \omega_{12}, \omega_{51}, \omega_{42})$ oder

$\overline{x}_2 = (\omega_{11}, \omega_{31}, \omega_{41}, \omega_{51}, \omega_{21}, \omega_{12}, \omega_{42})$ usw..

Die Nachfolger- bzw. Nachkomme-Relationen zwischen den Operatorinstanzen lassen sich in Form eines Matrixschemas darstellen (vgl. Abbildung 4.21). Dabei wird die Relation "ist Nachfolger" durch das Zeichen "+", die Relation "ist Nachkomme" durch das Zeichen "-" dargestellt.

Bisher wurde die Ausführung eines EBS als die Zuweisung von Werten an Speicherzellen beschrieben. Die Angabe von Wertebereichen für diese Zellen und die Zuordnung bestimmter Funktionen, die durch die Operatoren ausgeführt werden sollen, geschieht durch die Interpretation des Schemas.

---

[1] Der hochgestellte Index dient lediglich der Bezeichnung der Reihenfolge der Operatorinstanzen in der Ausführungsfolge.

	α	ω_{11}	ω_{21}	ω_{31}	ω_{41}	ω_{12}	ω_{51}	ω_{42}	β
α		+	-	-	-	-	-	-	-
ω_{11}			+	+	-	-	-	-	-
ω_{21}						+		-	-
ω_{31}					+	-	-	-	-
ω_{41}						+	+	-	-
ω_{12}								+	-
ω_{51}								+	-
ω_{42}									+
β									

Abbildung 4.21: Matrix-Darstellung der Nachfolger- und Nachkomme-Relation für das EBS S aus Beispiel 4.61

Definition 4.66: Eine Interpretation eines EBS S besteht aus:

1. Einer Wertemenge V(m) für jede Speicherzelle $m \in M$.
2. Einer Funktion f_w für jeden Operator $\omega \in \Omega$ mit
   $f_w: V(m_1) \times V(m_2) \times\ldots\times V(m_k)$
   $\rightarrow V(n_1) \times V(n_2) \times\ldots\times V(n_l)$, wobei
   $(m_1, m_2, \ldots, m_k)$ und $(n_1, n_2, \ldots, n_l)$ Eingabe- bzw. Ausgabezellen des Operators ω sind.

Definition 4.67: Eine Wertzuweisung für ein EBS S mit einer gegebenen Interpretation ist eine Funktion v auf der Menge der Speicherzellen M, so daß $v(m) \in V(m)$ für $m \in M$.

Für die Beschreibung der Ausführung eines EBS S (also für die eigentliche "Berechnung") mit gegebener Interpretation und Wertzuweisung verwendet man sogenannte Ablauftafeln.

Definition 4.68: Gegeben sei ein EBS S sowie eine Interpretation und Wertzuweisung v und es sei $\overline{x} = (\omega_{ij}^1, \omega_{kl}^2, \ldots\ldots, \omega_{yz}^n)$ eine Ausführungsfolge. Die Ablauftafel $H(v, \overline{x})$ ist dann eine Menge von Werte-

folgen $\overline{v}(m)$, wobei für jede Speicherzelle genau eine solche Folge vorhanden ist:
$\overline{v}(m) = (v(m,o), v(m,1), \ldots\ldots)$.
Diese Folgen sind die Zeilen der Ablauftafel.
Position (m,i) in $H(v,\overline{x})$ ist definiert, wenn $\overline{v}(m)$ wenigstens i Elemente hat.
Die Werte in der Ablauftafel $H = H(v,\overline{x})$ werden induktiv definiert: Sei $H = H(v,\overline{x})$ und $H' = H(v,\overline{x}')$ mit $\overline{x} = (\omega^1, \omega^2, \ldots, \omega^k)$ [1] und $\overline{x}' = (\omega^1, \omega^2, \ldots. \omega^k, \omega^{k+1})$ [1]. Dann hat jede Zeile, welche einer Ausgabezelle des Operators ω^{k+1} entspricht, eine Position mehr in H' als in H. Der Wert der neuen Position von H' ergibt sich, wenn der Operator ω^{k+1} auf solche Zellen in der letzten definierten Spalte von H angewandt wird, die Eingabezellen zu diesem Operator sind.
Basis der Induktion ist die Ablauftafel $H(v, \Lambda)$ (mit Λ, leere Ausführungsfolge).
$H(v, \Lambda) = \overline{v}(m, \Lambda) = (v(m,o)) = v(m)$
$H(v, \Lambda)$ entspricht also einer Spalte mit genau einem Element für jede Speicherzelle (Startkonfiguration).

Beispiel 4.69

Gegeben sei das EBS S aus Beispiel 4.61 sowie die folgende Interpretation:

ω_1: $c \leftarrow a+b$
ω_2: $b \leftarrow -b$
ω_3: $d \leftarrow c$
ω_4: $e \leftarrow c * d$
ω_5: $f \leftarrow e$

---

[1] Auf die tiefgestellte doppelte Indizierung der Operatorinstanzen wird hier der Einfachheit halber verzichtet, da lediglich die Reihenfolge von Wichtigkeit ist.

Nach Beispiel 4.65 gibt es für S mehrere Ausführungsfolgen. Wir wollen für die Eingabezellen E = {a,b} die Werte {2,3} annehmen und die zugehörigen Ablauftafeln zu den beiden in 4.65 angegenenen Ausführungsfolgen berechnen. Wir beginnen mit $\overline{x}_1 = (\omega_{11}, \omega_{21}, \omega_{31}, \omega_{41}, \omega_{12}, \omega_{51}, \omega_{42})$.

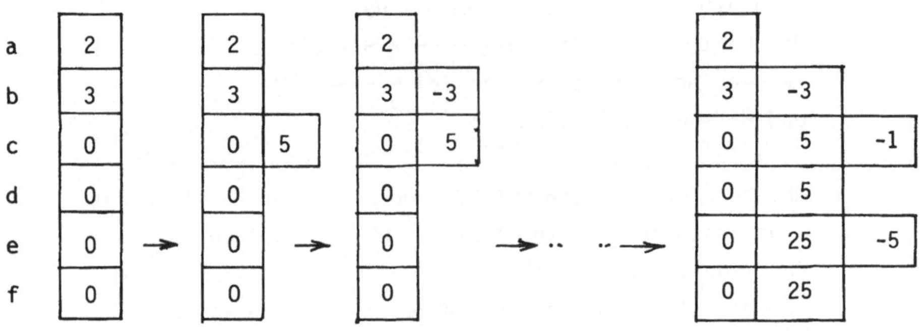

Ebenso für $\overline{x}_2 = (\omega_{11}, \omega_{21}, \omega_{41}, \omega_{51}, \omega_{21}, \omega_{12}, \omega_{42})$

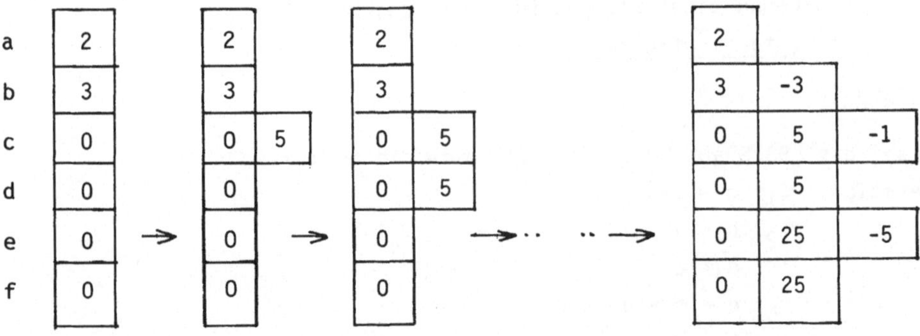

Die Ablauftafeln $H(v,\overline{x}_1)$ und $H(v,\overline{x}_2)$ sind identisch, auch wenn sie auf verschiedene Weise aufgebaut wurden.

Verändert man - unter Beibehaltung des Datenflußgraphen sowie der Interpretation - den Reihenfolgegraphen des EBS S wie in Abbildung 4.22, so erhält man für die neuen Ausführungsfolgen des entstandenen EBS S'

$\overline{x}_1 = (\omega_{11}, \omega_{21}, \omega_{31}, \omega_{41}, \omega_{12}, \omega_{51}, \omega_{42})$ und

$\overline{x}_2 = (\omega_{11}, \omega_{21}, \omega_{31}, \omega_{12}, \omega_{41}, \omega_{51}, \omega_{42})$

unterschiedliche Ablauftafeln $H(v,\overline{x}_1)$ und $H(v,\overline{x}_2)$.

$H(v,\overline{x}_1)$

2		
3	-3	
0	5	-1
0	5	
0	25	-5
0	25	

$H(v,\overline{x}_2)$

2		
3	-3	
0	5	-1
0	5	
0	-5	-5
0	-5	

Man spricht in diesem Fall von nicht determiniertem Verhalten.

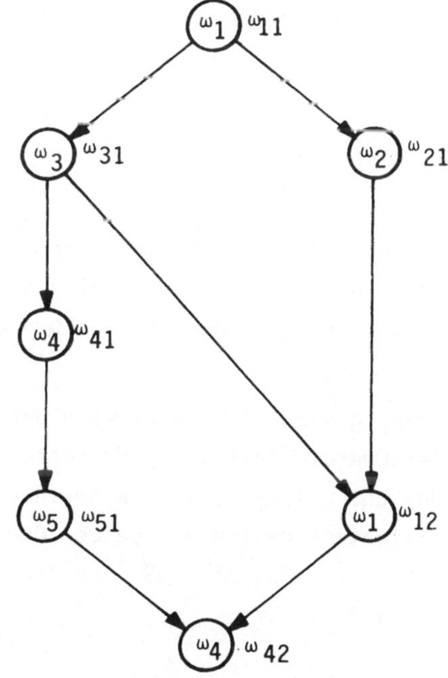

Abbildung 4.22: Reihenfolgegraph für das EBS S' im Beispiel 4.69

Definition 4.70: Ein EBS S ist ausgabe-deterministisch oder funktional, wenn für jede Wertzuweisung v und für jede Interpretation die Auflauftafeln $H(v,\overline{x})$ und $H(v,\overline{y})$ für jedes Paar von Ausführungsfolgen $\overline{x}$ und $\overline{y}$ in den letzten Stellen der Zeilen übereinstimmen, die Ausgabezellen von S entsprechen.

Allgemein wird deterministisches Verhalten von Berechnungsschemata gewünscht: Die Ergebnisse einer Berechnung sollen nur von der Startkonfiguration (den Eingabewerten) abhängen, nicht von den relativen Zeitverhältnissen der Berechnungen. Stellt man sich beispielsweise die Ausführung eines EBS durch eine Multiprozessoranlage vor, so daß jedem Prozessor eine Operatorinstanz zugeordnet ist, und die Verbindungen im Sinne des Reihenfolgegraphen realisiert sind, so können bei deterministischem Verhalten zeitliche Synchronisationsüberlegungen völlig entfallen: Die Berechnung wird durch die ankommenden Daten gesteuert. [1)]

Für die Sicherung ausgabe-deterministischen Verhaltens wird der folgende Weg eingeschlagen:

Man sorgt dafür, daß jedes Element der Ablauftafel für alle Ausführungsfolgen den gleichen Wert erhält.

Definition 4.71: Ein EBS S ist deterministisch, wenn für jede Wertzuweisung v und für jede Interpretation die Ablauftafeln $H(v,\overline{x})$ und $H(v,\overline{y})$ für jedes Paar von Ausführungsfolgen $\overline{x}$ und $\overline{y}$ identisch sind.

Deterministisches Verhalten kann gesichert werden, wenn der Reihenfolgegraph die simultane Anwendung zweier Operatorinstanzen verbietet, die eine gemeinsame Speicherzelle m verwenden und m Ausgabezelle einer der Operatoren ist. Bei Eintreten einer solchen Situation gelten die beiden Operatoren als "in Konflikt bezüglich Zelle m". In Beispiel 4.69 sind die Operatoren ω_4 und ω_1 in Konflikt bezüglich Zelle c.

---

1) Dies ist im übrigen einer der Grundgedanken bei den sogenannten Datenflußsystemen, die im zweiten Band besprochen werden.

Definition 4.72: Zwei Operatorinstanzen ω_{ij} und ω_{kl} eines EBS S sind in Konflikt bezüglich Speicherzelle m, wenn die beiden folgenden Bedingungen erfüllt sind:

1. ω_{ij} und ω_{kl} sind Instanzen von Operatoren ω_i und ω_k und die Speicherzelle m ist entweder eine Ausgabezelle des einen und Eingabezelle des anderen, oder sie ist Ausgabezelle beider Operatoren.
2. ω_{ij} ist weder Ahne noch Nachkomme von ω_{kl} im Reihenfolgegraph von S, d.h. sie sind nicht geordnet.

Definition 4.73: Ein EBS S ist konflikt-frei, wenn es kein Paar von Operatorinstanzen umfaßt, die miteinander in Konflikt sind.

Die Konflikt-Freiheit läßt sich durch einen Algorithmus überprüfen. Dieser Algorithmus wird im folgenden Satz angedeutet:

Satz 4.74: Ein EBS S ist konflikt-frei dann und nur dann, wenn der zugehörige Reihenfolgegraph für jede Speicherzelle die folgende Bedingung erfüllt: Jede Operatorinstanz, für die m eine Ein- oder Ausgabezelle ist, liegt auf einem Weg vom Anfangs- (α) zum Endeknoten (β), der alle Operatorinstanzen umfaßt, für die m eine Ausgabezelle ist.

Diese Bedingung ist für das EBS S aus Beispiel 4.61 erfüllt.

Satz 4.75: Ein konflikt-freies EBS S ist auch deterministisch.

Es gibt daher einen einfachen Algorithmus zur Überprüfung des deterministischen Verhaltens von EBS.

Wie bereits in der Einleitung erwähnt, sind Berechnungsschemata in vielen Variationen bekannt geworden. Man kann zeigen, daß azyklische Schemata (Pipeline-Schemata, manchmal auch "wohlgeformte" Schemata genannt), die neben Operatorenknoten auch Kontrollknoten umfassen, (Datenflußschemata, Berechnungsschemata) deterministisch und deadlock-frei sind. Eine nähere Befassung mit dem Thema Datenflußstrukturen muß jedoch einer Spezialvorlesung vorbehalten bleiben.

4.4 Rechnerentwurfssprachen

Bei den Rechnerentwurfssprachen handelt es sich im Gegensatz zur natürlichen Sprache um formale Sprachen (wie auch Programmiersprachen), die für die Beschreibung von Rechnern oder deren Einzelelemente verwendet werden. Die Formalisierung der Beschreibung ist Voraussetzung für eine unzweideutige Beschreibung von Rechnerbauteilen und für ihre algorithmische und damit auch potentiell automatische Behandlung. Damit sind bereits die wichtigsten Funktionen von Rechnerentwurfssprachen angedeutet:

1. Kommunikationshilfsmittel:
   Die formale Beschreibung von Rechnerbauteilen erlaubt eine unmißverständliche Darstellung und ist so Voraussetzung für die eindeutige Kommunikation zwischen Fachleuten (Entwurf, Dokumentation oder Vergleich von Rechnern) und Hilfsmittel in der Ausbildung (Beschreibung von Rechnern).

2. Verifikations- und Simulationshilfsmittel:
   Das in einer Rechnerentwurfssprache formulierte beschreibende "Programm" kann mit Hilfe eines Simulationsprogramms auf einem bestehenden Rechner getestet werden. Bereits bei der Syntaxprüfung können dabei einfache formale Fehler entdeckt werden. Beim eigentlichen Simulationslauf ergibt sich dann die Möglichkeit, zu überprüfen, ob das beschriebene Bauteil das im einzelnen gewünschte Verhalten tatsächlich zeigt. Dabei können sowohl logische Fehler entdeckt werden, wie auch eine mögliche - durch den Entwurf bedingte - mangelhafte verkehrstheoretische Auslastung der Einzelteile des untersuchten Elements (überbelastete "Flaschenhälse", zu aufwendige, kaum benutzte Elemente).

3. Entwurfs-Hilfsmittel:
   Spezielle Programmsysteme, die als Eingabedaten die Beschreibung von Bauteilen in einer Rechnerentwurfssprache erhalten, können eine automatische Hardware-Implementierung vornehmen oder diese zumindest durch Ausgabe von Stücklisten, Schaltzeichnungen, Verdrahtungsvorschriften etc. erleichtern.

Aus diesen Anwendungen ergibt sich, daß Rechnerentwurfssprachen neben den für Programmiersprachen geforderten Eigenschaften der leichten Lesbarkeit, Erlernbarkeit und Implementierbarkeit auch Relevanz für die jeweilige Hardware-Wirklichkeit haben müssen. Gefordert ist also eine gewisse Flexibilität der Beschreibung, die Änderungen in der Technologie in geeigneter Weise berücksichtigen kann.

Beschreibungen von digitalen Systemen können jedoch nicht nur auf der untersten (Hardware-) Ebene sinnvoll sein, je nach dem Zwecke der Beschreibung wird man eine der folgenden Ebenen wählen (SU, 1974):

1.) Die höchste Ebene, die algorithmische Beschreibung, spezifiziert lediglich den Algorithmus zur Lösung eines Entwurfsproblems.

2.) Die PMS (Processor, Memory, Switch)-Ebene beschreibt Rechner auf der Ebene seiner Hauptelemente: Prozessoren, Speicher, Peripheriegeräte und Verbindungselemente.

3.) Die Befehlsebene beschreibt die auf dem Rechner ausführbaren Befehle.

4.) Operationen auf Registern werden auf der Register-Transfer- oder Mikrobefehls-Ebene behandelt.

5.) Die Logik-Ebene drückt Netzwerke durch Gatter und Flip-Flops aus, und schließlich

6.) behandelt die niedrigste, Schaltkreisebene die Implementierung von Gattern und Flip-Flops durch Bauelemente wie Transistoren, Widerstände etc..

Verschiedene Rechnerentwurfssprachen sind besonders auf einzelne dieser Beschreibungsebenen zugeschnitten, von einer modernen Entwicklung wird man jedoch erwarten, daß ähnlich wie beim Prinzip der schrittweisen Verfeinerung ("refinement") in der strukturierten Programmierung die Darstellung von Rechnern auf verschiedenen Beschreibungsstufen (im Sinne eines "top-down"- oder eines "bottom-up"-Verfahrens) möglich ist.

Neben dieser Fähigkeit, verschiedene Beschreibungsstufen in einer Sprache auszudrücken, unterscheiden sich die Rechnerentwurfssprachen, von denen einige in Abschnitt 4.4.1 kurz besprochen werden, in den folgenden Punkten:

- Algorithmenfreundlichkeit
- Darstellbarkeit von Parallelismen bezüglich des Datenstruktur- und des arithmetischen Aspektes
- Darstellbarkeit von Simultaneität der Programme, Strukturen und Leitwerke
- Darstellung der Zeitbedingungen (synchrones, asynchrones Verhalten)

- Darstellung von Mikroprogrammstrukturen, sowie
- Darstellung von Synchronisationsproblemen.

Hinsichtlich der Darstellung von Zeitbedingungen gilt es einen wesentlichen Unterschied zwischen den prozeduralen und - der größeren Gruppe - der nicht-prozeduralen Rechnerentwurfssprachen zu erwähnen: Bei prozeduralen Sprachen (etwa Programmiersprachen) ist die Ausführungsreihenfolge durch die lineare Abfolge der Anweisungen des Programms definiert (gegebenenfalls unterbrochen durch Kontrollstrukturen wie Sprünge etc.). Bei nicht-prozeduralen Sprachen ist jede Anweisung durch einen logischen Ausdruck gekennzeichnet, der den Ausführungszeitpunkt bestimmt: Ist der Wert des Ausdrucks wahr, so wird die entsprechende Anweisung durchgeführt. Die Darstellung der Zeitabläufe in einer Rechenanlage ist in nicht-prozeduralen Sprachen wesentlich einfacher, so ist es beispielsweise ausreichend, alle Anweisungen, die gleichzeitig (in einem Takt) ausgeführt werden sollen, mit dem gleichen logischen Ausdruck zu versehen.

Einen guten Überblick über Rechnerentwurfssprachen (englisch: CHDL, Computer-Hardware-Description Languages) gibt ein diesem Thema gewidmetes Heft der Zeitschrift Computer (COMPUTER, 1974), sowie die Tagungsberichte ACM, 1974, IEEE 1977 und SU, DIETMEYER, 1975. Die am weitesten verbreitete Sprache CDL ist sehr ausführlich und mit vielen Beispielen bei CHU, 1972 beschrieben. Die CDL-Erweiterung ERES, die insbesondere die automatische Verifikation von Zeitbedingungen ermöglicht, ist bei GARDILL et.al., 1977 nachzulesen.

4.4.1 Kurze Übersicht über einige Rechnerentwurfssprachen

a) ISP,PMS

Die Rechnerentwurfssprachen ISP und PMS sind ausführlich bei BELL, NEWELL, 1971 beschrieben. Beide Sprachen sollen sich ergänzen, indem sie Rechner auf unterschiedlichen Abstraktionsniveaus zu beschreiben erlauben. Die untere Stufe ISP (Instruction Set Processor) ist als Alternative zum Programmierhandbuch gedacht und beschreibt alle Details im Zusammenhang mit dem Befehlsvorrat eines Prozessors. Die fest formatierte Beschreibung wird untergliedert in

- Deklarationen, die eine Vereinbarung von Speichern, Datentypen, Operationen auf Daten und das Befehlsformat umfassen, sowie
- Aktionen, die die Befehlsinterpretation und den Befehlsumfang festlegen.

ISP wurde primär für pädagogische Zielsetzungen (Beschreibung von Rechnern) und für die Kommunikation zwischen Fachleuten (Vergleich von Rechnern) geschaffen. Eine Implementierung von ISP wurde für die Automatisierung des Schaltwerkentwurfs verwendet.

PMS (Processors, Memories, Switches), die Ergänzung zu ISP, wurde entwickelt, um die physikalische Struktur von Rechnern, Rechnerteilen und Rechnernetzen zu beschreiben. Die sieben in PMS enthaltenen Grundkomponenten (Speicher, feste Verbindung, Prozessor) werden für die Beschreibung eines Rechners in zweidimensionaler Form angeordnet. Je nach Ausführlichkeit der Beschreibung sind die Einzelkomponenten durch die von ihnen ausführbaren Operationen definiert (Beispiel vgl. Abbildung 4.34). Wie ISP wurde auch PMS im wesentlichen als eine Schreibweise für pädagogische Zwecke eingesetzt, jedoch sind auch Implementierungen zur Berechnung des Durchsatzes und der Fehlertoleranz-Eigenschaften von Rechnerstrukturen bekannt geworden (KNUDSEN, 1972).

b) CDL

CDL (Computer Design - oder Description-Language), die am weitesten verbreitete, nicht prozedurale Rechnerentwurfssprache ist bei CHU, 1972 ausführlich beschrieben. Die Ziele beim Entwurf von CDL waren, einerseits die Hardware präzise und vollständig (jedoch eine bzw. mehrere Stufen über der Schaltkreisebene) zu beschreiben, andererseits eine Implementierung zu Simulationszwecken zuzulassen.

Jede CDL-Beschreibung besteht aus drei Teilen:

- Vereinbarung der Speicherstruktur
- Vereinbarung der Ablaufstruktur durch synchron auszuwertende Bedingungen
- Angabe der Prozessorstruktur durch Beschreibung der Mikrobefehle in Ausführungsanweisungen.

CDL-Simulatoren sind für eine größere Anzahl von Rechnern erstellt worden, die in der BRD u.a. in Karlsruhe (Burroughs 6700), Bonn (IBM 370/168) und Erlangen (TR 440) verfügbar sind.

c) ERES

Die in Erlangen und Bonn entwickelte Sprache ERES (Erlanger Rechner Entwurfs-Sprache) greift das nicht prozedurale Konzept von CDL auf, geht jedoch in verschiedenen Punkten andere Wege (BECKER, KLAR, SPIES, 1974):

1. Grundsätzlich verzichtet ERES darauf, jeweils den neuesten Stand des Bauteilmarktes durch neue Sprachkonstrukte wiederzugeben. Dem Benutzer bleibt es überlassen, sprachliche Gegenstücke zu hochintegrierten Schaltkreisen selbst zu definieren.

2. Der zentrale Unterschied zu CDL liegt in der Darstellung und Behandlung der zeitlichen Randbedingungen. ERES deklariert mit jedem Hardwaregebilde auch dessen Zeiteigenschaften. So ist es möglich, während der Simulation zu prüfen, ob alle verwendeten Eingangsgrößen zum Zeitpunkt ihrer Verwendung wohldefiniert sind. Dazu wird stets zum Zeitpunkt, an dem ein Transfer ausgelöst wird, die Gültigkeit der Eingangsgrößen überprüft.

   /< Takt-Zeitpunkt >/ < Ziel > ⟵ < Funktion von Eingangsgrößen >

   Neben der Quellinformation eines Transfers wird auch geprüft, ob das Transferziel konfliktfrei geladen werden kann. Bei diesen Konfliktprüfungen werden die individuell deklarierten Laufzeiten zugrunde gelegt. So gelangt man zu realistischen Zeitaussagen.

3. In Konsequenz dieser Gesichtspunkte ist die Deklaration von Speichern so allgemein gefaßt, daß auch moderne Entwicklungen der Rechnerarchitektur wie orthogonale Speicher oder vertikaler Zugriff durch Definition entsprechender Zugriffsmechanismen ohne Kunstgriffe dargestellt werden können (vgl. GARDILL et al., 1977).

4. In einer weiteren Projektphase werden über die in GARDILL et al., 1977 dargestellten Möglichkeiten hinaus Hilfsmittel zur Gliederung eines Entwurfs in Teilentwürfe (subdesign) und zur Synchronisation asynchron laufender subdesigns entwickelt (vgl. GARDILL et al., 1978).

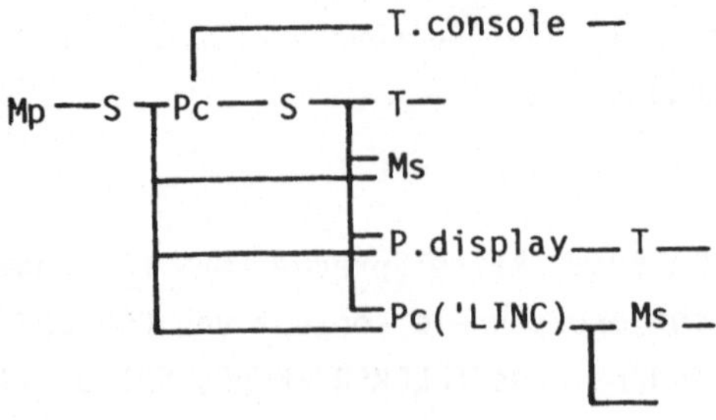

<u>Abbildung 4.23:</u> siehe nächste Seite

Abbildung 4.23: PMS-Beschreibung (Kurzform) einer PDP-8-Rechenanlage mit zwei speziellen Prozessoren für ein Bildschirmgerät und einen Rechneranschluß.
Abkürzungen: Mp (Primärspeicher), S (Verbindung), Ms (Sekundärspeicher), T (Terminal), P (Prozessor).
Aus BELL, NEWELL, 1971

d) APL, AHPL

APL (A Programming Language) ist eine recht weit verbreitete Dialogprogrammiersprache, die wegen ihrer Redundanzfreiheit und der mächtigen mathematischen Operatoren (z.B. Matrixmanipulationen) vor allem im mathematisch-technischen Bereich zu finden ist. APL ist bei IVERSON, 1962 ausführlich beschrieben.

Auf der Basis von APL wurde die Rechnerentwurfssprache AHPL (A Hardware Programming Language) entworfen (vollständige Beschreibung bei HILL, PETERSON, 1973). Wie bei anderen Rechnerentwurfssprachen schlägt sich die Trennung von

- Datenregistern mit arithmetisch logischer Einheit und
- sequentiellem Leitwerk

auch in der AHPL-Beschreibung von Rechnern nieder. Ein AHPL-Programm besteht aus:

1. Deklarationen über Ein- und Ausgabeleitungen, Register, Speicher, Busse (Verteiler).
2. Beschreibung der Datenoperationen, wobei man sich der Vektoroperatoren von APL bedient, um etwa Operationen auf Registern zu beschreiben.
3. Beschreibung des sequentiellen Leitwerks durch Kontrollstrukturen (bedingte Sprünge).

Da AHPL wie APL eine prozedurale Sprache ist, müssen die Verbindungen zwischen Speicherplätzen und die Zeitbedingungen durch Kontrollbefehle (Verzweigungen, Sprünge) beschrieben werden. Dies führt im Vergleich zu der Verwendung von nicht-prozeduralen Sprachen für die Beschreibung von Rechnerentwürfen zu hohem Aufwand und geringer Übersichtlichkeit. Komplizierte Zeitbedingungen sind oft nicht zu beschreiben, AHPL läßt etwa nur ganzzahlige Taktperioden zu, gleichzeitige Aktivitäten können nicht beschrieben werden.

e) RTL

Die Registertransfersprachen RTL (Register Transfer Languages) gehen zurück auf die Arbeit von REED, 1952, im weiteren Verlauf entstanden jedoch eine größere Anzahl von Rechnerentwurfssprachen, die auf diesem Konzept basieren (vgl. etwa SCHORR, 1964, PILOTY, 1969 und STABLER, 1970). Die Philosophie dieser Sprachen besteht darin, daß alle Operationen eines Digitalrechners durch Transporte zwischen Registern ausgedrückt werden können. Jeder Transfer wird wie folgt beschrieben

$$/t_i/ : R_i \leftarrow f(R_1, R_2, R_3, \ldots\ldots, R_n) ,$$

wobei $/t_i/$ eine Zeitbedingung darstellt, die angibt, wann der Transfer stattfinden soll (es handelt sich also um nicht-prozedurale Sprachen), R_i sind

Register und f eine Funktion, die die Inhalte der Register R_1 bis R_n auf den Inhalt des Registers R_i (mit i, n ≥ 1) abbildet. Gleichzeitige Transfers von Registern werden durch Aneinanderreihung der Transfers beschrieben:

$/t_i/$: Transfer 1, Transfer 2, ...

Die Menge der Transferbeschreibungen mit den zugehörigen Zeitbedingungen macht die Beschreibung des gesamten digitalen Systems aus.

Wesentlicher Mangel der Registertransfersprachen ist, daß sie die Beschreibung von Rechnerelementen lediglich auf einer Stufe zulassen: Die Beschreibung auf Gatterebene (als niedrigere Stufe) oder auf Automaten-Zustandsebene (als höhere Stufe) ist nicht möglich.

4.4.2 Beispiel in ERES

Zur Darstellung einiger Charakteristika von Rechnerentwurfssprachen wird ein Beispielrechner in ERES dargestellt, den bereits CHU, 1972 zur Darstellung von CDL verwendet hat. Um das Verständnis zu erleichtern, wird der Beispielrechner zunächst verbal, sodann in ERES beschrieben.

a) Verbale Beschreibung

Der zu beschreibende 24 bit-Rechner (Blockschaltbild in Abb. 4.24) besteht aus Speicherwerk, Leitwerk und einer arithmetischen Einheit. Das Speicherwerk enthält 32 K Speicherzellen von je 24 bit Länge. Der Speicher wird über ein 15-bit Adreßregister adressiert. Da im Speicher sowohl die Daten wie auch die auszuführenden Programme gespeichert sind, hat auch der zum Leitwerk gehörige Befehlszähler, der die auszuführenden Befehle im Speicher adressiert, eine Länge von 15 bit.

Das Speicherregister R, in dem die vom Speicher eingelesenen Daten zwischengespeichert werden, wird für drei unterschiedliche Zwecke verwendet:
- Speicherung der nächsten auszuführenden Instruktion.
- Speicherung einer der beiden Operanden für die arithmetische Einheit.
- Speicherung des Akkumulatorinhaltes vor Zurückschreiben in den Hauptspeicher.

Die Wortformate beider Datenarten sind in der Abbildung 4.25 beschrieben: In seiner Verwendung als Instruktionsregister besteht das Speicherregister aus zwei Teilen, dem 6 bit langen Operationsteil und einem Adreßteil (18 bit). Die ersten drei bits der Adresse haben dabei noch spezielle Bedeutung, die hier jedoch nicht behandelt werden soll, die reine Adresse besteht aus 15 bit.

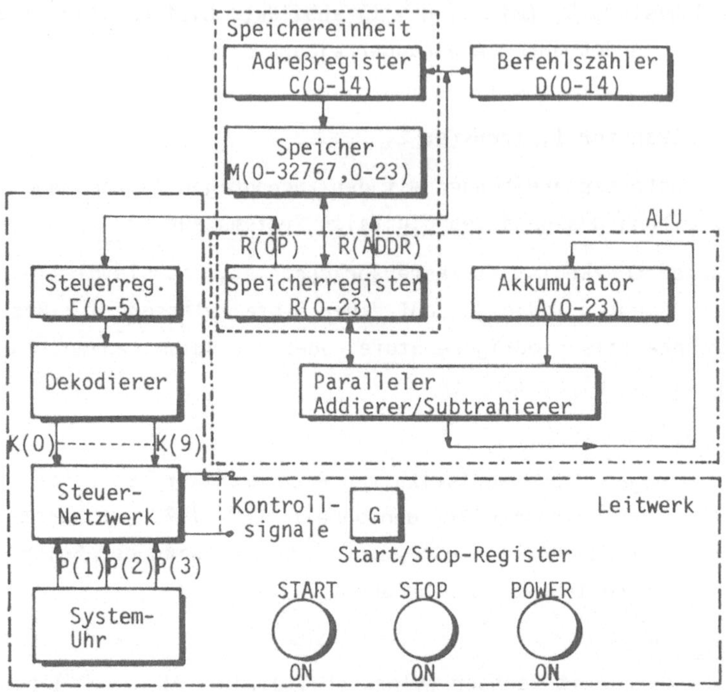

Abbildung 4.24: Beispielrechner nach CHU, 1972

Als Operandenregister umfaßt das Speicherregister einen 23 bit langen Operanden und dessen Vorzeichen, der eine der beiden Eingaben des arithmetischen Verarbeitungswerkes darstellt. Der zweite Operand steht im Akkumulator(register), in das auch das Ergebnis des Verarbeitungswerks eingegeben wird.

Zur Steuerung des Rechners wird der Operationsteil der Instruktion aus dem Speicherregister zunächst in das Steuerregister F übertragen und dann einem Decodierer zugeführt. Der decodierte Operationsteil stößt die entsprechenden Elementar-Operationen (Mikrooperationen) an, aus denen sich jede der 9 möglichen Instruktionen (K(0-8): Maschinenbefehle, sowie K(9), der Holvorgang) zusammensetzt. Der Befehlsvorrat des Beispielrechners ist in Abbildung 4.25 dargestellt. Die verbale Beschreibung, zu der auch die Abbildungen 4.24 und 4.25 zu zählen sind, ist keineswegs vollständig: So fehlt etwa die genaue Beschreibung der Zeitverhältnisse bei der Steuerung des Systems (Taktung). Die Beschreibung in ERES, die wir hier ohne genaue Einführung der Syntax von ERES angeben, ist wesentlich knapper und zugleich exakter. Zunächst werden die Elemente der Konfiguration vereinbart:

Wortformate:

a) Befehlswort

0–5	6	7–8	9–23
OP	I	X	ADDR

b) Datenwort

0	1–23
Vorzeichenbit	Zahl

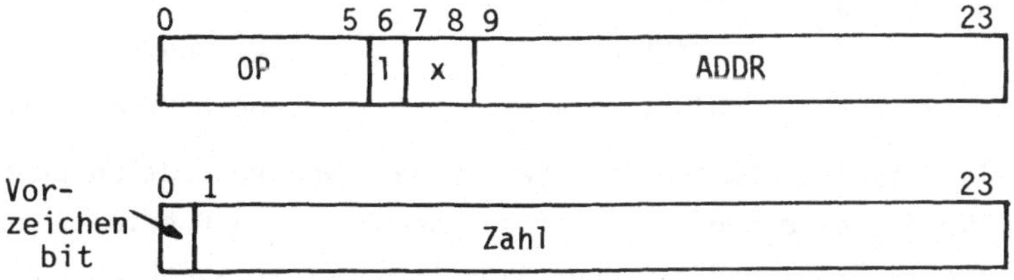

Befehlsvorrat

Befehls-Name	Symbolischer Code	OP-Code
Addition	ADDm	00
Subtraktion	SUBm	01
Jump on minus	JOMm	02
Store	STOm	03
Jump	JMPm	04
Shift right	SHR	05
Circular leftshift	CIL	06
Clear add	CLAm	07
Stop	STP	10

m: Speicheradresse
oktaler Operationscode

Abbildung 4.25: Wortformate und Befehlsvorrat des Beispielrechners

```
'Register' :100: R [0:23],          "-Pufferregister, Wortlänge 24 bit-"
                 A [0:23],          "-Akkumulatorregister-"
                 C [0:14],          "-Adreßregister-"
                 D [0:14],          "-Befehlszähler-"
                 F [0:5],           "-Steuerregister-"
                 G;                 "-Start-Stop-Kontrollregister-"
"-Aus obigen Registern abgeleitete Register sind nicht eigenständig, es wird keine
  zusätzliche Laufzeit zu der des Originalregisters R vereinbart.-"
'Register' :0:   OP [0:5] = R [0:5],      "-Op-Code Teil des Registers R-"
                 I = R [6],               "-Indirektes Adressierungsbit-"
                 X [0:1] = R [7:8],       "-Indizierungsbits von R-"
                 ADDR [0:14] = R [9:23];  "-Adreßteil von R-"
'Memory' :200:   M (C) [0:23] = M [C; 0:23];
```

```
'Switch' :0:       POWER,                  "-Rechner Initialisieren-"
                   START,                  "-Rechner Starten-"
                   STOP,                   "-Rechner Anhalten-"

"-In diesem einfachen Beispiel werden Synchronisationsprobleme nicht behandelt.
  Für den externen und nicht synchron zur Uhr P erfolgenden Umschaltvorgang unter-
  stellt ERES, daß die neue Schalterstellung synchron übernommen wird.-"

"-Der Device-Operator 'DECODE' setzt stets die Decodierung einer n-stelligen
  Binärzahl in 2^n Ausgänge voraus. Deshalb ist hier K[0:15] deklariert, obwohl
  nur K[0:9] benötigt wird.-"

'Terminal' :50:     K [0:15] = 'DECODE'   F [2:5];

"-Die folgenden Terminals stellen nur eine Neubenennung der Ausgänge des eigent-
  lichen Decoders dar. Deshalb tritt keine neuerliche Laufzeit auf.-"

'Terminal' :0:     ADD = K [0],            "-Additionsbefehl-"
                   SUB = K [1],            "-Subtraktionsbefehl-"
                   JOM = K [2],            "-Springe-bei-Minus-Befehl"
                   STO = K [3],            "-Speichere-Akkumulator-Befehl"
                   JMP = K [4],            "-Sprung-Befehl-"
                   SHR = K [5],            "-Schiebebefehl (1 Bit links)-"
                   CIL = K [6],            "-Zyklischer Schiebebefehl (1, links)-"
                   CLA = K [7],            "-Akkumulator 0 Setzen-"
                   STP = K [8],            "-STOP-Befehl-"
                   FETCH = K [9],          "-Befehl Holen-"

'Clock' :300,100,150:     P [1:3];         "-Drei-Phasen-Uhr-"
```

Die Bezeichnungen 'Register', 'Terminal', 'Memory', 'Switch' und 'Clock' vereinbaren die Objekt-Arten, die in der Konfiguration auftreten. Jeweils dahinter werden die Einzelelemente durch einen Namen sowie die Angabe der zugehörigen Wortlänge, des Adreßumfangs u.ä. gekennzeichnet. Kommentare sind zwischen "-...-" eingeschlossen und sind nicht Teil der notwendigen ERES-Beschreibung. Die Sequenz von Mikrooperationen für die Ausführung jeder Instruktion des Modellrechners ist nicht explizit dargestellt, sie muß aus der im folgenden angegebenen nichtprozeduralen Beschreibung abgelesen werden.

Zunächst wieder die verbale Beschreibung der Befehle:
Abbildung 4.26 zeigt ein Ablaufdiagramm für die Instruktionen unseres Beispielrechners. Am linken Bildrand sind 2 Zyklen der 3-Phasen-Uhr P [1:3] aufgetragen, die für jeden Befehl (dargestellt durch K [i]) die Abfolge der im Diagramm daneben dargestellten Mikroprogrammschritte definieren.

Die notwendigen Mikrooperationen, Testbedingungen, Steuersignale und Eingabesignale sind in Abb. 4.27 noch einmal zusammengestellt. Diese Grundoperationen spiegeln die Hardware des Rechners wider: An ihnen läßt sich der Hardware-Aufwand ablesen.

Nach Starten des Rechners mit den Schaltern POWER und START wird das Start/Stop-Register G auf Wert 1 gesetzt. Sodann wird aus dem Befehlszähler D die Adresse des nächsten Befehls in das Adreßregister C geholt, der Befehl in das Speicherregister R geschrieben und der Befehlszähler um 1 erhöht. Der Operationsteil des Befehls wird in das Steuerregister F gegeben, der Adreßteil in das Adreßregister C, um gegebenenfalls den Operanden aus dem Speicher zu holen.
Je nach dem durch Decodierung des Inhalts von F aufgefundenen Befehlstyp werden dann entsprechende Mikrooperationen ausgeführt und sodann zur nächsten Befehlsholphase übergegangen, sofern nicht inzwischen durch den Stop-Befehl oder den Stop-Schalter G = 0 gesetzt wurde.

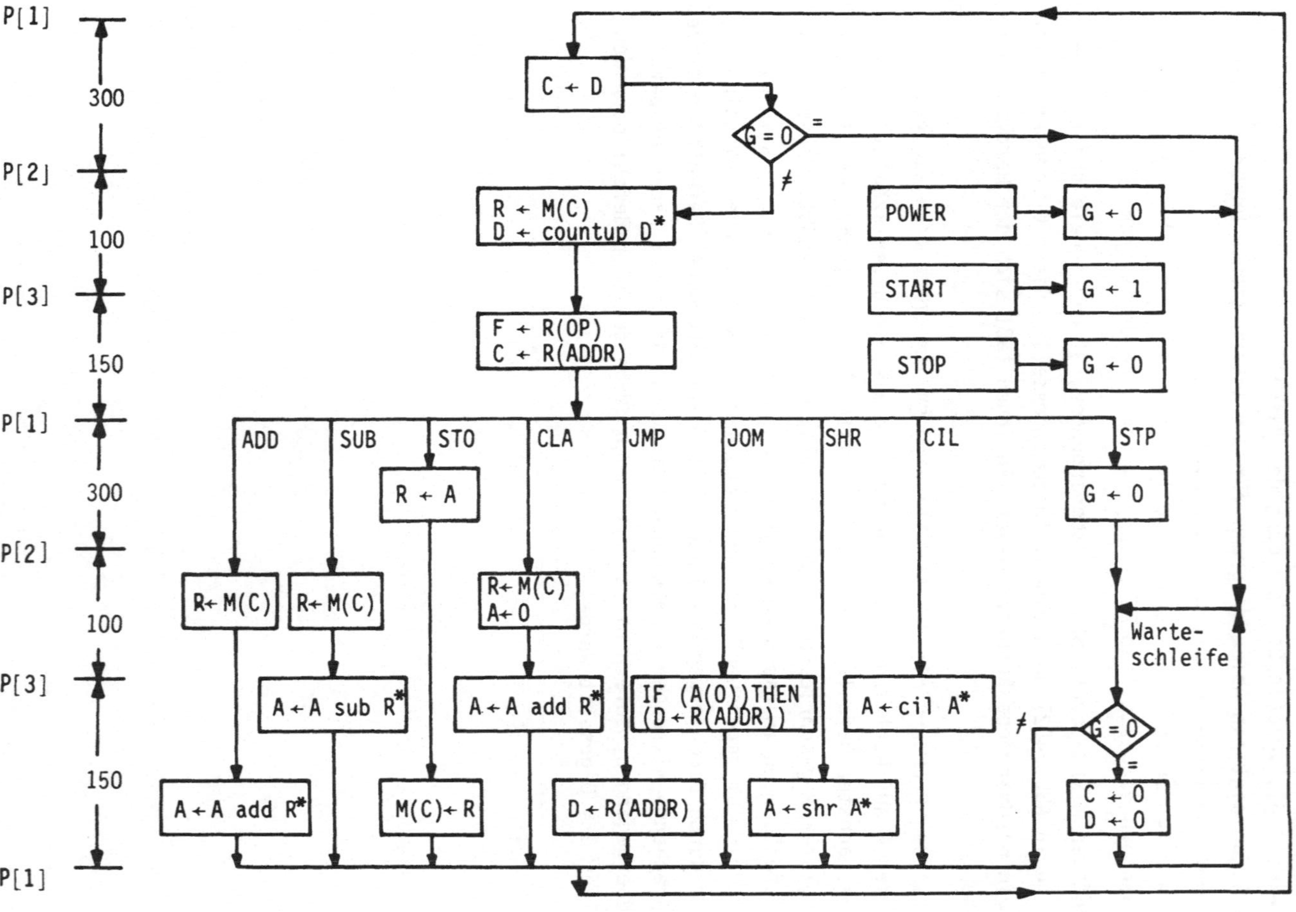

Abbildung 4.26: Ablaufdiagramm für die Steuerung der Instruktionen des Beispielrechners

*) Wenn für auszuführende Operationen nicht ausdrücklich eine Ausführungszeit deklariert ist, geht der ERES-Simulator davon aus, daß die Laufzeit der Originalquellen D, A, R die Operationszeiten enthält.

Gruppe der Transfer-Mikro-Operationen

1. Setzen von Konstanten
   - G ← 0
   - G ← 1
   - C ← 0
   - D ← 0
   - A ← 0
   - F ← 8
   - F ← 9

2. Reine Obertragung
   - C ← D
   - C ← R(ADDR)
   - D ← R(ADDR)
   - F ← R(OP)
   - R ← A
   - R ← M(C)
   - M(C) ← R

3. Unäre Operation in der Quelle
   - D ← 'countup' D
   - A ← 'shr' A
   - A ← 'cirl'A

4. Binäre Operation in der Quelle
   - A ← A add R
   - A ← A sub r

Gruppe der Steuersignale

5. Testbedingungen
   - G = 0
   - G = 1
   - A[0] = 1

6. Aus der Uhr abgeleitete Steuersignale
   - K[0]*P[2]
   - K[0]*P[3]
   - ⋮
   - K[9]*P[3]

7. Extern eingegebene Steuersignale
   - POWER
   - START
   - STOP

Abbildung 4.27: Mikrooperationen, Testbedingungen, Steuersignale und Steuereingaben für den Beispielrechner

Die formale Beschreibung des Beispielrechners und der von ihm ausführbaren Befehle (Mikroprogramme) hat folgende Gestalt:

```
'Design' Beispielrechner
     Deklarationsteil wie oben angegeben

   "-die folgenden Instruktionen bilden zusammen den Instruktionsteil des Entwurfs-
   /POWER/          G←0, F←9;                      "-Start-Stop Mikrooperationen-"
   /START/          G←1;
   /STOP/           G←0;
   /FETCH * P[1]/   C←D, 'IF'(G=0)'THEN'(F←8);     "-Befehlshol-Sequenz-"
   /FETCH * P[2]/   R←M(C), D 'countup'D;
   /FETCH * P[3]/   F←OP, C←ADDR;
   /ADD * P[2]/     R←M(C);                        "-Addier-Sequenz-"
   /ADD * P[3]/     A←A'add'R, F←9;
   /SUB * P[2]/     R←M(C);                        "-Subtrahier-Sequenz-"
   /SUB * P[3]/     A←A'sub'R, F←9;
   /STO * P[1]/     R←A;                           "-Abspeicher-Sequenz-"
   /STO * P[3]/     M(C)←R, F←9;
   /CLA * P[2]/     R←M(C), A←0;                   "-Addiere Akku-Sequenz-"
   /CLA * P[3]/     A←A add R, F←9;
   /STP * P[1]/     G←0;                           "-Stop Sequenz-"
   /STP * P[3]/     'IF'(G=30)'THEN'(C←0)'ELSE'F←9;
   /JMP * P[3]/     D←ADDR, F←9;                   "-Sprung-Sequenz-"
   /JOM * P[3]/     'IF'(A[0])'THEN'(D←ADDR), F←9;
                                                   "-Springe-Negativ-Sequenz-"
   /SHR * P[3]/     A←'shr'A, F←9;                 "-Schiebe-Sequenz-"
   /CIL * P[3]/     A←'cirl'A, F←9;                "-Schiebe-Zyklisch-Sequenz-"
                    'End'
```

In Schrägstrichen eingeschlossen stehen jeweils die Steuersignale, welche die dahinter aufgelisteten Mikrooperationen (gleichzeitig) lösen sollen. Die durch /CLA * P[2]/ beginnende Zeile hat also folgende Bedeutung: Liegt im Taktzeitpunkt P[2] ein Signal auf Leitung K[7] = CLA so sollen die folgenden Mikrooperationen gleichzeitig ausgeführt werden: Holen eines durch das Adreßregister C ausgewählten Operanden aus dem Speicher in das Speicherregister R(R←MC)) und Löschen des Akkumulatorinhaltes (A←0). Da im darauffolgenden Taktzeitpunkt P[3] CLA immer noch gültig sein wird, kann das Steuersignal /CLA * P[3]/ den Transfer des Operanden R in den Akkumulator anstoßen:

Die vermeintliche Addition (A←0+R) wirkt also wie eine reine Transport-Operation[1]. Gleichzeitig wird die Zahl 9 nach F geschrieben, was eine neue Befehlsholphase initiiert.

Damit soll die Beschreibung des Beispiels abgeschlossen werden. Wir erkennen, daß die Rechnerentwurfssprache (hier ERES) es uns erlaubt, die Beschreibung eines digitalen Systems in knapper und formaler Weise vorzunehmen. Diese einheitliche Schreibweise erleichtert uns einerseits etwa den Vergleich verschiedener Entwürfe, läßt andererseits aber auch die automatische Behandlung des Programms zu: Ein ERES-Programmsystem gestattet nach der syntaktischen Oberprüfung durch den Compiler eine Simulation des beschriebenen Entwurfes, an der wir dessen Verhalten überprüfen können. Abschließend sei noch bemerkt, daß diese Simulation im allgemeinen ein sehr Rechenzeit-aufwendiges Problem darstellt.

---

1) Diese Konstruktion dient der Einsparung von Datenwegen zwischen Akkumulator und Speicher.

5. Teilwerke von Rechenanlagen

5.1. Busse

Busse sind sozusagen die "Nerven" einer Rechenanlage, die deren Register, Funktionseinheiten oder Teilsysteme miteinander verbinden und den gegenseitigen Informationsaustausch vermitteln. Die Beschäftigung mit diesem Thema ist für den Rechnerarchitekten eine besondere Notwendigkeit, da die Art der Verbindungen das Verhalten des Gesamtsystems bezüglich Leistung, Zuverlässigkeit und Erweiterbarkeit entscheidend beeinflussen kann. Die durch die Verbilligung der LSI-Komponenten (vgl. technologische Einflüsse, Kapitel 3) bedingte Tendenz zu verteilter Verarbeitung (Multiprozessoren, allgemein: Parallelismus) führt innerhalb des Rechnersystems zu immer höherem Informationsfluß zwischen den einzelnen Teilelementen, was der Wahl der Verbindungsstruktur und Verbindungstechnik einen zentralen Platz innerhalb der Rechnerarchitektur zuweist.

Der Begriff Bus ist in der Literatur nicht immer gleichartig verwendet. Für den folgenden Abschnitt wollen wir unter einem Bus ein Bündel funktional zusammengehöriger Leitungen verstehen, die mindestens zwei Rechnerelemente miteinander verbinden und deren Informationsaustausch vermitteln. Dabei ist es unerheblich, ob die zu verbindenden Teilelemente vollständige Rechner (Rechnernetze), Komponenten von Rechnern (Prozessoren, Speicher, E/A etc.) oder Teile von Komponenten (Register, Arithmetisch-logische Einheit etc.) sind.

Mit THURBER, JENSEN, SCHNEIDER, 1976 wollen wir die beim Entwurf von Verbindungen anfallenden Probleme in zwei Klassen einteilen:

- Wahl der topologischen Struktur der Verbindungen
- Wahl von Datenpfaden, wobei wir zwischen festen Verbindungen und schaltbaren Verbindungen unterscheiden. (In der Literatur oft als Busse bzw. Schalter, "switches" bezeichnet.)

Die Wahl der Topologie sowie von schaltbaren Verbindungen ist insbesondere für sogenannte "unkonventionelle" Rechnerarchitekturen von Belang. Beide Punkte werden daher meist im Rahmen der Behandlung des Parallelismus in der Rechnerarchitektur untersucht, wir wollen daher an dieser Stelle nur eine knappe Einführung geben.[1] Dagegen ist die Behandlung fester Datenpfade ein zentrales Thema auch der "klassischen" Rechnerarchitektur. Eine erste und zugleich sehr umfassende Einführung beziehen wir von THURBER, et.al.,1972. Der Abschnitt über Busse wird sich daher weitgehend auf diese Veröffentlichung

[1] Ausführliche Behandlung in Band 2.

abstützen.

Bezüglich der topologischen Struktur von Verbindungssystemen liegt ein - wenn auch unvollständiger - 1) Klassifikationsansatz von ANDERSON, JENSEN, 1975 vor. Rechnertopologien werden nach dieser Taxonomie in folgende Klassen eingeteilt:

1. Art des Datentransfers : Direkt
   1.1 Art des Busses : Zugeordnet
      1.1.1 Topologie : Ringstruktur
      1.1.2 Topologie : Vollständige Verbindung
   1.2 Art des Busses : Nicht zugeordnet ("shared")
      1.2.1 Topologie : Gemeinsamer Speicher
      1.2.2 Topologie : Gemeinsamer Verwaltungsbus
2. Art des Datentransfers : Indirekt
   2.1 Art der Wegsuche : Zentral
      2.1.1 Art des Busses : Zugeordnet
         2.1.1.1 Topologie : Stern
         2.1.1.2 Topologie : Ring mit zentralem Schalter
      2.1.2 Art des Busses : Nicht zugeordnet
         2.1.2.1 Topologie : Bus mit zentralem Schalter
   2.2 Art der Wegsuche : Dezentral
      2.2.1 Art des Busses : Zugeordnet
         2.2.1.1 Topologie : Regelmäßiges Netzwerk
         2.2.1.2 Topologie : Unregelmäßiges Netzwerk
      2.2.2 Art des Busses : Nicht zugeordnet
         2.2.2.1 Topologie : Bus-Ausschnitt ("window")

Einen schematischen Überblick über die in dieser Taxonomie genannten Verbindungsstrukturen vermittelt Abbildung 5.1.

Einen guten Überblick über die schaltbaren Datenpfade geben THURBER, JENSEN, SCHNEIDER, 1976. Die wesentliche Gruppe dieser Schalter sind die Hardware-

1) ANDERSON, JENSEN behandeln nicht die Klasse der Feldrechner wie etwa ILLIAC IV oder PEPE, da die Arbeit auf Rechnerstrukturen mit gleichartigen Verarbeitungselementen eingeschränkt ist. Unter gleichartig wird dabei verstanden, daß die Einzelelemente in der Lage sind, ohne äußere Hilfe Prozesse auszuführen.

Schalter wie:
- Kreuzschienenverteiler
- Permutations-Netze
- Sortier-Netze,

die darauf abzielen, für gegebene Anwendungen mit möglichst geringem Hardware-Aufwand die erforderliche Verbindungsstruktur bereitzustellen. Eine Übersicht über Aufwandfragen, Schaltzeiten und Anwendungen dieser Hardware-Schalter gibt THURBER, 1974.

Im weitesten Sinne lassen sich jedoch auch Software-Schalter zu den Verbindungsstrukturen zählen, das sind Rechner, etwa das IMP (Interface Message Processor) des ARPA-Netzes, die softwaremäßig die Weitergabe von Informationspaketen in einem Knoten des Rechnernetzwerkes regeln. Auch hierüber ist bei THURBER, JENSEN, SCHNEIDER, 1976 ein Überblick gegeben.

5.1.1 Entwurfsmerkmale von Bussen

Nach THURBER, et.al., 1972 charakterisieren die folgenden Merkmale jede mit festen Datenfaden (Bussen) ausgestattete Rechnerstruktur:
- Anzahl und Art der Busse
- Art der Busverwaltung
- Art der Kommunikationstechnik auf dem Bus
- Art des Datentransfers
- Breite des Busses.

Diese einzelnen Merkmale werden nunmehr detailliert behandelt. Es muß an dieser Stelle darauf hingewiesen werden, daß nachfolgend nicht alle möglichen Lösungen angeführt sind, vielmehr eine Anzahl typischer Beispiele gegeben wird. Insbesondere sind Mischlösungen aus den angegebenen Verfahren anzutreffen, wie das auch aus dem Beispiel in Abschnitt 5.1.3 ersichtlich wird.

5.1.1.1 Anzahl und Art der Busse

Bei Rechnern unterscheidet man zwischen
- Einbussystemen und
- Mehrbussystemen,

je nach Anzahl der vorhandenen Busse. Bezüglich der Art der verwendeten Busse unterscheidet man
- zugeordnete Busse und
- nicht zugeordnete Busse.

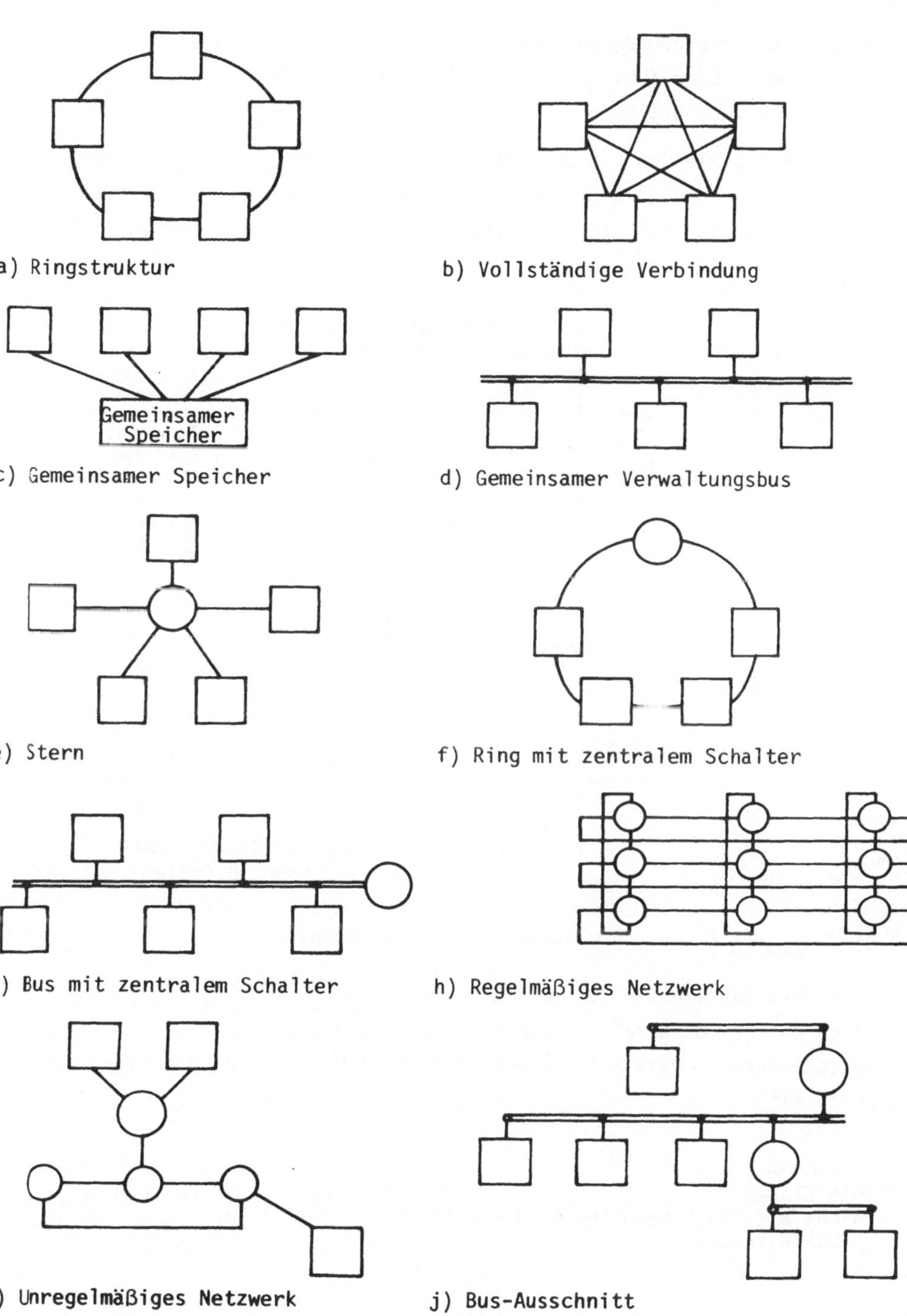

Abbildung 5.1: Übersicht über Verbindungsstrukturen, nach ANDERSON, JENSEN, 1975.

Man spricht von einem zugeordneten Bus, wenn dieser physikalisch [1] genau zwei Geräten - oder funktional einer bestimmten Aufgabe, z. B. Durchführung des E/A-Verkehrs, beliebig vielen Geräten zugeordnet ist.

Typische Beispiele von zugeordneten Bussystemen sind die sogenannten HARVARD-Rechner, bei denen eine Trennung von Programm- und Datenspeicher vorliegt, die sich auch in der Trennung von Befehls- und Datenbus niederschlägt (vgl. Abbildung 5.2).

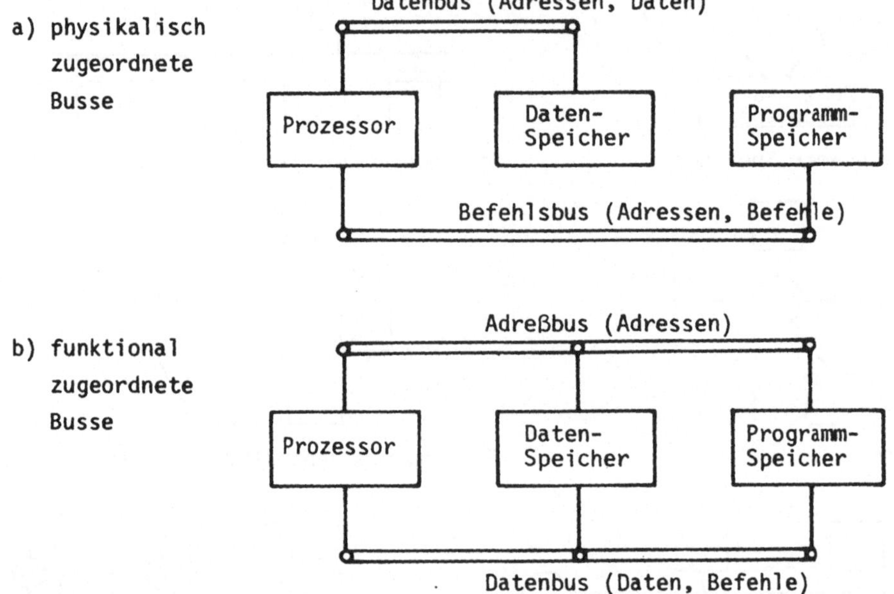

Abbildung 5.2: Zugeordnete Busse im HARVARD-Rechner

Zugeordnete Busse haben die folgenden Vorteile:

- Da keine (bei physikalisch zugeordneten Bussen) bzw. nur geringe Konkurrenz verschiedener Geräte auf dem Bus besteht, gibt es keine oder nur geringe Wartezeiten.

1) Die Klasse der physikalisch zugeordneten Busse wird in der Literatur oft nicht als "Bus" bezeichnet. Wir wollen hier jedoch der Einteilung nach THURBER folgen.

- Die Busverwaltung ist entsprechend einfach.
- Leitungen können eingespart werden (z. B. keine Synchronisation, keine Adressierung nötig).

Nachteile zugeordneter Busse sind:

- Wegen der speziellen Aufgabenverteilung ist die Zahl zugeordneter Busse in einem Rechner höher, als wenn man nicht zugeordnete Busse verwenden würde: Es entstehen hohe Kabel-, Verbindungs-, Treiber- und Schnittstellenkosten.
- Zugeordnete Busse können - wegen ihres speziellen Zuschnitts auf eine Aufgabe - im Falle eines Fehlers nicht gegeneinander ersetzt werden wie mehrfach vorhandene nicht zugeordnete Busse. Man muß daher für fehlersichere Systeme für jeden zugeordneten Bus ein Ersatzteil vorsehen, was zu hohen Ersatzteilkosten führt.
- Die Systemerweiterbarkeit (Modularität) ist bei zugeordneten Bussen oft erschwert.

Nicht zugeordnete Busse liegen vor, wenn diese für mehrere Funktionen und/oder Geräte "universell" verwendet werden. Als typisches Beispiel sind die PRINCETON-Rechner zu sehen, so etwa die Einbusrechner PDP 11 oder LOCKHEED SUE, die in Abschnitt 5.1.3 behandelt werden (vgl. auch Abbildung 5.3).

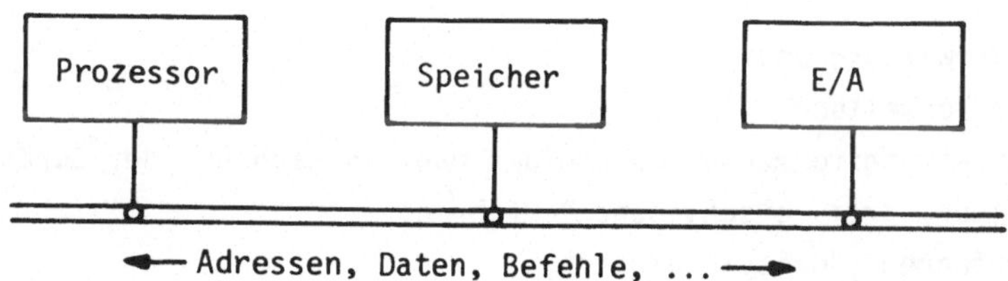

Abbildung 5.3: Nicht zugeordneter Bus bei einem PRINCETON-Rechner

Varianten des nicht zugeordneten Busses sind Mehrbussysteme, die sehr ausfallsicher sind, Kreuzschienenverteiler, die alle Geräte eines Typs mit allen Geräten eines anderen Typs verbinden (vgl. Abbildung 2.42) und Permutationsnetzwerke, die n Geräte mit n anderen Geräten verbinden.

Vorteile der nicht zugeordneten Busse sind:
- Systemerweiterungen sind im allgemeinen einfacher als bei zugeordneten Bussen. So entstehen fast beliebig [1] erweiterbare "Baukastensysteme", bei denen das Hinzufügen eines neuen Gerätes durch einfaches Einschieben in den Systembus gelöst wird, wie etwa bei der LOCKHEED SUE.
- Mehrfachbussysteme bieten erhöhte Zuverlässigkeit, sofern im Falle eines Busfehlers das Umschalten auf die intakten Busse hard- oder softwaremäßig unterstützt wird.

Dagegen stehen folgende Nachteile:
- Zugriffskonflikte auf den Bus müssen gelöst werden.
- Die Buszuordnung bedingt Aufwand an Logik und Zeit.
- Geräteadressen müssen bei der Kommunikation angegeben werden.
- Geräte müssen synchronisiert werden.

5.1.1.2 Art der Busverwaltung

Bei physikalisch nicht zugeordneten Bussen, das heißt bei Bussen, an die mehr als 2 Geräte angeschlossen sind, ist es nötig, eine Busverwaltung vorzusehen, die insbesondere die Aufgabe der Lösung von Zugriffskonflikten hat.
Man unterscheidet nach physikalischer und logischer Anordnung der Busverwaltung zwischen
- zentraler Verwaltung und
- dezentraler Verwaltung.

In beiden Verwaltungsformen unterscheidet man, je nach Art der Geräteanfrage und Buszuteilung, drei verschiedene Verfahren:
- Reihungsverfahren ("daisy-chaining")
- Wählverfahren ("polling")
- Verfahren unabhängiger Anforderungen ("independent requests").

---

[1] Grenzen der Erweiterbarkeit sind physikalischer Natur (Signale) oder logischer Natur (Busüberlastung).

In der nachfolgenden Beschreibung werden die Verwaltungstechniken als durch gesonderte Leitungen realisiert dargestellt. Meist können diese Techniken - bei höherem Zeitaufwand - auch durch entsprechend codierte Signale auf den Datenleitungen des Bus realisiert sein.

Von zentraler Busverwaltung spricht man, wenn eine einzige Einheit benutzt wird, um die Zugriffsanfragen ("request") und Buszuteilungen ("grant") vorzunehmen.

Beim zentralen Reihungsverfahren (vgl. Abbildung 5.4,a) gibt es für alle Geräte eine gemeinsame Anfrageleitung. Auf jedes Anfragesignal antwortet die Busverwaltung - sofern der Bus frei ist - mit einem Verfügbar-Signal ("available") auf der durch alle Geräte sequentiell geführten entsprechenden Leitung ("daisy chain"). Das erste anfragende Gerät, das in dieser Reihenfolge das Verfügbar-Signal auffängt (und nicht weitergibt), erhält den Bus-Zugriff und setzt ein Belegt-Signal ("busy").

Vorteile des Reihungsverfahrens sind:
- Das Verfahren ist sehr einfach, der Anschluß neuer Geräte an den Bus verlangt keine zusätzlichen Leitungen.

Nachteile bestehen in den folgenden Punkten:
- Das Reihungsverfahren ist extrem fehleranfällig: Fällt nur ein Gerät der "daisy chain" aus, so sind alle weiteren Geräte nicht mehr erreichbar, sofern nicht gesichert ist, daß die Weitergabe des Signals um das defekte Gerät herum gelöst wird.
- Die Prioritätszuordnung der Geräte ist nicht variierbar und ergibt sich aus deren physikalischer Lage relativ zur Busverwaltung: Bei gleichzeitiger Anfrage zweier Geräte erhält immer das "näher" an der Verwaltung sitzende Gerät den Buszugriff.
- Durch die Notwendigkeit des Durchlaufens des Verfügbar-Signals durch alle Geräte bei der Buszuteilung ist dieses Verfahren gegebenenfalls recht langsam.

Das zentrale Wählverfahren (vgl. Abbildung 5.4,b) ist wie das Reihungsverfahren durch gemeinsame Anfrage- und Belegt-Leitungen gekennzeichnet, unterscheidet sich von diesem jedoch dadurch, daß die Bus-Zuteilung durch Hochzählen der Busverwaltung auf den Wahlleitungen ("Poll count") geschieht. Jedem Gerät ist eine Wählleitung mit einer bestimmten Nummer zugeordnet. Wird beim Hochzählen die Nummer eines anfragenden Gerätes erreicht, setzt dieses die Belegt-Leitung und die Verwaltung beendet das Abzählen.

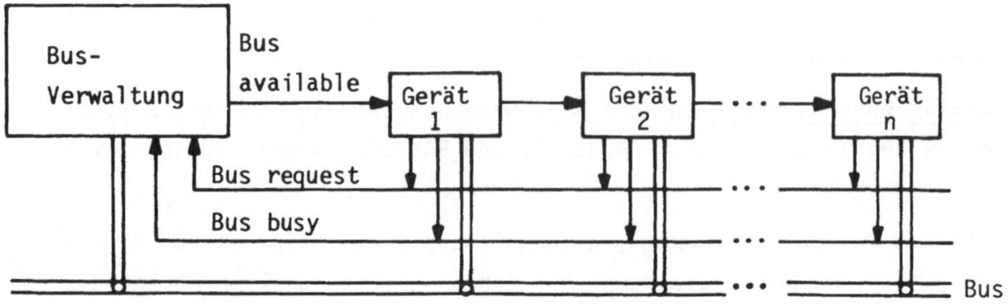

a) Reihungsverfahren

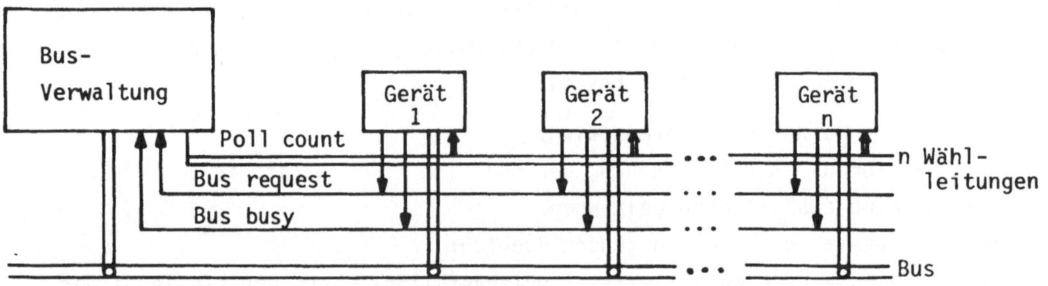

b) Wählverfahren

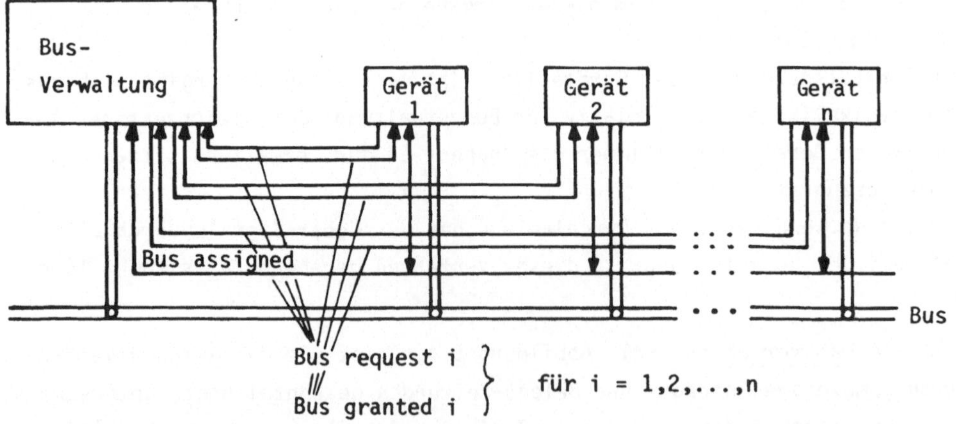

c) Verfahren unabhängiger Anforderungen

Abbildung 5.4: Verschiedene Verfahren der zentralen Busverwaltung, nach THURBER et.al., 1972.

Vorteile des Wählverfahrens sind

- geringere Störanfälligkeit als das "daisy-chainig"
- durch zyklisches oder azyklisches Zählen der Verwaltung können gewisse Prioritäten gesetzt werden. Dies gilt insbesondere für eine Variante des Wählverfahrens, bei der jedes Gerät einen eigenen Zähler umfaßt.

Der wesentliche Nachteil des Verfahrens liegt in den hohen Leitungsanforderungen durch die Wählleitungen.

Beim Verfahren der unabhängigen Anforderungen (vgl. Abbildung 5.4,c) ist für jedes Gerät ein Paar von separaten Anforderungs- und Zuteilungsleitungen vorgesehen. Wünscht ein Gerät die Zuteilung des Bus, so setzt es ein Signal auf seiner Anforderungsleitung. Die Busverwaltung wählt bei mehreren gleichzeitig vorliegenden Anforderungen aufgrund der verwendeten Strategie ein bestimmtes Gerät aus und sendet ihm ein Zuteilungssignal. Durch ein Signal auf der Bus-Zugeordnet-Leitung gibt das angewählte Gerät allen anderen Geräten zu verstehen, daß der Bus zur Zeit belegt ist.
Vorteile des Verfahrens sind:

- Da alle Anforderungen gleichzeitig vorliegen können, kann die Auswahlzeit kürzer sein.
- Jede beliebige Zuteilungsstrategie ist realisierbar. Dynamische Änderungen der Strategie (bei Fehlern in gewissen Geräten) sind möglich.

Die Nachteile umfassen folgende Punkte:

- Das Verfahren erfordert eine sehr hohe Anzahl an Leitungen.
- Entsprechend der möglichen Strategien kann die Bus-Verwaltung sehr kompliziert sein.

Dezentrale Verwaltungsverfahren sind dadurch gekennzeichnet, daß die Bus-Verwaltung vornehmlich auf die an den Bus angeschlossenen Geräte verteilt ist.

Beim dezentralen Reihungsverfahren (vgl. Abbildung 5.5,a) besitzen alle Geräte eine gemeinsame Anforderungsleitung, die mit der Verfügbarleitung (angelegt als "daisy chain" durch alle angeschlossenen Geräte) vor dem ersten Gerät verbunden ist. Wünscht ein Gerät Zugriff auf den Bus, so setzt es ein Anforderungssignal, wenn das ankommende Verfügbarkeitssignal gesetzt ist. Geräte, die keine Busanforderung haben, geben das Verfügbarkeitssignal weiter. Das erste Gerät, das eine Anforderung hat, gibt das Verfügbarkeitssignal solange nicht weiter, bis sein Auftrag ausgeführt ist. Während dieser Zeit bleibt auch das Anforderungssignal gesetzt, nach Beendigung des Auftrags wird es zurückgesetzt, so daß auch das Bus-Available-Signal zurückgesetzt wird, sofern nicht ein anderes Gerät eine Anforderung gesetzt hat. Eine Variante des Verfahrens besteht darin, die Geräte lediglich in einer "daisy chain" für das Verfügbarkeits-Signal aneinanderzureihen. Der Busstatus wird dann durch einen Zustandswechsel der Leitung festgestellt, es gibt keine eindeutige Zuordnung von "gesetzt" und "nicht gesetzt" zum Busstatus.

Der Vorteil beider Verfahren ist die Einfachheit der Lösung.
Nachteile sind:

- Durch Laufzeiten der Signale können Wettrennbedingungen (races) auftreten, die dazu führen, daß sich die Anordnung nicht in gewünschter Weise verhält. Gegebenenfalls benötigt man also eine zusätzliche Synchronisation.
- Bezüglich der Prioritätszuteilung sind die Reihungsverfahren recht unflexibel.
- Wie beim zentralen Reihungsverfahren ist die Verfügbarkeit des Gesamtsystems recht gering, da in der "daisy chain" der Ausfall eines einzigen Gerätes zum Ausfall des Gesamtsystems führen kann. 1)

Beim dezentralen Wählverfahren (vgl. Abbildung 5.5,b) gibt das Gerät, das einen Bus freigeben will, einen Code (Nummern für eine Adresse oder Priorität) auf die Wahlleitungen und setzt die Verfügbarleitung. Falls das durch diesen Code angesprochene Gerät eine Busanforderung hat, antwortet es durch Setzen des Annahmesignals ("bus accept"), was das ursprüngliche Gerät zum Rücksetzen des Codes und des Verfügbar-Signals veranlaßt. Empfängt das Ausgangsgerät kein Annahmesignal, wird entsprechend der gewählten Auswahlstrategie der Code verändert und von neuem begonnen, bis ein Gerät mit Anforderung angetroffen wird, das dann die Stelle des Ausgangsgerätes übernimmt.

Das Verfahren ist besonders zuverlässig, sofern bei Ausfall des aktuell steuernden Gerätes die Übergabe zum nächsten Gerät möglich ist; es hat aber den Nachteil, daß diese Zuverlässigkeit durch sehr hohen Hardware-Aufwand erkauft werden muß: Jedes an den Bus angeschlossene Gerät muß dieselbe Zählhardware umfassen wie die gesamte Busverwaltung beim zentralen Wählverfahren.

---

1) Die Serienschaltung ist störanfälliger als die Parallelschaltung, vergleiche Kapitel 2.4.2.

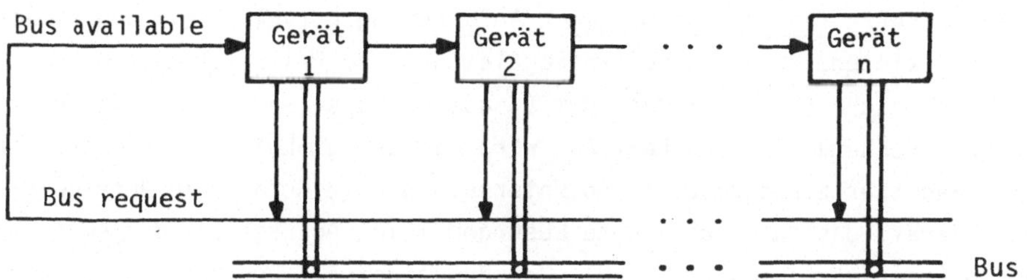

a) Reihungsverfahren

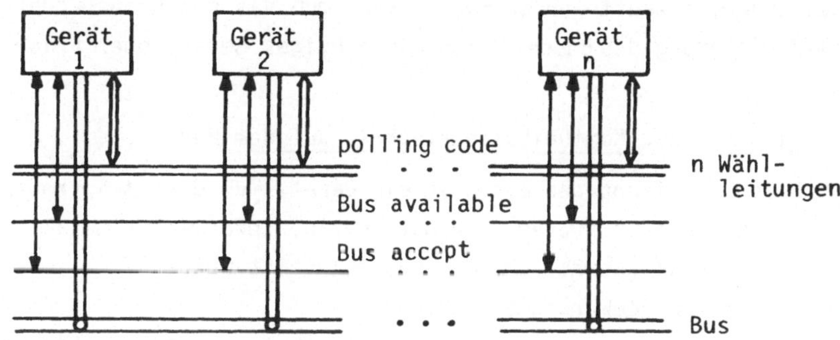

b) Wählverfahren

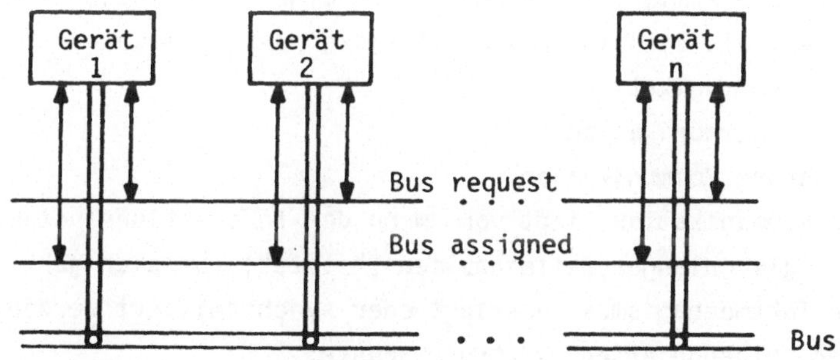

c) Verfahren unabhängiger Anforderungen

Abbildung 5.5: Verschiedene Verfahren der dezentralen Busverwaltung, nach THURBER et.al., 1972.

Das dezentrale Verfahren der unabhängigen Anforderungen (vgl. Abbildung 5.5,c) ist durch die Existenz von je einer Anfrageleitung pro Prioritätsklasse gekennzeichnet. Wünscht ein Gerät den Zugriff auf den Bus, so setzt es die seiner Priorität entsprechende Anfrage-Leitung. Wird die Belegt-Leitung ("bus assigned") vom letzten Benutzer zurückgesetzt, so untersuchen alle Geräte die Anfrageleitungen. Das Gerät, das durch geeignete Lösungen seine Anfrage als diejenige mit der höchsten Priorität ausmacht, erhält den Bus zugeteilt und setzt die Belegt-Leitung. Der Vorteil dieser Methode liegt in der höheren Verfügbarkeit des Gesamtsystems, die jedoch durch hohen Hardwareaufwand (dezentrale Verwaltungen, Leitungen) erkauft werden muß. Ferner muß das sogenannte "Unterdrückungsproblem" (Majorisierung des Busses durch ein einziges Gerät hoher Priorität) gelöst werden.

5.1.1.3 Art der Kommunikationstechnik auf dem Bus

Nach der Zuteilung des Buses an ein Gerät, muß dieses in Kontakt mit seinem gewünschten Partner treten. Die dazu nötige Information umfaßt:
- Quelladresse (Gerät, dem der Bus zugeteilt wurde),
- Zieladresse (gewünschter Partner),
- Typ der zu übertragenden Information (Daten, Befehle, Status, etc.)
- Art der Aktion (Eingabe, Ausgabe, etc.).

Die eigentliche Kommunikation kann durch eine große Anzahl von Techniken realisiert werden, die sich in drei Hauptklassen untergliedern:
- synchrone Kommunikation
- asynchrone Kommunikation
- halbsynchrone Kommunikation.

Synchrone Kommunikation liegt vor, wenn der Informationsaustausch auf dem Bus in festen, gleichlangen Zeiteinheiten ("slots") vor sich geht, die von einem zentralen Taktmechanismus generiert oder synchronisiert werden. Man unterscheidet weiter folgende Arten synchroner Busse:
- Busse mit zugeordneten Zeiteinheiten, d.h. jedes Gerät enthält eine bestimmte Anzahl von Zeiteinheiten zugeordnet, unabhängig davon, ob es sie benutzt oder nicht. Prioritäten sind nur durch eine größere Anzahl von Zuteilungen zu realisieren.
- Busse mit nicht zugeordneten Zeiteinheiten, d.h. Geräte erhalten feste Zeiteinheiten nur dann zugeteilt, wenn sie diese benötigen. Für den Preis eines

höheren Hardware-Aufwandes ist hier die Realisierung von Prioritäten möglich.
- Busse mit gemischten Verfahren.

Vorteile der synchronen Kommunikation sind:
- Die Kommunikationstechnik ist vergleichsweise einfach und logisch leicht steuerbar, deshalb bei gleichartigen Geräten schneller.
- Synchrone Kommunikation ist über größere Kabellängen realisierbar (weswegen sie auch weit verbreitet ist).

Diesen Vorteilen stehen die folgenden Nachteile gegenüber:
- Durch die Übertragungszeiten der Signale kann die zentrale Taktgebung nicht geeignet sein, weswegen man die Kommunikation über weite Entfernungen meist durch dezentrale Taktung bei zentraler Synchronisation löst. Dadurch ergibt sich ein recht hoher Hardware-Aufwand.
- Wenn der Takt sich nach der langsamsten Einheit richtet, ist die Kommunikation sehr langsam, richtet sie sich nach der schnellsten Einheit, muß zusätzliche Hardware für die Pufferung vorgesehen werden.
- Bezüglich der Zuschaltung neuer Geräte ist der synchrone Bus recht unflexibel, da die Zuordnung der Zeiteinheiten jeweils neu geregelt werden muß.
- Die Rückmeldung nach Überprüfung der Information auf Übertragungsfehler durch das empfangende Gerät geschieht aus Zeitgründen im allgemeinen erst nach Abschluß der jeweiligen Übertragungs-Zeiteinheit. Dies bedingt jedoch, daß das sendende Gerät die Information bis zum Zeitpunkt der potentiellen Ankunft einer Fehlermeldung zwischenspeichert.

Von asynchroner Kommunikation spricht man, wenn die Übertragung der Information nicht durch irgendwie geartete Zeiteinheiten vorbestimmt ist. Man unterscheidet wiederum eine größere Anzahl von Untertechniken:
- Einweg-Kommando (OWC für "one-way command"), wobei die Variationen
  Quell-gesteuert und
  Ziel-gesteuert vorkommen.
- Quittierungsverfahren ("request/acknowledge") mit den Unterformen
  nicht verschränkt ("non-interlocked"),
  halb verschränkt ("half-interlocked") und
  verschränkt ("fully-interlocked").

Die Einweg-Kommando-Verfahren sind dadurch gekennzeichnet, daß die gesamte Kommunikation durch eines der beiden Partnergeräte gesteuert wird (entweder vom Quell- oder vom Zielgerät). Nach Beginn der Übertragung gibt es also -

abgesehen gegebenenfalls von einem Fehlersignal - keine weitere Interaktion zwischen den Geräten. Beim Quell-gesteuerten Verfahren (vgl. Abbildung 5.5,a) setzt das Quell-Gerät die Daten auf den Bus und gibt dem Zielgerät durch ein Bereitsignal ("data ready") zu verstehen, daß Daten für es bereitstehen. Der Zeitpunkt des Setzens von Data Ready ist sehr Geräte-spezifisch: Wird der Datenempfang im Zielgerät durch das Bereitsignal selbst initiert, muß t_1 so groß sein, daß sichergestellt ist, daß die Daten bereits angekommen sind. Bisweilen wird $t_1 = t_3 = 0$ gesetzt und dafür im Zielgerät eine Verzögerung vorgesehen. Für das Nachladen der Ausgaberegister im Quellgerät oder für eine neue Buszuordnung wird die Zeit t_4 benötigt.

Das Ziel-gesteuerte Verfahren (vgl. Abbildung 5.6,b) beginnt mit der Datenanfrage des Zielgerätes ("data request") nach deren Empfang das Quellgerät seine Daten auf den Bus gibt. Dabei muß das Zielgerät entscheiden, wann es die Daten vom Bus entnimmt.

Während das Quell-gesteuerte Verfahren schnell und einfach ist, läßt es - im Gegensatz zum Ziel-gesteuerten Verfahren - keine Übertragungsüberprüfung zu, da es - streng genommen - keine Rückmeldung vom Zielgerät gibt. Ferner ist es sehr ineffizient bei Geräten unterschiedlicher Geschwindigkeit und anfällig gegen Störungen auf der Data-ready-Leitung. Das Ziel-gesteuerte Verfahren bietet die Möglichkeit der Übertragungsüberprüfung durch das Zielgerät, wobei diese jedoch die Übertragungsgeschwindigkeit möglicherweise verringert. Ferner ist bei diesem Verfahren eine doppelte Signalausbreitungszeit vorzusehen.

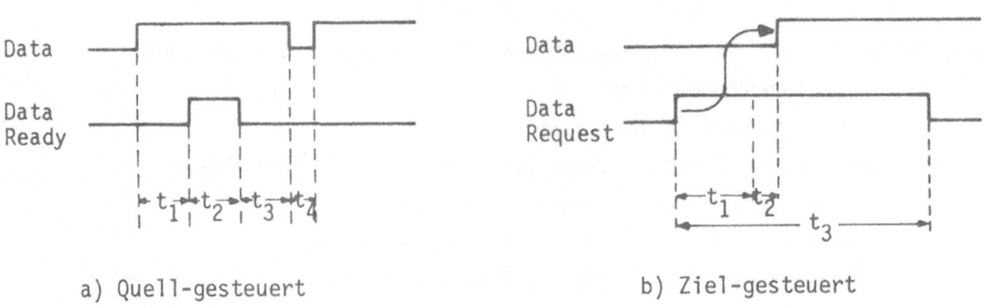

Abbildung 5.6: Quell- und Ziel-gesteuerte, asynchrone Einweg-Kommando-Kommunikation, nach THURBER et.al., 1972.

Asynchrone Quittierungsverfahren sind dadurch zu charakterisieren, daß beide Geräte - also Quell- und Zielgerät - an der Steuerung der Informationsübertragung teilhaben. Die verschiedenen Unterformen beziehen sich auf den Grad der Verschränkung der Signale, eine Maßnahme, die der Sicherheit der Datenübertragung gegenüber Verzögerungszeiten dient. Beim nicht verschränkten Verfahren (vgl. Abbildung 5.7,a) setzt das Quellgerät seine Daten auf die Leitung und sendet ein Bereitsignal ("data ready"). Das Zielgerät speichert die Daten, führt eventuell eine Übertragungsüberprüfung durch und antwortet mit einem Quittierungssignal ("data accept") bzw. mit einem in der Abbildung 5.6,a nicht eingezeichneten Fehlersignal im Fehlerfalle. Das Quittierungssignal führt beim Quellgerät dazu, die Daten zurückzunehmen und neue Daten weiterzugeben. Die genauen Zeitbestimmungen t_1 - t_6 sind Geräte- und Implementierungs-abhängig. Bei ungeschickter Wahl dieser Zeiten und entsprechenden Bus-Verzögerungszeiten könnte z. B. ein neues Bereitsignal erscheinen, noch während das alte Quittierungssignal gesendet wird. Diese Situation würde zu einem Busfehler führen.

Durch das halb-verschränkte Verfahren (vgl. Abbildung 5.7,b) wird diese Möglichkeit ausgeschlossen, indem das Zurücksetzen des Bereitsignals erst als Reaktion auf das zugehörige Quittierungssignal vorgenommen wird. Wenn in diesem Falle das neue Bereitsignal noch während des alten Quittierungssignals erscheint, entsteht kein Busfehler, die Übertragung wird lediglich verzögert. Im allgemeinen ist das halb-verschränkte Verfahren nicht langsamer und kaum Hardware-aufwendiger als das nicht verschränkte Verfahren. Falls bei dieser Technik das alte Quittierungssignal noch über die Dauer des Nachladens des Ausgabedatenpuffers im Quellgerät stehen bleibt und damit das neue Datenbereitsignal verdeckt wird, kann ebenso ein Busfehler auftreten.

Das verschränkte Quittierungsverfahren ("fully interlocked", vgl. Abbildung 5.7,c) verhindert diesen Fehler, indem es ein neues Bereitsignal nicht vor dem Zurücksetzen des alten Quittierungssignals zuläßt. Diese Maßnahme wird durch die Bindung des Zurücksetzens des Quittierungssignals an das zugehörige Bereitsignal erreicht. Der Hardware-Mehraufwand dieser Lösung ist gering, jedoch ergibt sich durch die Bindungen der Signale aneinander eine stärkere Geschwindigkeitseinschränkung (doppelte Verzögerungszeit gegenüber dem halb-verschränkten Verfahren).

Vorteile der Quittierungsverfahren [1] allgemein sind:

- Möglichkeit der Obertragungsüberprüfung
- Möglichkeit der Interaktion zwischen Geräten unterschiedlicher Arbeitsgeschwindigkeiten
- Einfache Erweiterbarkeit.

Diesen Vorteilen stehen die folgenden Nachteile gegenüber:

- Quittierungsverfahren sind vergleichsweise langsam wegen der durch die Interaktion der Geräte bedingten Signallaufzeit
- Ein gewisses - jedoch vergleichsweise geringes - Maß an Hardware-Mehraufwand ist zu leisten.

Halbsynchrone Kommunikation [2] liegt vor, wenn bei einem Bus Zeiteinheiten vorliegen, die jedoch nicht gleichen Umfangs sind wie bei synchronen Verfahren. Insofern sind die halbsynchronen Busse durchaus auch als asynchron zu betrachten, die sich nur im unbenutzten Zustand wie synchrone Busse verhalten. Ziel des halbsynchronen Verfahrens ist es, einerseits Obertragungsüberprüfung zuzulassen, ohne dabei die Wartezeiten wie beim asynchronen Bus in Kauf zu nehmen, andererseits den Vorteil der Kommunikationsmöglichkeit zwischen Geräten unterschiedlicher Geschwindigkeit - wie beim asynchronen Bus - beizubehalten.

Die Rückmeldung im Fehlerfalle wird - anders als beim asynchronen Verfahren - nicht im Zeitraum der laufenden Obertragung abgewartet, sondern um eine feste Anzahl von Zeiteinheiten verzögert. Diese Zeiteinheiten werden jedoch nicht wie beim synchronen Verfahren von einer zentralen Systemuhr vorgegeben, sondern sie werden durch auf dem Bus bei anderen Obertragungsvorgängen anfallende Signale, die für alle Geräte zugänglich sind, bestimmt. Dieses Verfahren ist nur unmöglich, wenn solche Signale ausbleiben, d.h. der Bus unbenutzt ist.

---

1) Auf Quittierungsverfahren, bei denen eine Quelle Informationen an mehrere Ziele sendet ("3-Draht-Handshake") wird an dieser Stelle nicht eingegangen(vgl. dazu etwa den IEC-Bus nach DIN, 1976).

2) Nach THURBER, JENSEN, SCHNEIDER 1976 ist es auch möglich, die halbsynchrone Kommunikation in die Klasse der asynchronen Bustechniken mit spezieller Verwaltung einzuteilen. Aus Obersichtlichkeitsgründen behalten wir jedoch die Klassifikation aus THURBER, 1972 bei.

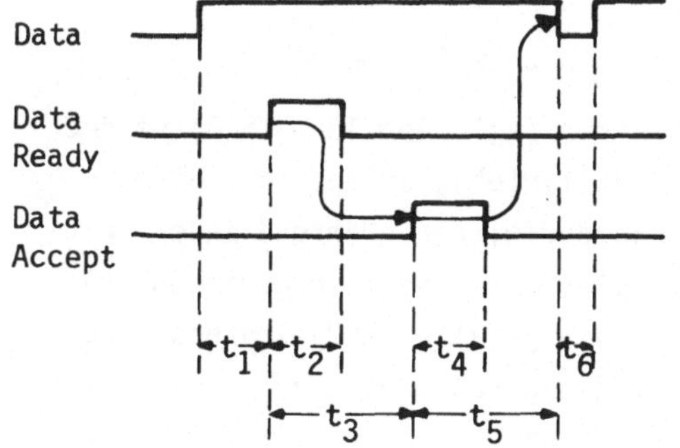

a) Nicht verschränkt

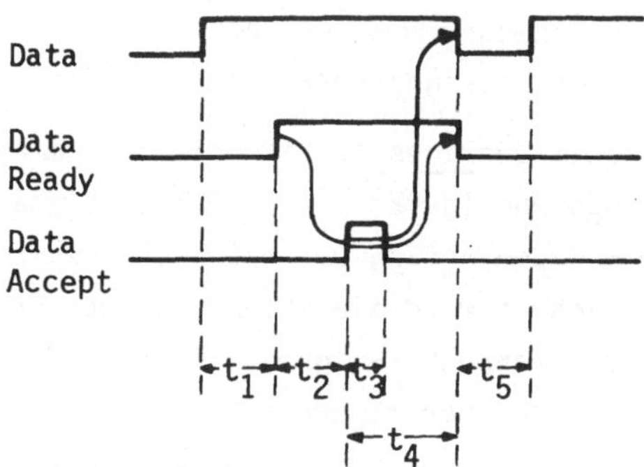

b) Halb verschränkt

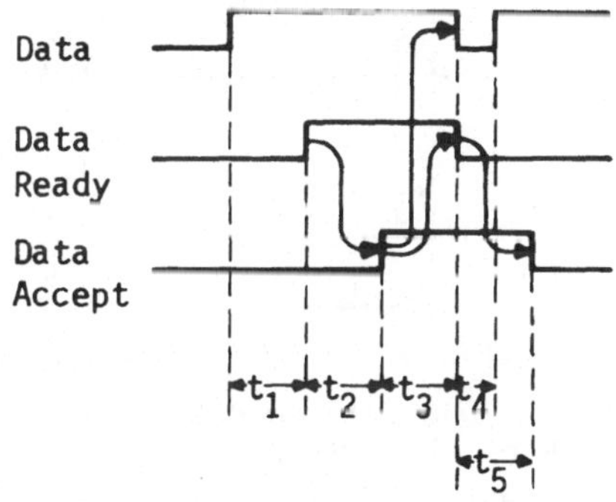

c) verschränkt

Abbildung 5.7: Verschiedene Grade der Verschränkung bei asynchronen Quittierungsverfahren, nach THURBER et.al., 1972.

In solchen Fällen benötigt der halbsynchrone Bus Signale aus einer sogenannten Pseudouhr, die je nach Art der Busverwaltung zentral oder dezentral angeordnet ist.

Analog zu den asynchronen Bussen gibt es auch bei den halbsynchronen Bussen die folgenden Verfahren:

- Einweg-Kommando- und
- Quittierungs-Verfahren mit den entsprechenden Unterklassen.

Beim Quell-gesteuerten Einweg-Kommando-Verfahren (vgl. Abbildung 5.8) sendet das Quellgerät ein Verfügbar-Signal ("bus available"), um das Ende einer - und den Anfang der nächsten - Zeiteinheit zu definieren. Während jeder Zeiteinheit wird die Bus-Zuordnung für die nächste Zeiteinheit vorgenommen. Auf das Verfügbar-Signal hin setzt das nächste Quellgerät eine Zieladresse und die zu übertragenden Daten auf den Bus. Das Zielgerät wartet auf diese Daten, lädt sie und setzt dann ein neues Verfügbar-Signal.

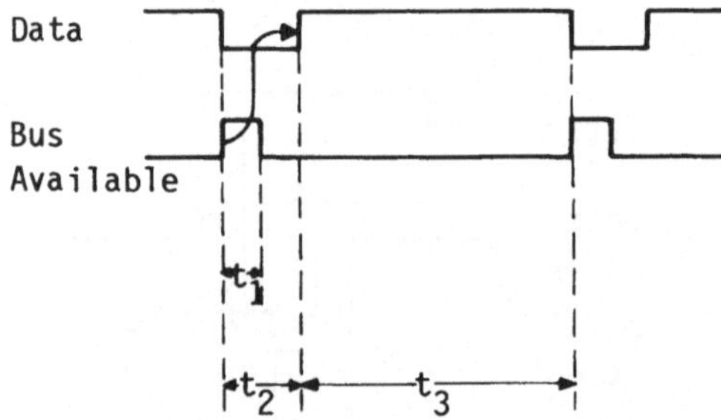

Abbildung 5.8: Halbsynchrone, Quell-gesteuerte Einweg-Kommando-Kommunikation, nach THURBER et.al., 1972.

Im Gegensatz zum entsprechenden asynchronen Verfahren wird hier anstelle einer gesonderten Bereit-Leitung ("data ready") die in jedem asynchronen Bus vorhandene Verfügbar-Leitung benutzt, also eine Leitung eingespart. Das Verfahren eignet sich jedoch nicht für den Anschluß von Geräten unterschiedlicher Arbeitsgeschwindigkeit.

Bezüglich der halbsynchronen Quittierungsverfahren betrachten wir zunächst die nicht-verschränkte Kommunikation. Das Verfahren mit der gemeinsamen Bereit-/Verfügbar-Leitung (vgl. Abbildung 5.9,a) hat große Ähnlichkeit mit dem oben besprochenen Einweg-Kommando-Verfahren (Abbildung 5.8), es umfaßt jedoch zusätzlich die Rückmeldung vom Zielgerät durch die Quittierungsleitung. Damit läßt dieses Verfahren auch den Anschluß von Geräten mit unterschiedlicher Arbeitsgeschwindigkeit zu, hat aber die selben Mängel wie das entsprechende asynchrone Verfahren. Zusätzlich bringt die Verbindung von Bereit- und Verfügbarleitung einen vom synchronen Bus bekannten Nachteil: Das nächste Quellgerät sendet das Verfügbarsignal erst aus, wenn das vorangegangene Quittierungssignal empfangen wurde und die Wortübertragungszeit beendet ist. Folgt eine schnelle - auf eine langsame Quelle, so wird Zeit verschwendet, so daß die in Abbildung 5.9,b dargestellte zweite Lösung vorgeschlagen wird, die die Quittierungs- und Verfügbarleitung zusammenlegt. Bei diesem Verfahren ist die Übertragungsgeschwindigkeit vom Zielgerät abhängig, was ja der asynchronen Philosophie entspricht.

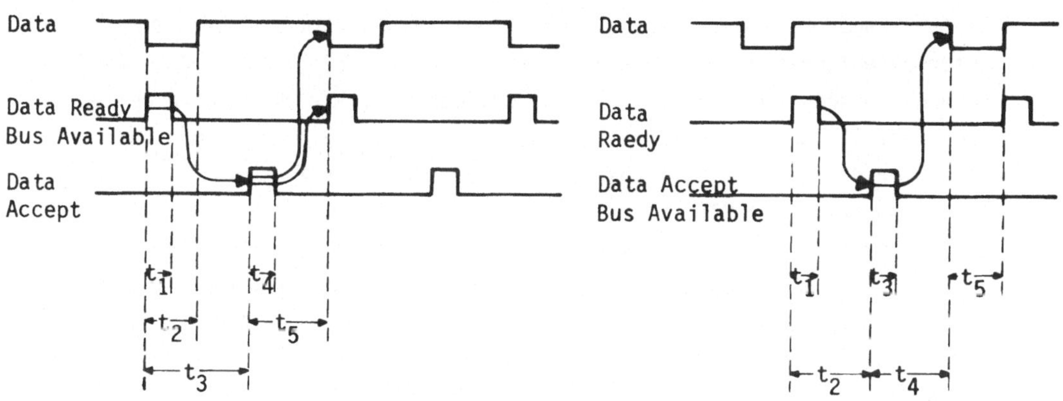

a) Gemeinsame Bereit/Verfügbar-Leitung

b) Gemeinsame Quittierungs/Verfügbar-Leitung

Abbildung 5.9: Halbsynchrone, nicht-verschränkte Quittierungsverfahren mit verschiedenen Leitungskombinationen, nach THURBER et.al., 1972.

Ähnliche Überlegungen bezüglich der Zusammenlegung der Leitungen gelten für das halb-verschränkte - und das verschränkte Quittierungsverfahren (vgl. Abbildung 5.10). Für die Unterschiede zwischen den verschiedenen Graden der Verschränkung übernehme man die in dem entsprechenden Abschnitt über asynchrone Quittierungsverfahren dargestellten Aussagen.

5.1.1.4 Art des Datentransfers

Bezüglich der Art des Datentransfers unterscheidet man fünf verschiedene Busarten:

- Einzelwortverfahren
  Bei diesem Verfahren ist die größte übertragbare Datenmenge pro Buszuordnung nur ein einzelnes Wort. Die effektive Benutzung blockorientierter Geräte wird verhindert. Bei nicht zugeordneten Bussen muß für jedes übertragene Wort der Zuordnungsalgorithmus durchlaufen werden, weswegen dieser extrem schnell sein muß, wenn Wartezeiten vermieden werden sollen.
- Standard-Blockverfahren
  Busse mit Standard-Blockverfahren erlauben nur die Übertragung von Blöcken fester Länge. Das Verfahren ist unflexibel, da blockorientierte Geräte mit unterschiedlichen Blockgrößen arbeiten. Bei der Wahl großer Blöcke wird dann Bus-Geschwindigkeit verschenkt, bei der Wahl kleiner Blöcke gelten die Nachteile des Einzelwortverfahrens (in abgeschwächter Form). Insgesamt kann hier die Verwaltung langsamer und somit einfacher sein.
- Verfahren variabler Blocklänge
  Das Verfahren variabler Blocklänge paßt sich den verschiedenen Gerätetypen besser an, da deren Blocklänge auch für die Übertragung auf dem Bus verwendet werden kann. Wird jedoch nur 1 Wort übertragen, so ist das Verfahren ineffektiv, da der gesamte Zuordnungsalgorithmus für eine Blockübertragung ablaufen muß.
  Die Blocklänge wird meist nach dem Quellgerät gewählt.
- Einzelwort - Standard-Block-Verfahren
  Dieses Verfahren wird bei sehr unterschiedlichen Anforderungen an den Bus verwendet, etwa bei einem Echtzeitsystem (Einzelwortübertragung), das seine Hintergrundaufgaben mit dem Standard-Block-Verfahren bewältigt. Bei zu übertragenden Datenmengen, die zwischen der Wortlänge 1 und der Größe des Standard-Blockes liegen, ist das Verfahren jedoch sehr ineffektiv.
- Einzelwort-Variable Blocklänge-Verfahren
  Dieses Verfahren bietet die größte Flexibilität, da sowohl ein einziges Wort ohne Verschwendung übertragen werden kann, als auch die Blocklänge den logischen und physikalischen Erfordernissen der angeschlossenen Geräte entsprechend gewählt werden kann. Der Zuordnungsalgorithmus ist jedoch entsprechend aufwendig.

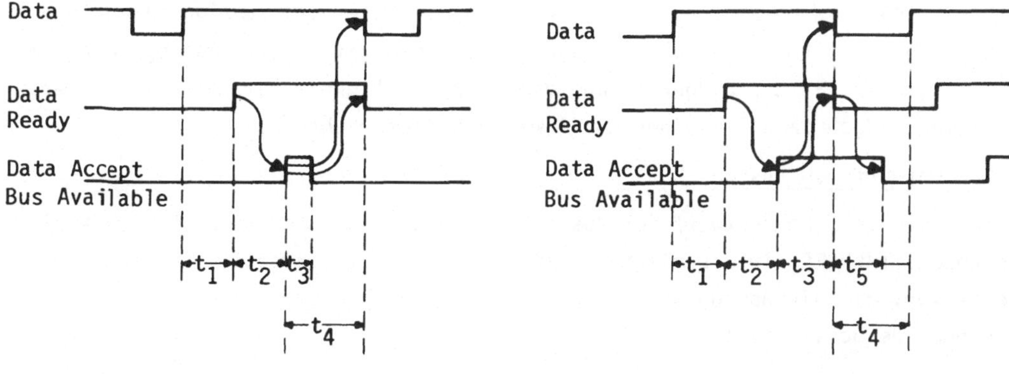

a) Halb-verschränkt

b) Verschränkt

Abbildung 5.10: Halbsynchrone Quittierungsverfahren, nach THURBER et.al., 1972.

5.1.1.5 Breite des Busses

Die Übertragungsrate (Menge der zu übertragenden Daten pro Zeiteinheit) bestimmt bei gegebener Übertragungsgeschwindigkeit die Breite des Busses, also die Anzahl der parallelen Leitungen. Diese Zahl beeinflußt wiederum ganz wesentlich die Kosten und die Zuverlässigkeit: Für jede einzelne Leitung ist hoher Hardwareaufwand zu betreiben (Treiber, Empfänger, Kabel, Stecker, Stromzuführung etc.), viele Leitungen erhöhen die Gefahr von Leitungsstörungen. Man ist daher bestrebt, die für die entsprechende Anwendung nötigen Übertragungseigenschaften mit einer möglichst geringen Anzahl von Leitungen im Bus zu realisieren.

THURBER unterscheidet drei Techniken zur Einsparung von Leitungen:

- Kombination: Mehrere Einzelleitungen für logisch getrennte Aufgaben werden auf einer gemeinsamen Leitung zusammengelegt: 2 komplementäre Leitungen werden im halb-Duplex-Betrieb zusammengefaßt oder mehrere Einzelleitungen im Zeitmultiplex-Betrieb auf einer Leitung vereint. Die dabei nötige Zusatzhardware wird durchaus in Kauf genommen.
- Umwandlung von paralleler in serielle Übertragung: Für große Übertragungslängen wird eine Bit-serielle Übertragungsart vorgezogen, bei kürzeren Entfernungen ist jedoch im allgemeinen die parallele Übertragung effektiver. Für die Umwandlung werden Pufferspeicher benötigt.

- Digital/Analog-Umwandlung: Die Umwandlung digitaler Information in analoge Signale würde theoretisch eine sehr dichte Informationsübertragung zulassen. Die Komplexität der Endgeräte und die Störanfälligkeit der Übertragung verbieten jedoch im allgemeinen die Anwendung dieser Lösung.

5.1.2 Entwurf von Bussen

Beim systematischen Entwurf von Bussen wird man die bisher genannten Merkmale bedenken. THURBER, 1972 schlägt die in Abbildung 5.11 dargestellte Vorgehensweise vor, die die Abhängigkeiten der verschiedenen Einzelentscheidungen voneinander berücksichtigt.

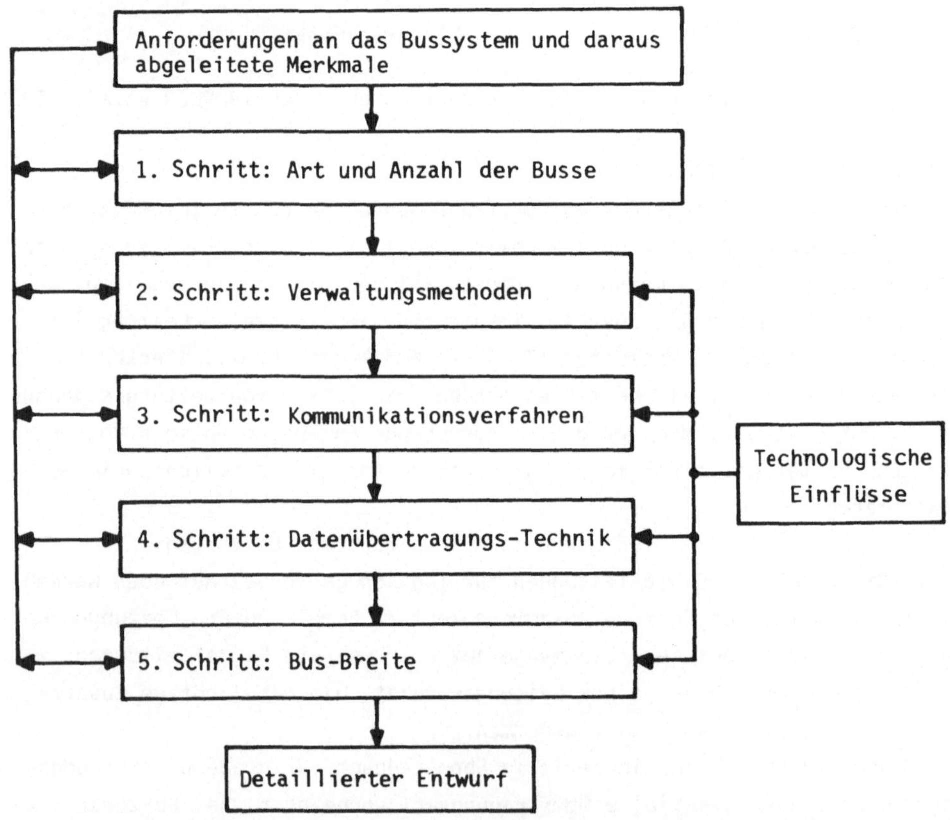

Abbildung 5.11: Systematisches Vorgehen beim Entwurf von Bussystemen, nach THURBER, et.al., 1972.

5.1.3 Beispiel eines realen Bussystems: LOCKHEED-SUE-Infibus

Als Beispiel für ein reales Bussystem wurde der Minirechner SUE von LOCKHEED gewählt, ein typisches Einbussystem, das wegen seiner einfachen Erweiterbarkeit (durch Einschieben entsprechender Systemkarten durch den Benutzer) als ein modernes Baukastensystem angesehen werden kann. Wegen seiner Eigenschaften wurde dieses Minirechensystem für den Aufbau der Schaltknoten (IMP) im ARPA-Netz verwendet (vgl. HEART et al., 1973). In diesem Abschnitt wollen wir uns jedoch ganz auf die Fragen des Bussystems konzentrieren und dabei den oben eingeführten Klassifikationsmerkmalen folgen.

- Anzahl und Art der Busse:

  Eine kleine Rechnerkonfiguration ist in Abbildung 5.12 dargestellt. Wir erkennen, daß es sich beim SUE-Rechner um ein Einbussystem mit nicht zugeordnetem Bus handelt. Der Vorteil dieses Systems, sehr leicht ausbaufähig zu sein, ergibt sich aus dem Entwurf als Einbussystem: Der Infibus des SUE-Rechners ist Teil des Chassis, in das je nach Wahl des Benutzers entsprechende Komponenten eingeschoben werden können (Prozessoren, Speicher, E/A-Verwaltungen etc.). Da der Bus weder physikalisch noch logisch zugeordnet ist, müssen die Zugriffe der Geräte auf den Bus geregelt werden (daher die Existenz der Infibus-Verwaltung), Geräteadressen auf dem Bus angegeben werden (dies geschieht durch Speicheradressen, was zu einem Verlust an Adreßraum führt, siehe unten bei Bus-Breite und Abbildung 5.14), und eine Gerätesynchronisation durchgeführt werden (vgl. "clock"-Leitung, Abbildung 5.13).

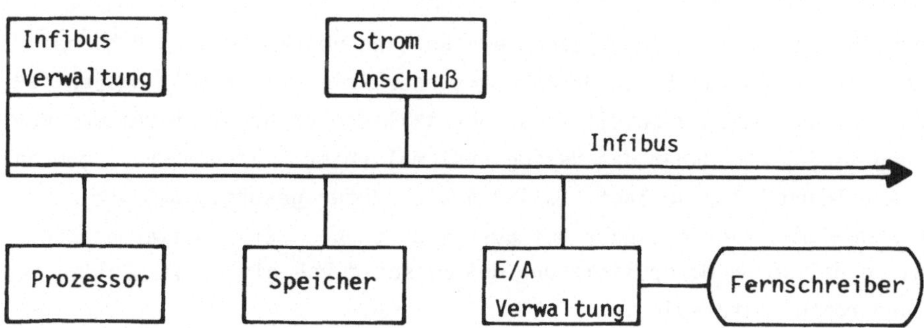

Abbildung 5.12: Konfigurationsbeispiel eines SUE-Rechners, nach LOCKHEED, 1973.

	Pins
Address	16
Data	16
Infibus Control	10
Memory	5
Read/Write Control	3
Interrupt Sensing	8
Block Transfer	8
Control Panel	10
Power Fail	2
Ground	12
+5 vdc	8
+15 vdc	4
-15 vdc	4
Clock	1
Spare	3
TOTAL	110

Abbildung 5.13: Anzahl der Leitungen des Infibus, nach LOCKHEED, 1973.

- Art der Busverwaltung:

  Wie man Abbildung 5.12 entnimmt, gibt es eine einzige Infibus-Verwaltung, es handelt sich also um ein Verfahren mit zentraler Verwaltung.

  Bezüglich der Geräteanfrage und der Buszuteilung handelt es sich um ein gemischtes Verfahren von unabhängigen Anforderungen und Reihungsverfahren. Ein Verfahren unabhängiger Anforderungen liegt deshalb vor, weil die angeschlossenen Geräte nach Klassen eingeteilt sind, die auf verschiedenen Leitungen ihre Busanforderungen an die Verwaltung melden. Diesen Klassen sind Prioritäten zugeordnet, so daß etwa Realzeitgeräte schneller behandelt werden können als Geräte mit geringeren Datenraten.

  Innerhalb der Klassen liegt jedoch ein Reihungsverfahren vor, d.h. bei gleichzeitigen Anfragen von Geräten gleicher Priorität erhält dasjenige Gerät den Bus zuerst zugeteilt, das physikalisch am nächsten bei der Busverwaltung liegt, und daher das Verfügbarsignal (hier Präzedenz-Puls genannt, vgl. Abbildung 5.15) abfängt. Es ist jedoch dafür gesorgt, daß der Präzedenz-Puls nach Freigabe des Busses durch das Gerät weitergegeben wird, so daß keine Monopolisierung des Busses durch ein Gerät möglich ist ("round robin"-Strategie).

  Durch die Mischung der Verfahren ist der Vorteil des Reihungsverfahrens (wenig Leitungen, einfaches Prinzip) mit dem des Verfahrens unabhängiger Anforderungen verknüpft (schnelle Antwortzeiten für Geräte mit höher

Priorität). Der wesentliche Nachteil liegt in der relativen Unsicherheit vor Ausfällen des Gesamtsystems, falls der "Präzedenz-Puls" durch ein defektes Gerät gestört wird.

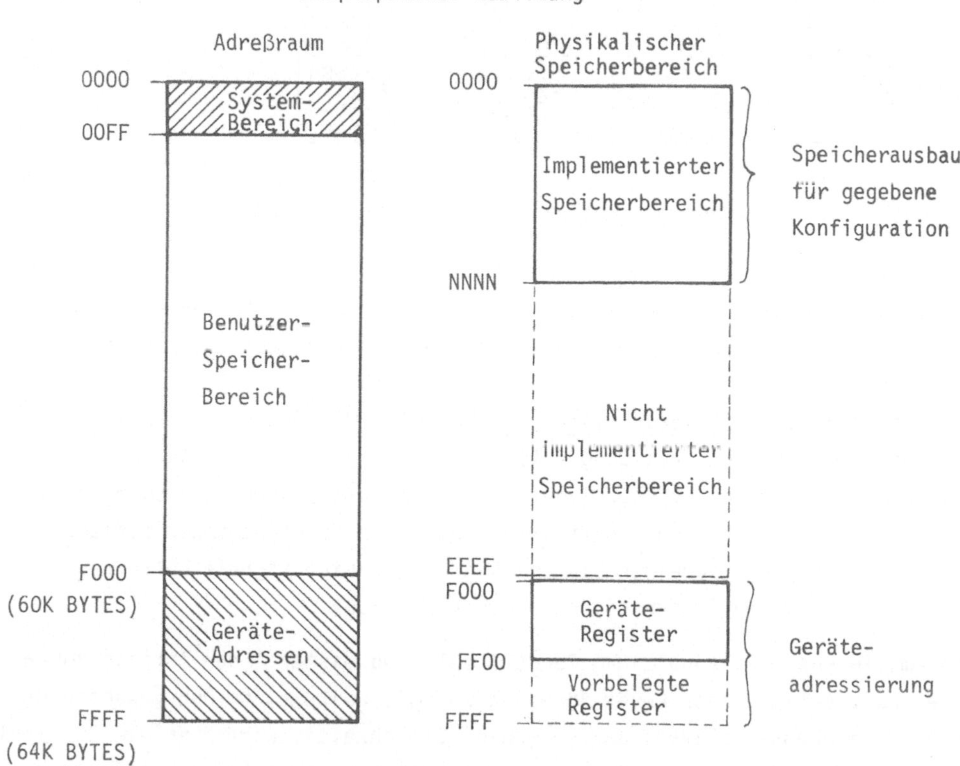

Abbildung 5.14: Aufteilung des Adreßraumes beim SUE-Rechner, nach LOCKHEED, 1973.

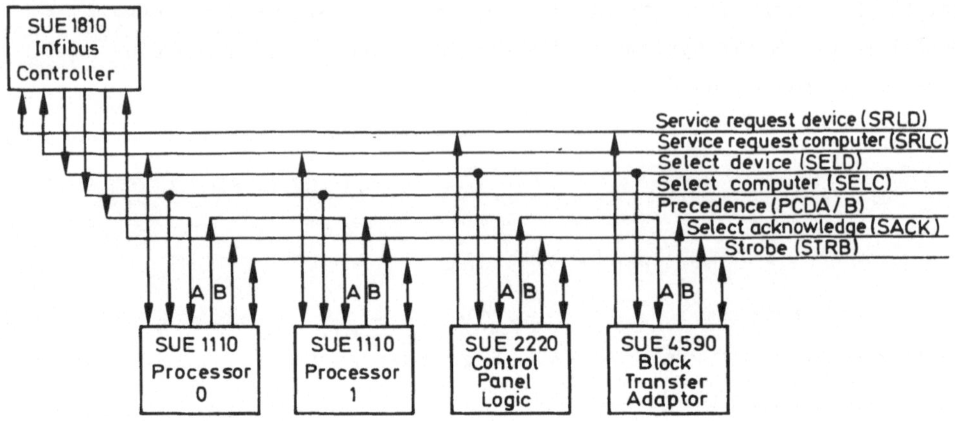

Abbildung 5.15: Verwaltung des Infibus, nach LOCKHEED, 1973.

- Art der Kommunikationstechnik auf dem Bus:
  Aus den Anfrageleitungen SRLD, SRLC von Abbildung 5.15 erkennen wir, daß es sich beim Infibus nicht um eine synchrone Kommunikationstechnik handelt. Die weitere Untersuchung wird zeigen, daß es sich um ein asynchrones, halbverschränktes Quittierungsverfahren handelt. Wir untersuchen dazu die Signalbeschreibung aus Abbildung 5.16. Da die Gerätezuordnung und der Datentransfer beim Infibus überlappt gehandhabt wird, sind in dieser Abbildung 2 Geräteanfragen dargestellt, die erste - in durchgezogenen Linien, die zweite - in gestrichelten Linien. Die oberen vier Signale betreffen die Buszuordnung und interessieren daher hier nicht.

  Nachdem die Busverwaltung einem Gerät ("selected master") den Infibus zugeordnet hat, setzt dieses Gerät Adressen auf die Leitung, um den gewünschten Partner ("addressed slave") anzusprechen. Gleichzeitig wird über die "Control"-Leitungen angegeben, welche Form des Informationsaustausches stattfinden soll (Schreiben, Lesen, ganzes Wort, Byte,...) und im Falle eines Schreibvorganges die Daten auf die Datenleitungen gegeben (vgl. "Data" in Abbildung 5.7, b). Nach einer für die Ausbreitung und Entschlüsselung des Adreßsignals ausreichenden Zeit setzt das Quellgerät ferner das "STROBE"-Signal, das hier gleichzeitig als Belegt-Signal für den Bus und als Bereitsignal (vgl. "Data ready" in Abbildung 5.7, b) verwendet wird.

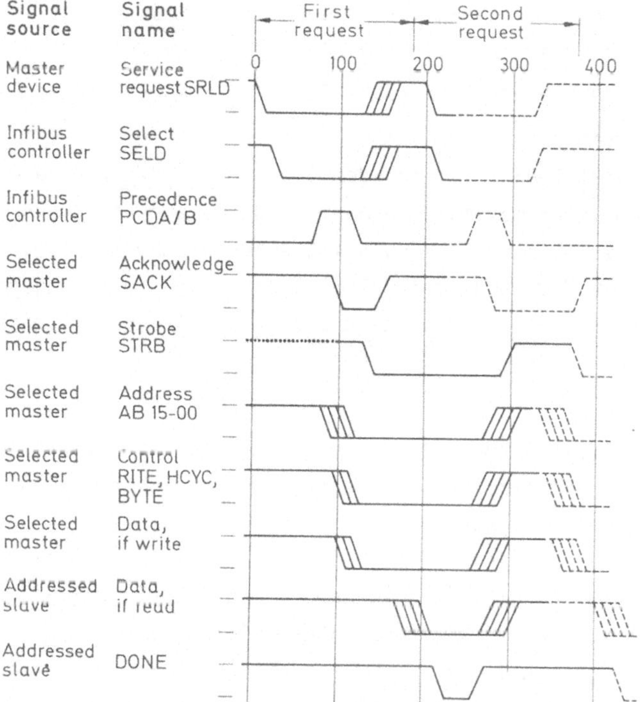

Abbildung 5.16: Kommunikationstechnik auf dem Infibus, nach LOCKHEED, 1973

Nachdem das Zielgerät die Daten eingelesen hat, setzt es ein Quittierungssignal DONE, das sofort wieder zurückgesetzt wird. DONE entspricht "Data accept" in Abbildung 5.7, b. Als Folge des Quittierungssignals setzt dann auch das Quellgerät seine Daten-, Adreß- und Kontrolleitungen zurück. Um eine halb-verschränkte Kommunikationsart handelt es sich, weil das Signal STROBE erst nach dem Signal DONE zurückgesetzt wird, letzteres jedoch unabhängig vom Signal STROBE zurückgesetzt wird. Ein Quittierungsverfahren liegt vor, da die Kommunikation vom Quell- und vom Zielgerät gesteuert wird.

Die Wahl der asynchronen Kommunikation auf dem Infibus ergibt sich aus dem Wunsch, Geräte unterschiedlichster Geschwindigkeiten kommunizieren zu lassen, ohne dadurch Busübertragungszeit zu verschwenden.

- Art des Datentransfers

  Der Infibus arbeitet lediglich nach dem Einzelwortverfahren, d.h. bei jeder Buszuordnung wird maximal ein Wort, bzw. gegebenenfalls nur ein Halbwort übertragen. Die Buszuordnung ist entsprechend schnell, vgl. Abbildung 5.16: Die Zuordnung des Busses an das nächste anfragende Gerät geschieht während der Übertragungszeit des gerade laufenden Gerätes in einem Zeitraum von 200 nsec.

- Breite des Busses

  Die Anzahl der Datenleitungen des Busses ist 16: Es wird parallel je ein Datenwort à 16 bit auf dem Infibus übertragen. Der Bus hat also eine Bandbreite von 5 Megaworten/Sekunde.

  Insgesamt umfaßt der Bus jedoch 110 Leitungen (vgl. Abbildung 5.13) für Adressen, Daten, Verwaltung, Stromzuführung und Erdung. Wir wollen uns hier nur noch für die Adreßleitungen interessieren. Durch die 16 Leitungen ergibt sich die Möglichkeit, 2^{16} = 64 K Adressen im Speicher anzusprechen, d. h. mit einfachem Adressierungsmechanismus ist der Rechner auf 64 K bytes Hauptspeicher ausbaubar. Man nennt diese Größe Adreßraum. Wegen der nicht zugeordneten Art des Busses müssen jedoch beim Zugriff die Geräte adressiert werden. Die Adressen dieser Geräte bzw. der in ihnen enthaltenen Register liegen in den oberen 4096 Adressen des Adreßraumes, d. h. sie können nicht für Benutzerprogramme verwendet werden. Wie Abbildung 5.14 zeigt, ist daher für Benutzerprogramme maximal ein Adreßraum von etwas weniger als 60 K bytes vorgesehen, da am Speicheranfang zusätzlicher Systembereich reserviert ist.

Das vorliegende Beispiel kann keine vollständige Darstellung des Infibus ersetzen. Immerhin zeigt sich, daß sich Busse recht gut nach den oben angegebenen Merkmalen beschreiben lassen.

5.2 Mikroprogrammierung

Im ersten Kapitel wurde anhand einiger Definitionen der Rechnerarchitektur aufgezeigt, daß einige Autoren mit diesem Begriff lediglich das äußere Erscheinungsbild von Rechnern kennzeichnen. Dieses äußere Erscheinungsbild läßt sich mit KLAR, WICHMANN, 1975 auch als konzeptuelle Maschine bezeichnen. Moderne Rechenanlagen sind durch entsprechende Software so ausgestattet, daß der Benutzer von der eigentlichen physikalischen Anlage - der Hardware - kaum noch Kenntnisse benötigt, um sein Problem zu lösen. Der logische Aufbau solcher Rechenanlagen läßt sich am besten mit Hilfe eines Schalenmodells beschreiben (vgl. Abbildung 5.17). Auf der untersten Software-Schale konventioneller Rechner, der befehlsorientierten Maschine, lassen sich zwei Arten der Realisierung unterscheiden:

- Die konzeptuelle befehlsorientierte Maschine entspricht unmittelbar der physikalisch vorhandenen Hardware-Maschine. Man spricht dann von einem festverdrahteten ("hardwired") Rechner, bei dem jedes Register der konzeptuellen Maschine auch in der Hardware existiert und wo jeder konzeptuelle Befehl hardwaremäßig entschlüsselt und ausgeführt wird.
- Die konzeptuelle befehlsorientierte Maschine ist nur vermittelt über Mikroprogrammierung auf der Hardware-Maschine aufgebaut und hat daher gegebenenfalls wesentliche Differenzen aufzuweisen: Register der konzeptuellen Maschine müssen nicht notwendig in der Hardware-Maschine vorhanden sein, die konzeptuellen Befehle werden durch eine Sequenz von Mikrobefehlen, die auf die elementaren Operationen der Hardware (Mikrooperationen) zugreifen, "simuliert".

Zwischen beiden Lösungen existieren Mischformen, etwa wenn die Befehle der konzeptuellen Maschine mikroprogrammiert sind, alle konzeptuellen Register jedoch auch hardwaremäßig vorhanden sind.

Die fest verdrahtete Maschine stellt quasi eine "maßgeschneiderte Hardwarelösung" dar: Die physikalischen Elemente der Anlage sind auf ein bestimmtes Problem hin zugeschnitten. Diese Lösung bringt daher die Vorteile größerer Hardware-Ökonomie (zumindest theoretisch) und hoher Verarbeitungsgeschwindigkeit mit sich. Die mikroprogrammierte Maschine dagegen bietet alle Vorteile einer "modularen" Lösung: Die Erweiterung des Befehlssatzes der konzeptuellen Maschine ist möglich, die Entwicklung der Hardware- und der konzeptuellen Maschine kann weitgehend unabhängig und parallel betrieben werden und schließlich ist die Operationensteuerung im allgemeinen sehr regelmäßig und übersichtlich aufgebaut.

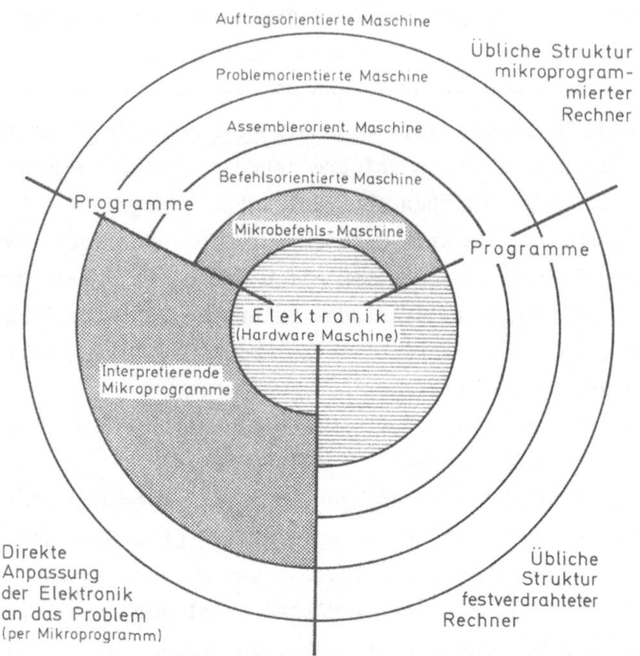

Abbildung 5.17: Schalenmodell zur Beschreibung des logischen Aufbaus von Großrechnern. Unterschiede bei konventionell mikroprogrammierten -, global interpretierenden mikroprogrammierten - und festverdrahteten Rechnern Nach KLAR, WICHMANN, 1972

Die Mikroprogrammierung stellt also in gewisser Weise ein Bindeglied zwischen Hardware und Software mikroprogrammierter Rechner dar. Man bezeichnet die Mikroprogramme zur Implementierung der befehlsorientierten Maschine auf der Hardware oft auch als "Firmware", da Mikroprogrammierung lange Zeit nur vom Hersteller betrieben wurde.

Die Mikroprogrammierung geht zurück auf M.V. WILKES, der schon 1951 bei der Implementierung des Rechners EDSAC II diesen Begriff verwendete. Seit der Verwendung der Mikroprogrammierung für eine größere Anzahl von Rechnern der

IBM-Familien 360 und 370 (SCHÜNEMANN, 1974) hat die Mikroprogrammierung einen wichtigen Platz in der Rechnerarchitektur erhalten. Im dritten Kapitel wurde ja bereits erwähnt, daß auch im Bereich der Mikroprozessoren, speziell bei den Bitslice-Elementen, die Mikroprogrammierung in steigendem Maße verwendet wird.

Die Literatur zum Thema Mikroprogrammierung ist recht umfangreich. Neben den bereits genannten CHU, 1972 und KLAR, WICHMANN, 1975 werden noch die folgenden Abhandlungen empfohlen: AGRAWALA, RAUSCHER, 1976, FLYNN, 1975 und HUSSON, 1970.

5.2.1 Einige Definitionen zur Mikroprogrammierung

Die folgenden Definitionen werden im Abschnitt 5.2.2 anhand eines Beispiels weiter erläutert.

Mikrooperation: Elementare verdrahtete Operation, die durch ein definiertes Steuersignal ausgelöst wird und im allgemeinen innerhalb eines Taktintervalls ausgeführt werden kann. Eine Mikrooperation vermittelt zwischen bestimmten Teilen der Maschine in Form einer Verknüpfung oder eines Transportes.

Mikrobefehl (auch Mikroinstruktion): Menge von Mikrooperationen, die gleichzeitig gestartet und im allgemeinen auch innerhalb eines Taktes ausgeführt werden. Ein Taktintervall kann dabei in mehreren Phasen - Teilintervalle - unterteilt sein.

Mikroprogrammwort (auch Steuerwort): Die bei einem Zugriff aus dem Mikroprogrammspeicher gelesene Steuerinformation, die neben dem Mikrobefehl im allgemeinen Adreßinformation über das folgende Mikrobefehlswort in einem Mikroprogramm enthält.

Mikroprogramm: Folge von Mikrobefehlen, die erforderlich ist, um einen Maschinenbefehl (Konzeptuelle Maschine) auszuführen bzw. "abzuwickeln". Ein Mikroprogramm enthält im allgemeinen auch Verzweigungen und Schleifen.

Mikroprogrammierung (übersetzt nach HUSSON, 1970): "Technik für den Entwurf und die Implementierung der Ablaufsteuerung einer Datenverarbeitungsanlage unter Verwendung einer Folge von Steuersignalen zur Interpretation fester oder dynamisch änderbarer Datenverarbeitungs-Funktionen. Diese Steuersignale, die auf Wortbasis organisiert sind (Mikrobefehle) und in einem festen oder dynamisch änderbaren Speicher (Mikroprogrammspeicher) gehalten werden, stellen die

Zustände derjenigen Signale dar, die den Informationsfluß zwischen den ausführenden Elementen (Hardware) steuern und für geregelte Übergänge zwischen diesen Signalzuständen sorgen".

Mikroprogrammspeicher (auch Steuerspeicher): Ein dynamisch veränderlicher (RAM) oder ein Festwertspeicher (ROM), der alle Mikroprogramme einer konzeptuellen Maschine enthält und dessen Zykluszeit kürzer (im allgemeinen etwa ein viertel) als die Zykluszeit des Arbeitsspeichers ist.

Mikroprogrammierter Prozessor: Nach den Prinzipien der Mikroprogrammierung aufgebauter Prozessor mit einem Festspeicher (ROM), der alle Mikroprogramme enthält. Mikroprogramme für mikroprogrammierte Prozessoren werden im allgemeinen vom Hersteller erstellt, der Benutzer hat also nicht die Möglichkeit der Umdefinition des Maschinenbefehlsvorrates.

Mikroprogrammierbarer Prozessor: Wie mikroprogrammierter Prozessor, jedoch mit einem Schreib-Lese-Speicher (RAM) oder einem Halbfest-Speicher (RMM), der ein Auswechseln des Mikroprogrammvorrats (Befehlsvorrats) in gewissen Zeitabständen möglich macht. Aus Kostengründen kann ein Mikroprogrammspeicher auch aus RAM und ROM-Bausteinen zusammengesetzt sein, wobei erstere die veränderbaren Mikroprogramme, letztere den festen Befehlsvorrat beinhalten. Man spricht dann ebenfalls von einem mikroprogrammierbaren Prozessor.

Dynamisch mikroprogrammierbarer Prozessor: Wie mikroprogrammierbarer Prozessor, jedoch kann das Auswechseln des Mikroprogrammvorrats dynamisch, d.h. vom Programm her, eingeleitet bzw. vorgenommen werden. Der Mikroprogrammspeicher bzw. Teile davon sind dann sinnvollerweise als RAM realisiert.

Hardware-Maschine: Maschine, die die Basis-Hardware umfaßt.

Wirtsmaschine: Mikroprogrammierbare Hardware-Maschine.

Konzeptuelle Maschine: Dem Benutzer zugängliche Maschine und ihr Befehlsvorrat.

Target-Maschine: Emulierte konzeptuelle Maschine.

Emulator: Vollständiger Satz von Mikroprogrammen, der, eingebettet in den Mikroprogrammspeicher einer Wirtsmaschine, eine konzeptuelle Maschine definiert.

Emulatoren oder Teile davon werden oft auch als "Firmware" bezeichnet.

Emulation: Ausführung von Programmen in einer anderen Maschinensprache als der der Wirtsmaschine durch einen geeigneten Emulator

Horizontale Mikroprogrammierung: Gebrauch eines Mikroprogrammwortes, dessen einzelne Binärstellen bestimmten Mikrooperationen entsprechen (also eine implizite Zuordnung zwischen Stellen des Wortes und der Rechner-Hardware). Die einzelnen Mikrooperationen können parallel angestoßen werden, die Anzahl der Einsen im Mikroprogrammwort gibt dann den Grad der Parallelität von Mikrooperationen in einem Mikrobefehl an.

Vertikale Mikroprogrammierung: Die Zuordnung zwischen den Stellen des Mikroprogrammwortes und den Mikrooperationen ist durch einen verschlüsselten Mikrooperationscode bestimmt. Das Mikroprogrammwort gleicht hier also einem üblichen Maschinenbefehlscode.

Quasihorizontale Mikroprogrammierung: Wie horizontale Mikroprogrammierung, jedoch wird die Menge der Mikrooperationen in Mengen wechselseitig unvereinbarer Mikrooperationen zerlegt und jede Teilmenge für sich codiert. Nicht jede Binärstelle des Mikroprogrammwortes entspricht also genau einer Mikrooperation, sondern jeder binär interpretierte Wert einer Gruppe von Binärstellen.

Einen Vergleich der drei Arten von Mikroprogrammierung erläutert Abbildung 5.18. Die wesentlichen Eigenschaften der verschiedenen Realisierungen sind:

a) Horizontale Mikroprogrammierung

- Sehr effiziente Steuerung (hohe Geschwindigkeit), da die Entschlüsselung entfällt und jede Kombination von Mikrooperationen in einem Mikrobefehl angestoßen werden kann, was einen hohen Grad an Parallelität ermöglicht.
- Große Mikroprogrammwortlänge (> 100 Bit) und hohe Redundanz, da für jede Mikrooperation ein Bit vorgesehen werden muß (keine Codierung).
- Bei der Hardware-Entwicklung ist keine Vorentscheidung bezüglich der Wahl von Befehlscodes zu treffen.

b) Vertikale Mikroprogrammierung

- Durch vollständige Kodierung sehr kleine Wortlänge im Vergleich zu horizontaler Mikroprogrammierung (weniger als 30 bit).
- Durch entsprechende Verschlüsselung können - von der Hardware ausgehend - miteinander vereinbare (parallel ausführbare) Mikrooperationen unvereinbar werden, d.h. für Steuerungsvorgänge, die in einem horizontalen Mikroprogramm-

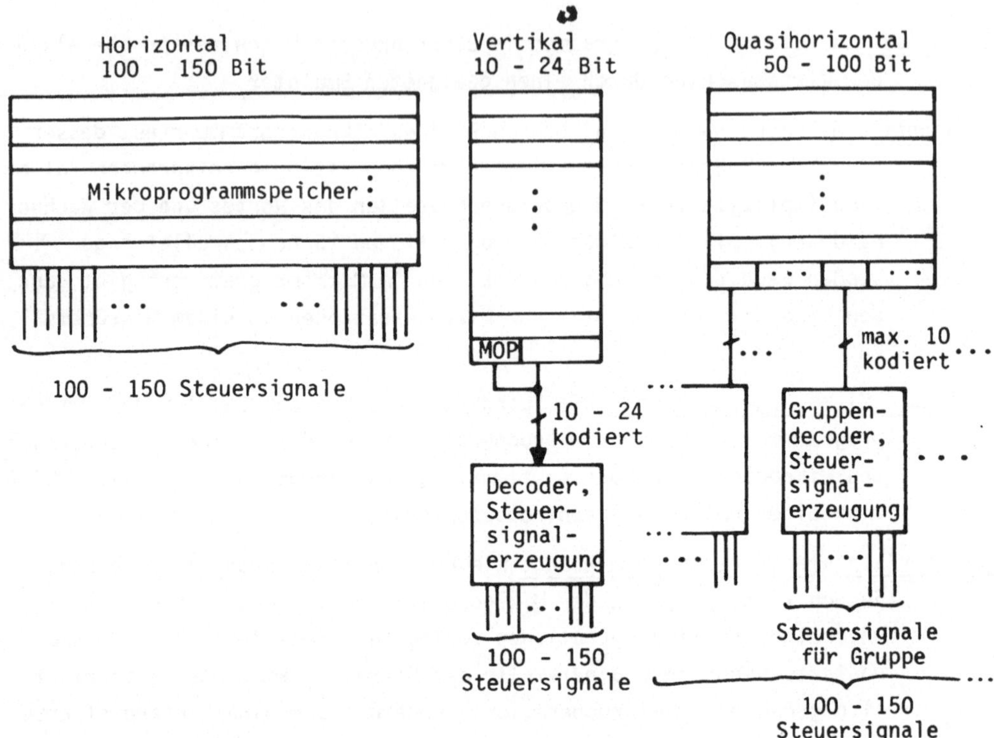

Bitweise Ansprache von Einzelfkt.

Horizontal

Höchstes Mass an Parallelismus erzielbar

OP CODE	FELD 1	FELD 2	FELD 3	ADR.	ADR.

Quasihorizontal

OP CODE	ADR.

Vertikal

Parallelismus nur begrenzt möglich

Abbildung 5.18: Schematischer Vergleich von horizontaler, vertikaler und quasihorizontaler Mikroprogrammierung. Die Maßstäbe sind aus Darstellungsgründen nicht einheitlich!

wort auszudrücken wären, müssen mehrere vertikale Mikroprogrammworte verwendet werden. Vertikale Mikroprogramme werden daher meist länger.

c) Quasihorizontale Mikroprogrammierung
Die quasihorizontale Mikroprogrammierung stellt den Versuch dar, die Vorteile von horizontaler und vertikaler Mikroprogrammierung zu vereinigen:

- Hohe Parallelisierung der Mikrooperationen in jedem Mikroprogrammwort, da Gruppenbildung und Kodierung nur unter wechselseitig unvereinbaren Mikrooperationen (die von der Hardware ausgehend nicht sinnvoll gleichzeitig angestoßen werden können)
- Kürzere Mikroprogrammwortlänge, da innerhalb der Gruppen codiert wird, d.h. "echte Redundanz" ausgeschlossen ist.
- Einziger - geringer - Nachteil ist der Aufwand für die Dekodierung der einzelnen Gruppen.

Picoprogrammierung (auch Nanoprogrammierung): Bei vertikaler Mikroprogrammierung ist je nach Stärke der Codierung des Mikroprogrammwortes die Decodierhardware entsprechend umfangreich. Bei sehr starker Codierung wird zwischen das vertikale Mikroprogrammwort und die Steuersignale ein weiteres Mikroprogrammwerk (Picoprogrammwerk) eingeschaltet, so daß jeder vertikale Mikrobefehl in eine Folge von horizontalen Picobefehlen aufgelöst wird (vgl. Abbildung 5.19).

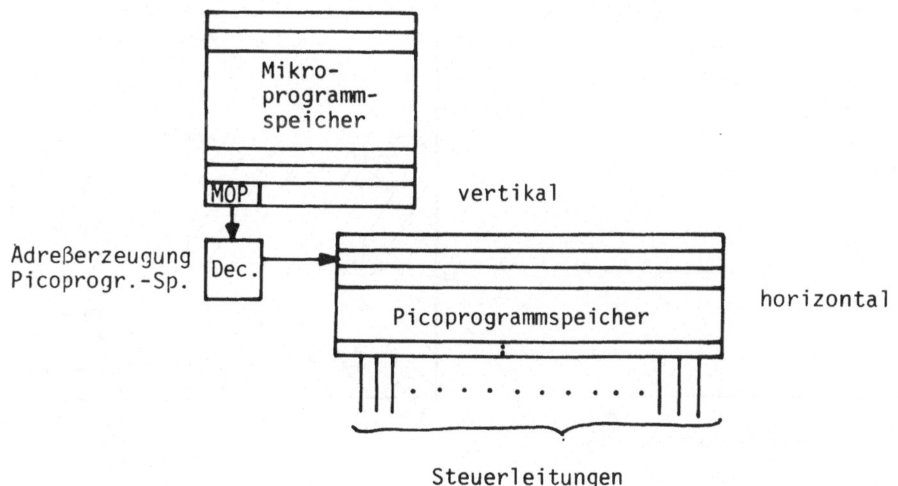

Abbildung 5.19: Schematische Darstellung der Picoprogrammierung

Abschließend muß festgestellt werden, daß für die verschiedenen Arten der Mikro- und Picoprogrammierung weitere Mischformen existieren. Je nach Art der Codierung der Mikrooperationen unterscheidet man etwa ein- oder zweistufige Entschlüsselung etc.. Für eine ausführliche Darstellung der verschiedenen Verfahren sowie Beispiele vergleiche man KLAR, WICHMANN 1975. Hier seien nur noch Beispiele für die bekannteste Familie von mikroprogrammierten Rechnern, die Anlagen IBM /360, /370 angeführt. Bei diesen Rechnern wurde Wert auf gleiche Architektur im Sinne BLAAUWs, also auf gleiches Erscheinungsbild für den Programmierer gelegt, wobei jedoch völlig unterschiedliche Hardware zugrunde lag. Für aufwendige schnelle Rechner wurde die quasihorizontale-, für billigere, langsame Modelle die vertikale Mikroprogrammierung verwendet (vgl. Abbildungen 5.20, 5.21). Ferner sind Unterschiede bezüglich der Verwendung von beschreibbaren- und Festwertspeichern für die Mikroprogramme festzustellen, d.h. bei einigen Modellen ist die dynamische Mikroprogrammierung möglich.

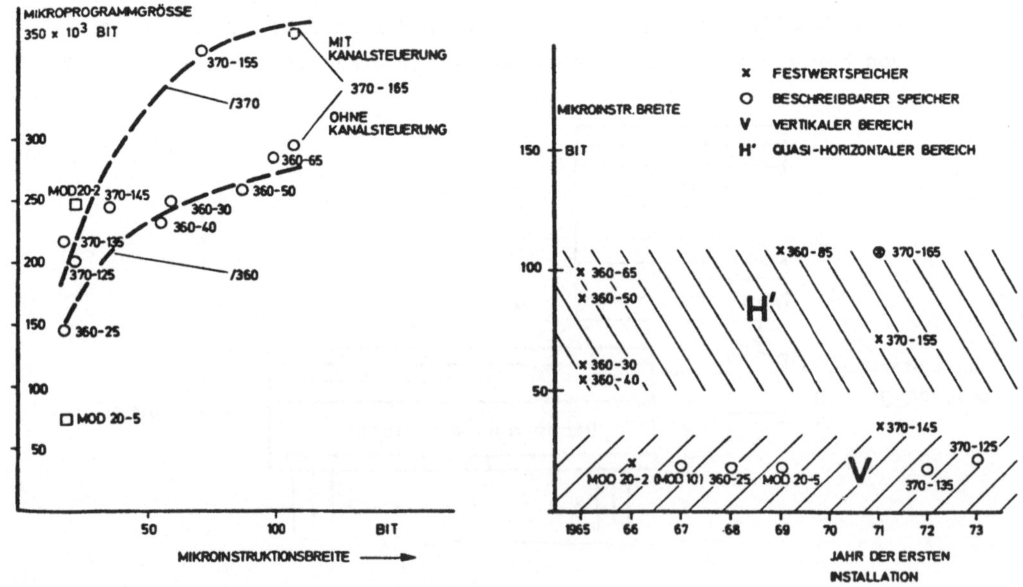

Abbildung 5.20: Mikroprogrammierung der IBM-Familien /360, /370. Nach SCHONEMANN, 1974

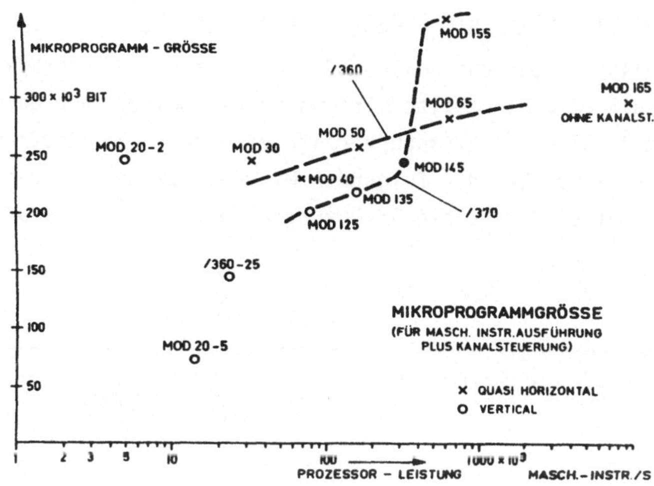

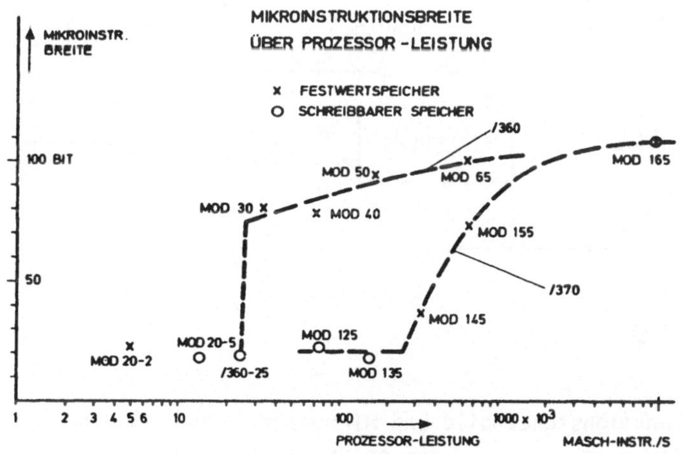

<u>Abbildung 5.21:</u> Mikroprogrammierung der IBM-Familien /360, /370. Nach SCHÜNEMANN, 1974

5.2.2 Mikroprogrammierung eines einfachen Beispielrechners

Das nachfolgende Beispiel geht auf ROSIN, 1969 und FLYNN, 1975 zurück. Gegeben sei die in Abbildung 5.22 dargestellte Wirtsmaschine, bei der aus Darstellungsgründen auf die Ein/Ausgabe-Operationen verzichtet wurde. Die Steuerung dieser Einadreßmaschine geschieht über die folgenden Mikrooperationen, die in Abbildung 5.22 eingezeichnet sind (für die Abkürzungen vergleiche Abbildung 5.22).

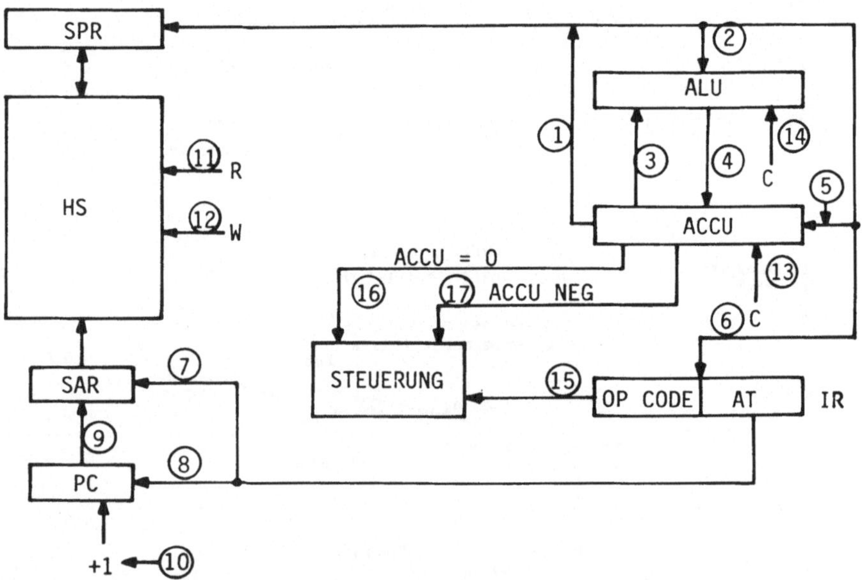

Abbildung 5.22: Funktionsschaltbild und Mikrooperationen zu einer Einadreßmaschine, nach ROSIN, 1969.
ALU: Arithmetisch logische Einheit, HS: Hauptspeicher,
SAR: Speicheradreßregister, SPR: Speicherpufferregister,
PC: Befehlszähler, IR: Instruktions-Register,
AT: Adreßteil des IR, ACCU: Akkumulatorregister,
C: Speicherstelle Null setzen ("clear"), R: Lesen ("read"),
W: Schreiben ("write").

Nummer der Mikroop.	Inhalt der Mikrooperation	Kommentar
1	ACCU → SPR	Umspeichern von Registerinhalten bzw. Teilen von Registern in andere Register (1–9)
2	SPR → ALU	
3	ACCU → ALU	
4	ALU → ACCU	
5	SPR → ACCU	
6	SPR → IR	
7	AT → SAR	
8	AT → PC	
9	PC → SAR	
10	PC+1 → PC	Inkrementieren des Befehlszählers
11	HS R	Hauptspeicher Lesen / Schreiben (11–12)
12	HS W	
13	ACCU C	Zurücksetzen von Registern (13–14)
14	ALU C	
15	OPCODE → STEUERUNG	Anstoßen der Befehlsentschlüsselung
16	ACCU = 0 → STEUERUNG	Statusmeldung an das Leitwerk für bedingte Sprünge (16–17)
17	ACCU NEG → STEUERUNG	
18	UNCONDITIONAL	Unbedingter Sprung

Die ALU hat hier ausschließlich die Funktion eines Addierers. Man erkennt ferner, daß die ALU eine Speicherstelle umfaßt. Der Hauptspeicher, in dem die Befehle und die Operanden stehen, wird durch das SAR adressiert, ein- und ausgehende Daten wandern über das SPR. Befehle werden vom Speicher in das IR gelesen, der Opcode im Steuerungsteil entschlüsselt; der Adreßteil adressiert den 2. Operanden bei binären ALU-Operationen. Der 1. Operand wird aus dem ACCU entnommen. Das Ergebnis der ALU-Operation wird nach ACCU gegeben. Die Befehlsabfolge wird durch den PC gesteuert (Adresse des nächsten auszuführenden Befehls). Bei linearer Adreßfortschaltung wird der PC jeweils um 1 inkrementiert, bei Sprüngen, Verzweigungen wird er aus dem IR geladen. Bedingte Operationen werden durch die Meldungen ACCU = 0, ACCU < 0 (Statusmeldungen) an den Steuerungsteil ermöglicht. Durch die C-Leitungen können die wichtigsten Register zurückgesetzt werden. Die Mikrooperation 15 (OPCODE → STEUERUNG) führt eine Verzweigung in das Mikroprogramm aus, das durch den entsprechenden Operationscode bezeichnet wird.

Aus den angegebenen Mikrooperationen können wir nun eine sehr einfache Maschine emulieren, d.h. bestimmte Maschinenbefehle definieren.

IFETCH:	PC → SAR	9
	HS R	11
	SPR → IR	6
	PC + 1 → PC	10
	OPCODE → STEUERUNG	15

Das Mikroprogramm IFETCH führt die Befehlsholphase durch und stößt die Befehlsausführung an. Der Befehlszähler wird linear inkrementiert.

ADD:	AT → SAR	7
	HS R	11
	ALU C	14
	SPR → ALU	2
	ACCU → ALU	3
	ALU → ACCU	4
	GOTO IFETCH	18

Das Mikroprogramm ADD verknüpft einen Operanden, der aus dem Hauptspeicher aufgrund der im Maschinenbefehl angegebenen Adresse ausgelesen wird, mit dem Inhalt des Akkumulators, das Ergebnis wird im Akkumulator abgelegt (Einadreßmaschine). Mit Mikrooperation 18 wird die Befehlsholphase des nachfolgenden Maschinenbefehls angestoßen.

LOAD ACCU	AT → SAR	7
	HS R	11
	SPR → ACCU	5
	GOTO IFETCH	18

Mit dem Mikroprogramm LOAD ACCU wird der Akkumulator mit dem Inhalt der im Maschinenbefehl adressierten Hauptspeicherzelle geladen.

STORE ACCU	AT → SAR	7
	ACCU → SPR	1
	HS W	12
	GOTO IFETCH	18

Das Mikroprogramm STORE ACCU speichert den Inhalt des Akkumulators an die im Maschinenbefehl angegebene Adresse des Hauptspeichers.

TRA:	AT → PC	8
	GOTO IFETCH	18

Mit TRA wird ein unbedingter Sprung auf den durch den Adreßteil angegebenen Maschinenbefehl ausgeführt und dessen Ausführung angestoßen.

TRA IF ACNEG:	IF ACCU GOTO TRA	17
	GOTO IFETCH	18

Mit dem Mikroprogramm TRA IF ACNEG wird ein bedingter Sprung ausgeführt.

STORE ZERO:	ALU C	14
	ACCU → ALU	3
	ACCU C	13
	ACCU → SPR	1
	AT → SAR	7
	HS W	12
	ALU → ACCU	4
	GOTO IFETCH	18

Das Mikroprogramm STORE ZERO speichert eine Null an die im Maschinenbefehl angegebene Adresse des Hauptspeichers. Der Ablauf ist umfangreich, da der aktuelle Inhalt des Akkumulators zu diesem Zweck in die Speicherstelle der ALU gerettet wird und nachher wieder zurückgeschrieben werden muß. Wird die Hardware der Wirtsmaschine um ein Register MQ: Multiplikator-Quotientenregister (erweiterter Akkumulator) und um einen Zähler CTR erweitert, sowie die folgenden Mikrooperationen hinzugefügt, so können wir Mikroprogramme für Multiplikation, Subtraktion und Schiebebefehle angeben.

Nummer der Mikroop.	Inhalt der Mikrooperation	Kommentar
19	- SPR	Komplementbildung
20	ACCUR	ACCU 1 Stelle rechts schieben
21	ACCUL	ACCU 1 Stelle links schieben
22	ACMQR	ACCU und MQ 1 Stelle rechts schieben, Vorzeichen ignorieren
23	ACMQL	ACCU und MQ 1 Stelle links schieben, Vorzeichen ignorieren
24	MQ_0 = 1 → STEUERUNG	Statusmeldung für bedingte Verzweigung: Springe wenn niedrigstwertiges Bit von MQ = 1

Nummer der Mikroop.	Inhalt der Mikrooperation	Kommentar
25	MQRC	MQ zirkulär 1 Stelle rechts schieben
26	AT → CTR	Laden des Zählers
27	N → CTR	Laden des Zählers mit N = Wortlänge -1
28	CTR - 1 → CTR	Zähler dekrementieren
29	CTR ≠ 0 → STEUERUNG	Statusmeldung für bedingte Verzweigung: Springe wenn Zähler ≠ 0
30	SPR → MQ	Register umladen
31	MQ → SPR	

Wir erhalten damit die folgenden Mikroprogramme für einen erweiterten Emulator:

MUL:	N → CTR	27
	AT → SAR	7
	HS R	11
	ACCU C	13
MLOOP	IF MQ_0 = 1, GOTO MADD	24
MLOOPA	CTR - 1 → CTR	28
	ACMQR	22
	IF CTR ≠ 0, GOTO MLOOP	29
	GOTO IFETCH	18
MADD	ALU C	14
	ACCU → ALU	3
	SPR → ALU	2
	ALU → AC	4
	GOTO MLOOPA	18

Im Mikroprogramm MUL wird zunächst der Zähler mit der Wortlänge -1 geladen und von da an als Schleifenzähler verwendet. Der Multiplikant wird aus dem Hauptspeicher gelesen, der Multiplikator befindet sich im MQ-Register. In Abhängigkeit der jeweils untersten Stelle des Multiplikators wird eine Addition des Zwischenergebnisses und des Multiplikanten vorgenommen (Anfangswert des Zwischenergebnisses = 0). Nach der Addition wird das Zwischenergebnis und der Multiplikator um 1 Stelle geschoben und eine neue Addition begonnen, bis der Zähler auf Null gesetzt ist, d.h. die gesamte Wortlänge abgearbeitet ist.

Das Ergebnis steht dann im ACCU und dem MQ-Register.

ACRIGHT:	AT → CTR	26
RSLOOPA	IF CTR ≠ 0, GOTO RSLOOP	29
	GOTO IFETCH	18
RSLOOP	ACCUR	20
	CTR - 1 → CTR	28
	GOTO RSLOOPA	18

Das Mikroprogramm ACRIGHT schiebt den Inhalt des Akkumulators um soviele Stellen nach rechts, wie im Adreßteil des Maschinenbefehls angegeben ist.

SUB:	AT → SAR	7
	HSR	11
	- SPR	19
	ALU C	14
	ACCU → ALU	3
	SPR → ALU	2
	ALU → ACCU	4
	GOTO IFETCH	18

Das Mikroprogramm für die Subtraktion führt eine Addition des Inhalts des Akkumulators mit dem komplementierten Inhalt der im Maschinenbefehl adressierten Hauptspeicherzelle durch und schreibt das Ergebnis in den Akkumulator.

Die bisher besprochenen "Mikroprogramme" haben die Eigenschaft, aus einer linearen Abfolge von Mikro<u>operationen</u> zu bestehen. Im Abschnitt 5.2.1 wurde jedoch dargestellt, daß Mikroprogramme aus Mikro<u>befehlen</u> bestehen, die ihrerseits parallel ausführbare Mikrooperationen umfassen. Parallel ausführbare Mikrooperationen sind solche, die nicht wegen des Zugriffs auf eine gemeinsame Speicherzelle miteinander in Konflikt stehen. Um festzustellen, welche Mikrooperationen bei gegebenen Mikroprogrammen zu Mikrobefehlen zusammengefaßt werden können, könnte man sich etwa der Beschreibung durch Elementare Berechnungsschemata (vgl. Kapitel 4.3.1) bedienen, wobei die Operatoren den Aktionen, die Speicherzellen den Speicherplätzen der Wirtsmaschine (Register, Hauptspeicher etc.) entsprechen würden.

Die "Parallelisierung" der Mikrooperationen ist im allgemeinen nicht eindeutig, d.h. es gibt mehrere optimale Mikroprogramme. Das Optimalitätskriterium ist dabei die Anzahl der Mikrobefehle für das gesamte Mikroprogramm. Für das

Additionsmikroprogramm, das in der bisherigen Fassung 7 Taktzeiten benötigt, erhalten wir die folgende Version mit 4 Taktzeiten:

ADD:	AT → SAR, ALU C	7, 14
	HS R, ACCU → ALU	11, 3
	SPR → ALU	2
	ALU → ACCU, GOTO IFETCH	4, 18

Eine festverdrahtete Mikroprogrammsteuerung für die Beispielmaschine zeigt Abbildung 5.23. Sie zeigt die sequentielle Natur von Steuerungsaufgaben in Rechnern.

Die Steuerungseinheit umfaßt einen Taktgeber, zwei spezielle Register (hier als "Ring" bezeichnet) und eine Matrix von Gattern, deren Ausgänge mit Nummern von Mikrooperationen versehen sind. Die Ringe sind zyklische Schieberegister, bei denen höchstens eine einzige Stelle zu "1" gesetzt ist. Das Anlegen einer Eingabe führt zu einer Schiebeoperation um eine Stelle.

Der "minor cycle ring" gibt an, welcher Unterzyklus (Mikrobefehlsschritt) als nächster stattzufinden hat. Eine Eingabe von STEP führt zu einem Rechtsshift, eine Eingabe von RESET zum Setzen des am weitesten links stehenden Bits.

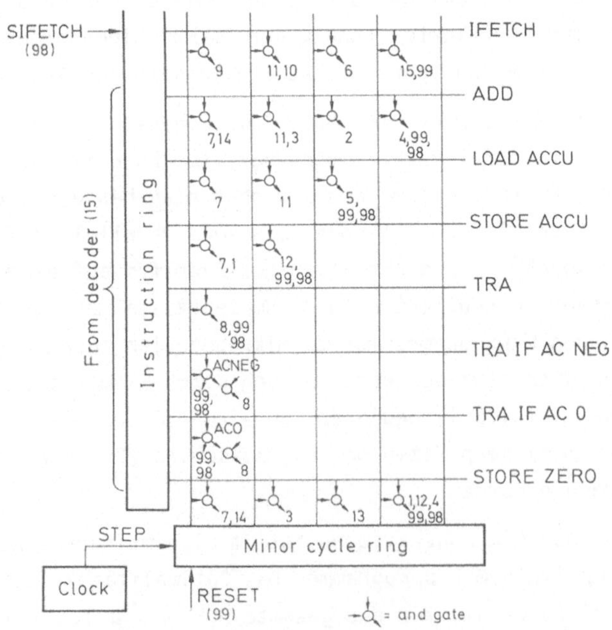

Abbildung 5.23: Schematische Darstellung einer festverdrahteten Mikroprogrammsteuerung (nach ROSIN, 1969).

Der "instruction ring" umfaßt je eine Stelle für jeden Maschinenbefehl sowie für die Befehlsholphase IFETCH. Bei Eingabe von SIFETCH wird die Stelle für die Befehlsholphase gesetzt, bei Eingabe der Mikrooperation (15) wird der Opcode aus dem Maschinenbefehl entschlüsselt und die dem Maschinenbefehl entsprechende Stelle im "instruction ring" gesetzt.

Man kann nunmehr leicht überprüfen, daß die Steuerung in Abbildung 5.23 die genannten Mikroprogramme korrekt ausführt, wobei von der Möglichkeit der Parallelisierung von Mikrooperationen in Mikrobefehlen Gebrauch gemacht wird. Unter der Annahme, daß die Systemuhr beständig läuft und entsprechende Taktimpulse abgibt, ergibt sich die in Abbildung 5.24 dargestellte Maschinenbefehlsschleife. Ein STOP-Befehl würde etwa die Ausgabe des Taktes unterdrücken, ein START-Befehl diesen wieder aktivieren.

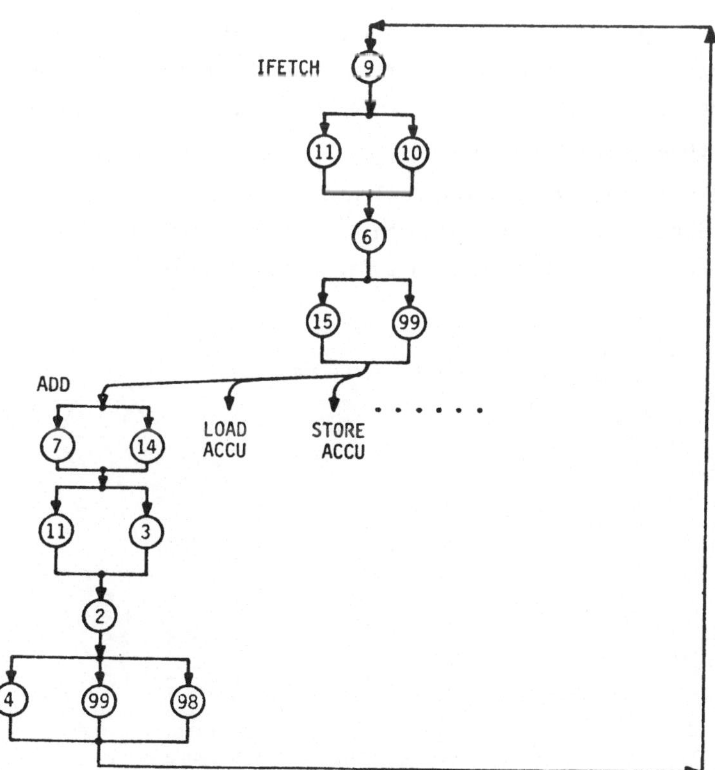

Abbildung 5.24: Maschinenbefehlsschleife für den Beispielrechner. Die auf gleicher Höhe angeordneten Mikrooperationen werden nicht alternativ (Flußdiagrammdarstellung), sondern parallel ausgeführt!

Die Art der hier beschriebenen Steuerung war die Motivation für das WILKES'sche Konzept der Mikroprogrammierung, wie es im folgenden Abschnitt kurz behandelt wird.

5.2.3 Historische Entwicklung der Mikroprogrammierung

Der Begriff "Mikroprogrammierung" geht auf WILKES zurück, der 1951 eine systematische Lösung für die Operationensteuerung des Rechners EDSAC II entwarf (WILKES, 1951).

Abbildung 5.25 zeigt die Funktion des Mikroprogrammsteuerwerkes nach WILKES, das durch die drei folgenden Punkte wesentlich gekennzeichnet ist:

- Mikrobefehle werden in regelmäßiger Taktfolge ausgelöst, d.h. die Mikrooperationen müssen in ein- und derselben Taktzeit ausgeführt werden. Zeitaufwendige Operationen - wie Speicherzugriffe - werden durch Mikrobefehlswarteschleifen implementiert.
- Eine Steuersignalmatrix A, deren Zeilen den Mikrobefehlen, die Spalten den Mikrooperationen entsprechen, bestimmt, welche Mikrooperationen in der entsprechenden Taktzeit ausgeführt werden sollen: Diese werden durch eine Diodenverknüpfung gekennzeichnet.
- Eine Fortschaltmatrix B, deren Zeilen den Mikrobefehlen entsprechen bzw. ihnen Varianten in Abhängigkeit von Bedingungsflipflops (Rechnerstatus), bestimmt den im Mikroprogramm entsprechenden Nachfolgemikrobefehl.

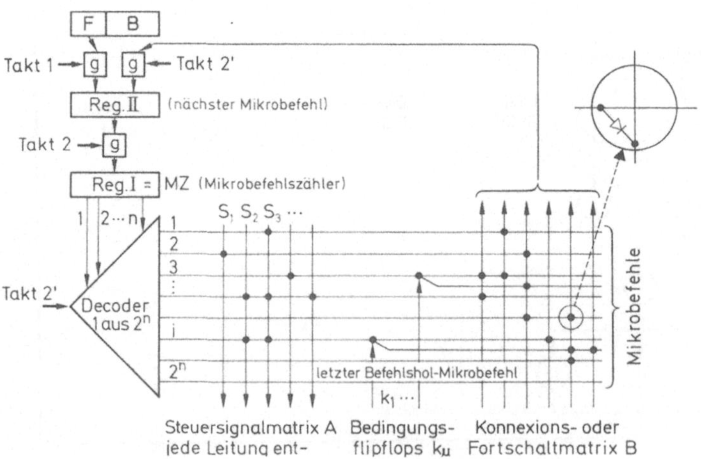

Abbildung 5.25: Mikroprogrammsteuerwerk nach WILKES (aus KLAR, WICHMANN, 1975)

Bei KLAR, WICHMANN, 1975 wird eine Reihe von Varianten dieses Verfahrens diskutiert, die versuchen, die Hardwarekosten des WILKES'schen Modells zu verringern, ohne jedoch wesentlich von dessen logischer Struktur abzuweichen. Eine mehr logische Veränderung stellt das Raum-Matrix-Verfahren nach GÜNTSCH, HÄNDLER, 1960 dar, das im Rechner Telefunken TR 4 Anwendung fand (vgl. Abbildung 5.26).

Beim Mikroprogrammsteuerwerk nach WILKES sind die Mikrobefehle für die verschiedenen Mikroprogramme nicht voneinander getrennt realisiert. Um jedoch Änderungen an einzelnen Mikroprogrammen vornehmen zu können, ohne andere Programme mitzuändern (Prinzip der Orthogonalität!) wurde das Raum-Matrix-Verfahren entwickelt, das die Mikroprogramme voneinander trennt, indem es nach folgenden Prinzipien arbeitet:

- Der Befehlscode F (Opcode) und der Mikrobefehlszähler MZ werden getrennt in je eine r-aus-n-Kette entschlüsselt (hier: 1-aus-n).
- Die Mikroprogramme für einen Rechner werden quaderförmig dargestellt, wobei die Koordinaten x, y, z (vgl. Abbildung 5.26) die folgenden Bedeutungen haben: Die x-Koordinate bestimmt das Mikroprogramm für den entsprechenden Maschinenbefehl, die y-Koordinaten den Stand des Mikrobefehlszählers, also den laufenden Mikrobefehl innerhalb eines Mikroprogramms und die z-Koordinate die Mikrooperationen innerhalb eines Mikrobefehls (wie Steuersignalmatrix A^x) und die Folgeadressen (wie Fortschaltmatrix B^x).

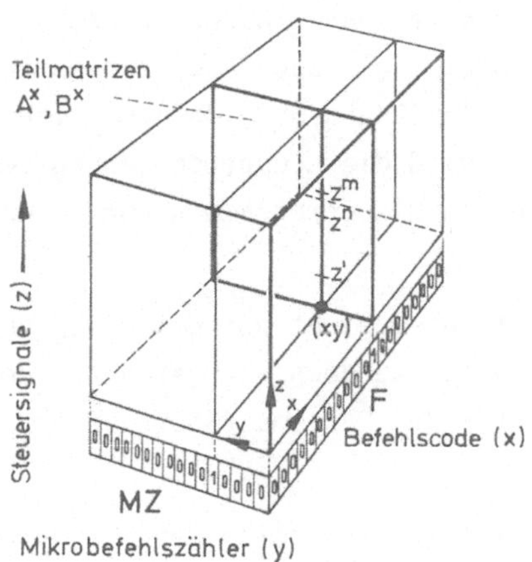

Abbildung 5.26: Raum-Matrixverfahren nach GÜNTSCH, HÄNDLER

Abbildung 5.27 zeigt das Beispiel einer A^x-B^x Schnittebene der Raummatrix nach GÜNTSCH, HÄNDLER.

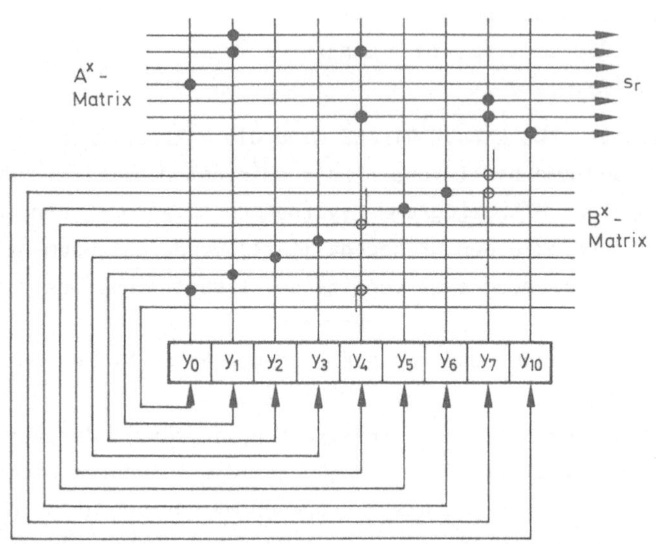

Abbildung 5.27: A^x-B^x Schnittebene der Raummatrix nach GÜNTSCH, HÄNDLER
ϕ : Bedingte Verzweigung zum Nachfolgemikrobefehl

Eine wesentliche Weiterentwicklung stellte die Einführung des Mikroprogrammspeichers anstelle der Diodenmatrizen für die Steuersignalmatrix und die Fortschaltmatrix bei WILKES in den Rechnern des IBM-Systems /360 dar. Bei dieser Entwicklung Anfang der 60-er Jahre wurden zunächst im wesentlichen Festwertspeicher (ROM) verwendet (vgl. auch Abbildungen 5.20, 5.21). Weitere typische Eigenschaften des in Abbildung 5.28 dargestellten Mikroprogrammsteuerwerkes der Familie /360 sind die Gruppencodierung der Mikrooperationen und Verzweigungsmöglichkeiten in Mikroprogrammen nur in Nachbarschaften von 4 bzw. 16 Adressen.

Die Mikroprogrammierung diente hier nicht der Emulation verschiedener Maschinen auf derselben Hardware, sondern - umgekehrt - der Emulation genau einer Maschine, der Architektur des Systems /360, auf verschieden aufwendigen Wirtsmaschinen.

Seit dem Ende der 60-er Jahre sind im Bereich der Mikroprogrammierung folgende Entwicklungen zu beobachten (nach KLAR, WICHMANN, 1975):

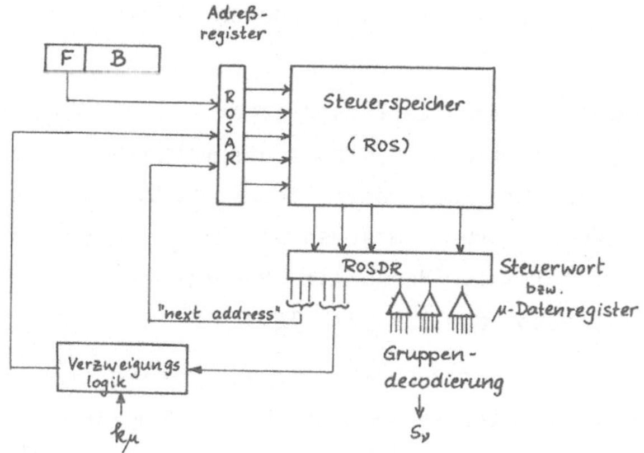

Abbildung 5.28: Grundstruktur des Mikroprogrammsteuerwerkes der IBM-Familie System /360. ROS: IBM-Terminologie für Festwertspeicher (Read-only-store)

- Während bei der frühen Mikroprogrammierung zunächst das Problem der systematischen Realisierung des Leitwerkes von Rechenanlagen durch den Hersteller im Vordergrund stand, wird die Mikroprogrammierung heute auch für den Benutzer zugänglich gemacht: Der Benutzer soll die Möglichkeit haben, die seinen Anforderungen gemäße konzeptuelle Maschine zu emulieren. Dies hat u. a. zur Folge, daß die Mikroprogrammierung benutzerfreundlicher gestaltet wird, was durch die folgenden Entwicklungen unterstützt wird:
- Festwertspeicher (ROM) werden mehr und mehr durch Schreib-Lese-Speicher (RAM) als Mikroprogrammspeicher abgelöst. Damit können Benutzer-Mikroprogramme ohne Hardware-Änderung eingelesen werden, gegebenenfalls kann sogar dynamische Mikroprogrammierung ermöglicht werden.
- Die Adreßfortschaltung im Mikroprogrammsteuerwerk entwickelt sich zu einem "inneren von-NEUMANN-Computer", d. h. es werden für die Mikroprogrammierung die gleichen Möglichkeiten wie für die (Makro-)Programmierung bereitgestellt (Daten und Programme im selben Speicher etc.). Die Verzweigungslogik von Mikroprogrammwerken wird recht komplex: Es werden Unterprogramm-Adreßkeller, Schleifenzähler etc. angeboten. Diese Entwicklung läßt sich sehr gut an den

mikroprogrammierbaren Bitslice-Mikroprozessoren ablesen, vgl. etwa Kapitel 3.2.3.

- Da die Mikroprogrammierung benutzerfreundlicher - und damit hardwareferner - wird, muß ein neues Programmierniveau zwischen vertikaler Mikroprogrammierung und Hardware vermitteln: Die Nano- oder Picoprogrammierung, die im Sinne horizontaler Mikroprogrammierung zwischen den Steuerworten und den Nanooperationen eingeschaltet ist. (Beispiele: Rechner QM-1 der Firma Nanodata, sowie der Service-Prozessor der IBM /370-125).
- Um die Mikroprogrammierung für den Benutzer zu erleichtern, wird "Mikro-Software" bereitgestellt: Mikro-Assembler, Mikro-Compiler und Mikro-Simulatoren.
- Die Trennung zwischen Arbeitsspeicher und Mikroprogrammspeicher wird tendenziell aufgehoben: Mikroprogramme dürfen auch im Arbeitsspeicher des Rechners liegen, der Mikroprogrammspeicher spielt dann die Rolle eines Cache-Speichers auf Mikroebene (Beispiel: Burroughs B 1700).
- Insbesondere unterstützt durch die Entwicklung der mikroprogrammierbaren Bitslice-Mikroprozessoren werden Teilwerke von Rechenanlagen - etwa E/A-Steuerungen - , die bisher hardwaremäßig implementiert waren, durch mikroprogrammierte Spezialprozessoren ersetzt.

5.2.4 Ein automatentheoretisches Modell für Mikroprogrammwerkstrukturen

Die Abläufe in Mikroprogrammsteuerwerken werden in der Literatur in unterschiedlichster Weise dargestellt, wenngleich die entsprechenden Realisierungen nur Variationen eines logischen Grundkonzepts - aufbauend auf den Ideen von WILKES - sind, das sich sehr einfach durch einen MEALY-Automaten beschreiben läßt.

Wir erinnern an Definition 4.1 aus Kapitel 4.1.1: Ein MEALY-Automat ist ein Quintupel $\mathfrak{A} = (X, Y, Z, \delta, \lambda)$ mit X: Eingabealphabet, Y: Ausgabealphabet, Z: Menge der Zustände von $\mathfrak{A}$, δ, λ: Abbildungen, die aus Eingabe und Zustand den Folgezustand bzw. die Ausgabe bestimmen.

Das Mikroprogrammwerk eines Rechners läßt sich durch einen MEALY-Automaten beschreiben, wenn wir den Elementen von $\mathfrak{A}$ die folgenden Interpretationen zuordnen (vgl. Abbildung 5.29):

$X = \{ (b_1, b_2, b_3, \ldots, k_1, k_2, \ldots) \mid b_i, k_j \in \{0,1\} \}$, die Eingabe an das Mikroprogrammwerk, besteht aus dem entschlüsselten Operationscode des Maschinenbefehls (b_i) und Statusmeldungen (k_j) des Rechners. Jedes Element $x \in X$

ist also eine Folge von "0" und "1", wobei die N ersten Stellen einen 1-aus-N-Code für den Opcode darstellen, die folgenden Stellen für den Rechnerstatus stehen und beliebige Binärmuster sein können, sofern $k_\mu=1$ und $k_\gamma=1$ keinen Widerspruch ergeben. (Beispiel: Statusbits für ALU-Ergebnis Null, ALU-Ergebnis negativ).

$Y = \{ (s_1,s_2,s_3,\ldots,s_M) \mid s_k \in \{0,1\} \}$, die Ausgabe von $\mathfrak{A}$, stellt die Menge der Mikrobefehle dar. Jeder Mikrobefehl $y \in Y$ besteht aus einer Folge von M Mikrooperationen s_k. $Z = \{ (r_1,r_2,r_3,\ldots,r_L) \mid r_L \in \{0,1\} \}$, die Menge der Zustände des Mikroprogrammwerkes, besteht aus Elementen der Länge L.

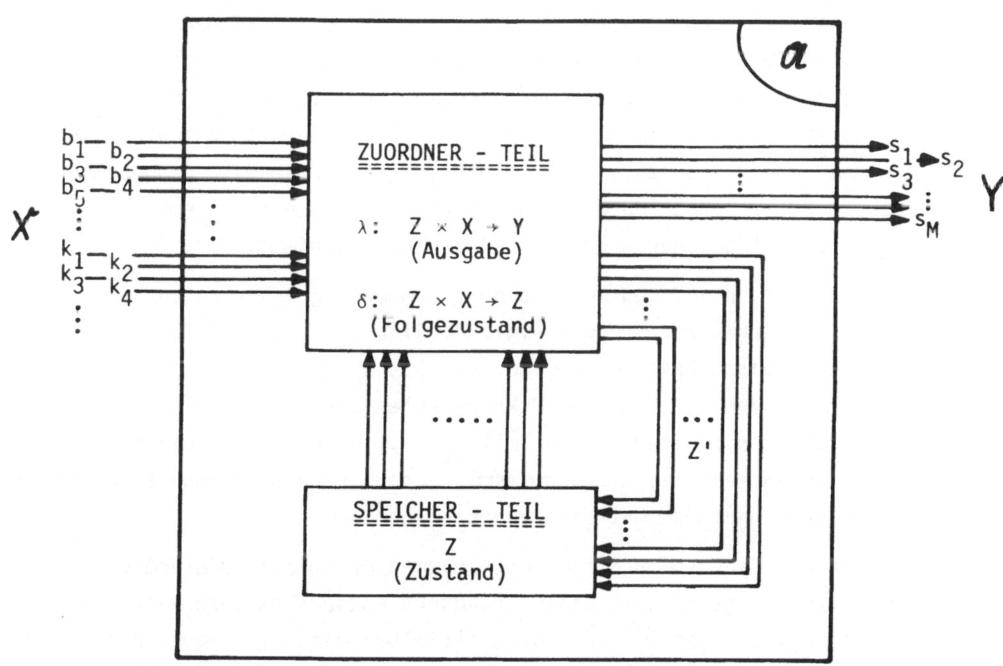

Abbildung 5.29: Darstellung eines Mikroprogrammsteuerwerkes als MEALY-Automaten $\mathfrak{A}$.

Die Zustände des Mikroprogrammwerkes werden also binär verschlüsselt. Die Stellen r_L des Zustandes $z \in Z$ entsprechen den Stellen des Mikroprogrammspeicher-Adreßregisters. Es ist dabei unerheblich, ob die Adressen verschlüsselt oder unverschlüsselt (wie bei WILKES) angegeben werden. Im ersteren Falle müßte Abbildung 5.29 dann noch durch einen Dekodierer ersetzt werden, der jedoch an der prinzipiellen Arbeitsweise des Automaten nichts ändert. Im 4. Kapitel wurden Schaltwerke im Gegensatz zu Schaltkreisen und Zuordnern so charakterisiert, daß ihre Ausgabe Y nicht nur von der Eingabe X, sondern auch vom "Gedächtnis" des Schaltkreises, also seinem Zustand, abhängig sind. Wir hatten ferner gesehen, daß die Automaten, die in ihren Zuständen Z speichernde Elemente umfassen und in den Abbildungen δ und λ Zuordnungen von X, Y und Z durchführen, für die Beschreibung von Schaltwerken hilfreich sind. Im Falle des Mikroprogrammsteuerwerkes besteht der speichernde Teil (Angabe des aktuellen Zustandes) aus dem Mikroprogrammspeicher-Adreßregister, der zuordnende Teil aus den Elementen, die aufgrund des aktuellen Zustandes $z \in Z$ und der aktuellen Eingabe $x \in X$ das entsprechende Mikrobefehlswort auswählen, das seinerseits im Mikrobefehlsteil die Ausgabe $y \in Y$ (Mikrooperationen) und im Fortschaltungsteil den Folgezustand $z' \in Z$ angibt. Im logischen Sinne umfaßt dieser zuordnende Teil keine speichernden Elemente, er ist durch Schaltkreise realisiert, wie das im Falle der Mikroprogrammierung nach WILKES durch die Matrizen A^x und B^x nachzuvollziehen ist. Bei modernen Mikroprogrammkonzepten ist der Zuordner jedoch durch einen Mikroprogrammspeicher ersetzt, der allerdings - logisch gesehen - nur eine Zuordnung vornimmt.

Abschließend soll noch auf den zeitlichen Zusammenhang zwischen den verschiedenen Elementen von $\mathfrak{A}$ hingewiesen werden (vgl. Abbildung 5.30): Für jeden Maschinenbefehl, der durch einen bestimmten Code $b_1, \ldots, b_N$ gekennzeichnet ist, existiert ein Mikroprogramm, das aus mehreren Mikrobefehlen besteht. Die Eingabe $x \in X$ an $\mathfrak{A}$ umfaßt jedoch neben dem Opcode-Teil $b_1, \ldots, b_N$ weiterhin die Statusmeldungen k_j, die sich während des Mikroprogramms ändern können, jedoch auch über die Grenzen von Mikroprogrammen weiterbestehen können.

Die Mikrobefehle y_k werden in einem vorgegebenen Grundtakt aufgrund der Abbildungen δ und λ generiert. Jedem Grundtakt entspricht dann auch ein bestimmter Zustand $z \in Z$ von $\mathfrak{A}$. Es ist unmittelbar einleuchtend, daß die Darstellung der Vorgänge im Mikroprogrammwerk als GANTT-Diagramm unbefriedigend ist, wenn man Zyklen oder Verzweigungen innerhalb von Mikroprogrammen darstellen will. Diese drücken sich deutlicher im zu $\mathfrak{A}$ gehörigen Automatengraphen aus.

Für eine detaillierte Behandlung automatentheoretischer Modelle für Mikroprogrammwerke wird auf KLAR, WICHMANN, 1975 und WENDT, 1971 verwiesen.

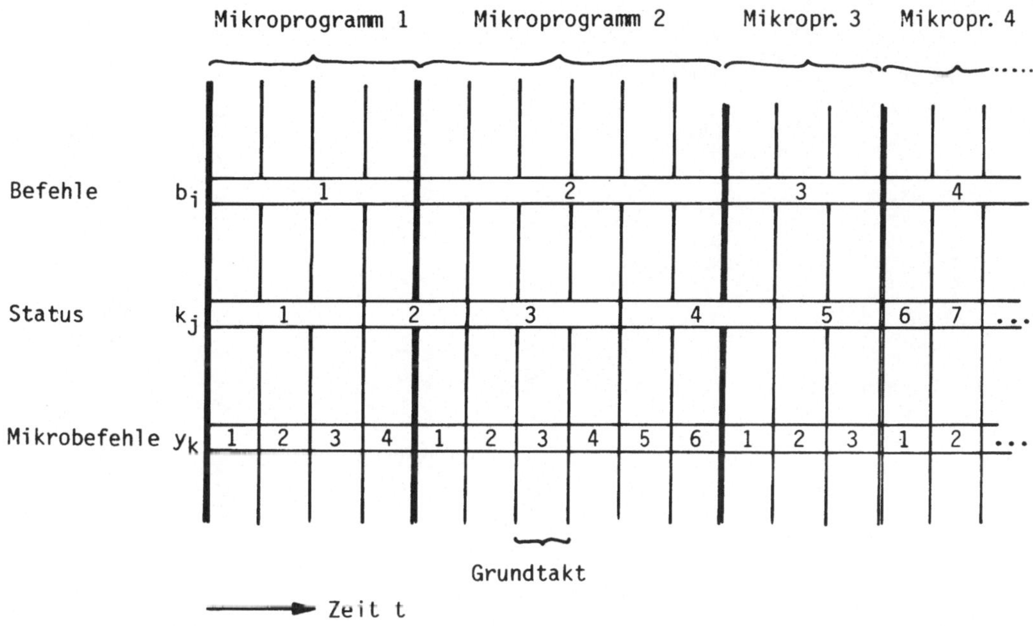

Abbildung 5.30: Darstellung des zeitlichen Ablaufes im Mikroprogrammwerk.

Literatur

zu Einleitung

[1] BARNES, G.H. et al.
The ILLIAC IV-Computer
IEEE Transact. on Comp. C-17, Vol. 18 pp. 746-757 Aug. 1968

[2] BELL, C.G.; NEWELL, A.
Computer Structures, Readings and Examples
Mc Graw-Hill, New York 1971

[3] BOULAYE, C.G.
Microprogramming
Verlag Hanser, München 1975

[4] ENSLOW, P.H. Jr. (ed.)
Multiprocessors and Parallel Processing
Comtre Corporation, John Wiley and Sons, New York 1974

[5] GILOI, W.; LIEBIG, H.
Logischer Entwurf digitaler Systeme
Springer Verlag, Berlin 1973

[6] HÄNDLER, W. (ed.)
Computer Architecture, Workshop der Gesellschaft für Informatik, Erlangen Mai 1975
Informatik Fachberichte, Springer Verlag, Berlin 1976

[7] HÄNDLER, W.; HOFMANN, F.; SCHNEIDER, H.J.
A general purpose array with a broad spectrum of applications
Proc. of the Workshop on Comp. Architecture, Erlangen May 22, 23
Informatik Fachberichte, Band 4, pp. 311-335, Springer Verlag, Berlin, Heidelberg, New York 1975

[8] IEEE
Proceedings of the 3rd Annual Symposium on Computer Architecture
Computer Architecture News, Vol. 4 Nr. 4 Jan. 1976

[9] JESSEN, E.
Architektur digitaler Rechenanlagen
Springer Verlag, Berlin 1975

[10] KING, W.K.
Proceedings of the 2nd Annual Symposium on
Computer Architecture
Computer Architecture News, Vol. 3, Nr. 4 Dez. 1974

[11] KLAR, R.; WICHMANN, H.
Mikroprogrammierung
Arbeitsberichte des IMMD, Band 8, Nr. 3,
Universität Erlangen-Nürnberg 1975

[12] LIEBIG, H.
Logischer Entwurf digitaler Systeme;
Beispiele und Übungen
Springer Verlag, Berlin 1975

[13] LIPOVSKI, G.J., SZYGENDA, S.A.
Proceedings of the 1st Annual Symposium
on Computer Architecture
Computer Architecture News Vol. 2, Nr. 4 Dez. 1973

[14] ORGANIK, E.I.
Computer-System Organization;
The B 5700/B 6700 System
Academic Press, New York 1973

[15] REDDI, S.; FEUSTEL, E.A.
A conceptual framework for Computer-Architecture
In: Computing Surveys, Vol. 8 Nr. 2 pp. 277 - 300, Juni 1976

[16] STONE, H. (ed.)
Introduction to Computer Architecture
Science Research Associates Inc., Chicago 1975

[17] THORNTON, J.E.
Design of a Computer: The Control Data 6600
Foresman and Company, Glenview Illinois 1970

[18] TURN, R.
Computers in the 1980s
Columbia University Press, New York 1974

[19] WENDT, S.
Entwurf komplexer Schaltwerke
Springer Verlag, Berlin 1974

Zu 1. Einführung in die Rechnerarchitektur

[7], [15], [16], sowie

[20] AMDAHL, G.M.; BLAAUW, G.A.; BROOKS, F.P.
Architecture of the IBM-System/360
IBM-Journal for Research and Developement,
Vol. 8, Nr. 2 pp. 87 - 101, April 1964

[21] BELL, C.G.
ComputerArchitecture; Comments on the state-of-the-art
3. Jahrestagung der Gesellschaft für Informatik, Hamburg 1973,
Lecture Notes in Computer Science, Vol. 1 pp. 18 - 24,
Springer Verlag, Berlin 1973

[22] BLAAUW, G.A.
Computer-Architektur
Elektronische Rechenanlagen, Vol. 14, Heft 4, pp. 154 - 159 1972

[23] BURKS, A.W.; GOLDSTINE, H.H.; VON NEUMANN, J.
Preliminary discussion of the logical design of an
electronic computing instrument (1946)
Nachgedruckt in: RANDELL, B. (ed.), The orgins of digital
computers, pp. 371 - 385, Springer-Verlag,
Berlin, Heidelberg, New York 1973

[24] CHU, Y.
SIGARCH - IEEE Computer Architecture Group News
New York, 1972a

[25] FOSTER, C.
Computer Architecture
Van Nostrand, New York 1970

Zu 2. Bewertung der Leistungsfähigkeit von Rechnern

[1], [2], [17], sowie:

[26] ANDERSON, J.P.; HOFFMANN, S.A.; SHIFMAN, J.; WILLIAMS, R.J.
D-825-a multiple computer system for command and control
AFIPS Proc. FJCC, Vol. 22 pp. 86 - 96, 1962

[27] CRANE, B.A.; et al.
PEPE Computer Architecture
COMPCON 72 Proceedings, pp. 57 - 60
Sept. 1972

[28] DAVIES, D.W.; BARBER, D.L.A.
Communication Networks for Computers
John Wiley and Sons, London 1973

[29] FORD, L.R.; FULKERSON, D.R.
Flows in Networks
Princeton, 1962

[30] FULLER, S.H.
Performance Evaluation
In: STONE, 1975 (ed.) pp. 474-545

[31] GAEDE, K.W.
Zuverlässigkeit,Mathematische Modelle
Carl Hanser Verlag, München 1977

[32] GELLERTH, W.; KÜNSTNER, H.; HELLWICH, M.; KÄSTNER, H. (eds.)
Großes Handbuch der Mathematik
Buch und Zeit Verlagsgesellschaft, Köln 1967

[33] GIBSON, J.C.
The GIBSON Mix
IBM, Systems Development Division, Poughkeepsie,
New York, TR 00.2043, 1970

[34] HERZOG, U.; KÜHN, P.; ZEH, A.
Klassifizierung und Analyse von Verkehrsmodellen für
das Ablaufgeschehen in Rechnersystemen
In: Nachrichtentechnische Fachberichte,Bd. 44, pp. 181 - 198,1972

[35] HOFFMANN, W.
Vergleich und Verifikation verschiedener Modelle für ein reales Teilnehmerrechensystem
In: Workshop über Modelle für Rechensysteme, Informatik-Fachberichte
Springer-Verlag, Berlin

[36] KIRSTEIN, P.T.
Some recent developments of the ARPA-Computer Network
In: HASSELMEIER, SPRUTH (eds.), Rechnerstrukturen, Vorträge des Informatik-Symposiums der IBM Deutschland, Wildbad 1973
Verlag Oldenbourg, München 1974

[37] LUCAS, H.C. JR.
Performance Evaluation and Monitoring
In: Computing Surveys, Vol. 3 Nr. 3 pp. 79-91, Sept. 1971

[38] MARTIN, J.
Design of Real-Time Computer Systems
Prentice Hall, Englewood Cliffs, 1967

[39] RUDOLPH, J.A.
A production implementation of an associative array processor - STARAN
AFIPS Conf. Proc. FJCC pp. 229-241, 1972

[40] SCHREIBER, H.
Hardware-Messung und Analyse des Ablaufgeschehens in Rechnerkernen
Dissertation, Arbeitsberichte des IMMD, Bd. 11 Nr. 7
Universität Erlangen 1978

[41] SLOTNICK, D.L.; BORCK, W.C.; McREYNOLDS, R.C.
The SOLOMON Computer
AFIPS Conf. Proc. FJCC pp. 97-107, 1968

[42] SPIES, P.P.
Rechnerstruktur und Ablaufgeschehen in Rechenanlagen. Analysis und Simulation
Dissertation, Universität Erlangen, 1969

[43] WULF, W.A.; BELL, C.G.
C.mmp - a multi-mini processor
AFIPS Conf. Proc. FJCC Vol. 41, II pp. 765-777, 1973

Zu 3. Anmerkungen zur Technologie

[23], [39], sowie:

[44] BODE, A.
Bitslice-Architekturen, Auswirkungen des Mangels an Kommunikationswegen auf die Struktur von Mikroprozessoren
In: NTG Fachberichte, Bd. 62, Struktur und Betrieb von Rechensystemen, pp. 164-178
München 1978

[45] BOHLE, G.; HOFMEISTER, E.
Halbleiterbauelemente für die Elektronik
SIEMENS AG, Bereich Bauelemente
München 1976

[46] INTEL
Data Catalog, 1976
INTEL Corporation, 1976

[47] KLAR, R.
Digitale Rechenautomaten
Sammlung Göschen, Bd. 1241/1241a
Verlag Walter de Gruyter und Co, Berlin 1970
Neue Auflage: Bd. 2050, 1975

[48] LEILICH, H.O.
Speichertechnik und Rechnerarchitektur
In: GI - 5. Jahrestagung, Lecture Notes in Comp. Science
Vol. 34 pp. 49-56
Springer Verlag, Berlin, Heidelberg, New York 1975

[49] MATICK, R.E.
Review of current proposed technologies for mass storage systems
Prof. of the IEEE, Vol. 60 Nr. 3 pp. 266-289, 1972

[50] MATICK, R.E.
Memory and Storage
In: STONE, 1975 pp. 175-247, 1975

[51] RILEY, W.B. (ed.)
Electronic Computer Memory Technology
McGraw-Hill, New York 1971

[52] RUDOLPH, J.A.; FULMER, L.C.; MEILANDER, W.C.
With associative memory, speed limit is no barrier
In: RILEY (ed.), Electronic computer memory technology
pp. 223-228, 1971

[53] SCHNEIDER, P.
Die Qual der Wahl beim Mikroprozessor
In: Mikrocomputer, Gesammelte Aufsätze aus "Der Elektroniker"
pp. 49-71, herausgegeben vom Fachschriftenverlag Aargauer Tagblatt AG, Aarau, 1975

[54] SEITZER, D.
Arbeitsspeicher für Digitalrechner
Springer Verlag, Hochschultext, Berlin, Heidelberg, New York, 1975

[55] SUCHLANDT, H. (ed.)
Large Scale Integration
Gesammelte Artikel, In: SIEMENS Forschungs- und Entwicklungsberichte, Vol. 5 Nr. 6 pp. 311-374, 1976
Springer Verlag Berlin, Heidelberg, New York 1976

[56] TI
Types SN 54S482, SN74S482 4-Bit-slice Expandable Control Elements
Texas Instruments Inc., Bulleton No. DL-S 7612 384, März 1976

[57] TI
SN 54S481, SN 74S481 4-Bit-slice SCHOTTKY Processor Elements Data Manual
Texas Instruments Inc., Nov. 1976

[58] WITTIE, L.D.
Efficient message routing in Mega-Micro-Computer Networks
In: Proc. on 3rd conf. on comp. architecture, pp. 136-140, 1976

[59] ZINNIKER, R.
Digitale Halbleiterspeicher
In: Mikrocomputer, Gesammelte Aufsätze aus "Der "Elektroniker" pp. 23-38 herausgeg. von Fachschriftenverlag Aargauer Tagblatt AG, Aarau 1975

Ferner: SIEMENS AG, 1976
Bildtransparentreihe bt 006, Elektronische Datenverarbeitung.
Speichertechnik. Best.Nr. L 63/7106

Zu 4. Formale Hilfsmittel der Rechnerarchitektur

[2], [5], [19], sowie:

[60] ACM
Proceedings of "Workshop on Computer Hardware Description Languages"
German Chapter of the ACM, Lectures W-1974
Darmstadt, Juli 1974

[61] AGERWALA, T.; FLYNN, M.
Comments on Capabilities, Limitations and "Correctness" of PETRI-Nets
In: LIPOVSKI, SZYGENDA (eds.), Proc. of the 1st annual Symp. on Comp. Architecture, IEEE, ACM
University of Florida, 1973

[62] BECKER, M.; KLAR, R.; SPIES, P.P.
The Erlangen Computer Design Languages ERES
In: ACM, Workshop on Computer Hardware Description-Languages
Darmstadt, Juli 1974

[63] CHU, Y.
Computer Organization and Microprogramming
Prentice Hall, Englewood Cliffs, 1972,6

[64] DENNIS, J.B.
Modular, Asynchronous Control Structures for a High Performance Processor
ACM Conf. Record, Concurrent Systems and Parallel Computation
pp. 55-80, 1970

[65] DENNIS, J.B.; PATIL, S.S.
Computation Structures; Notes for Subject 6-232
MIT, Dep. of Electrical Engineering, Cambridge, Mass. 1971

[66] DENNIS, J.B.; FOSSEEN, J.B.; LINDERMANN, J.P.
Data Flow Schemas
In: Proc. of the Symposium on theoretical programming, Novosibirsk, Lecture Notes in Comp. Science, Vol. 19 pp 187-216, Springer Verlag Berlin 1974

[67] GARDILL, R.; HÄNDLER, W.; HESSLING, H.; KLAR, R.; SPIES, P.P.
ERES - Eine nichtprozedurale Rechnerentwurfssprache mit präziser Zeitbeschreibung
Arbeitsberichte des IMMD, Bd. 10 Nr. 15
Erlangen, Sept. 1977

[67a] GARDILL, R.; JORDAN, H.F.; KLAR, R.
A CHDL for Description of Semisynchronous Networks.
In: Struktur und Betrieb von Rechensystemen, NTG Fachbericht Bd. 62, VDE Verlag Berlin 1978

[68] HACKL, C.
Schaltwerk- und Automatentheorie I
Sammlung Göschen 6011, W. de Gruyter, Berlin 1972

[69] HARTMANIS, J.; STEARNS, R.E.
Algebraic Structure Theory of Sequential Machines
Prentice Hall, Englewood Cliffs, 1966

[70] HILL, F.J.; PETERSON, G.R.
Digital Systems, Hardware Organization and Design
Wiley, New York 1973

[71] HWANG, K.
Periodic Realization of Synchronous Sequential Machines
IEEE Transactions on Comp., Vol. C-22 Nr. 10 pp. 923-927
Oct. 1973

[72] IEEE
Proc. of the Symposium on Design Automation and Microprocessors
Paolo ALTO, Cal. Feb. 24-25, 1977; IEEE 77CH1189-OC, 1977

[73] IVERSON, K.E.
A Programming Language
Wiley, New York 1962

[74] KNUDSEN, M.
PMSL - An interactive Language for High-Level Description and Analysis of Computer Systems
Technical Report, Carnegie Mellon University 1972

[75] MISUNAS, D.
Petri Nets and Speed Independent Design
In: CACM, Vol. 16 Nr. 8 pp. 474-481, Aug. 1973

[76] NOE, J.D.; NUTT, G.J.
Macro E-Nets for Representation of Parallel Systems
IEEE Transactions on Comp., Vol. C-22 Nr. 8 pp 718-727, Aug. 1973

[77] PATIL, S.S.
Coordination of asynchronous events
Project MAC, Rep. MAC-TR-72, 1970

[78] PETRI, C.A.
Kommunikation mit Automaten
Dissertation, Universität Bonn, 1962

[79] PILOTY, R.
RTS I (Registertransfersprache)
3. Auflage, Institut für Nachrichtenverarbeitung,
TH Darmstadt 1969

[80] REED, I.S.
Symbolic Synthesis of Digital Computers
Proc. ACM, pp. 90-94, Sept. 1952

[81] SAGAMORE
Proceedings of the 1975 Sagamore Computer Conference on Parallel Processing
IEEE, ACM, Syracuse University, 1975

[82] SCHORR, H.
Computer Aided Digital System Design and Analysis Using a Register Transfer Language
IEEE, Transactions on Electronic Computers, Vol. EC-13 pp 730-737
Dec. 1964

[83] SCHULTE, D.
Kombinatorische und sequentielle Netzwerke, Grundlagen und Anwendung der Automatentheorie
Oldenbourg-Verlag, München, Wien, 1967

[84] STABLER, E.P.
System Description Languages
IEEE Transactions on Computers, Vol. C-19 Nr. 12 pp. 1160-1173
Dec. 1970

[85] SU, S.Y.H.
A Survey of Computer Hardware Description Languages in the USA
In: Computer, Vol. 7 Nr. 12 pp. 45-51, Dec. 1974

[86] SU, S.Y.H.; DIETMEYER, D.L. (eds.)
Proceedings of "1975 Onternational Symposium on Computer Hardware Description Languages and their Applications"
IEEE Catalog Number 75CH1010-8C
New York, Sept. 1975

Zu 5. Teilwerke von Rechenanlagen

[3], [11], [63], sowie

[87] AGRAWALA, A.K.; RAUSCHER, T.G.
Foundations of Microprogramming, Architecture, Software and Applications
Academic Press, ACM Monograph Series,
New York, 1976

[88] ANDERSON, G.A.; JENSEN, E.D.
Computer Interconnection Structures: Taxonomy, Characteristics and Examples
In: Computing Surveys Vol. 7, Nr. 4 pp. 197-219
Dec. 1975

[89] DIN (Deutsches Institut für Normung e.V.)
Entwurf DIN IEC 66.22,
Elektrische Meßtechnik, Byteserielles bitparalleles Schnittstellensystem für programmierbare Meßgeräte
Beuth Verlag, Berlin, Köln 1976

[90] FLYNN, M.J.
Interpretation, Microprogramming, and the Control of a Computer
In: STONE (ed.), Introduction to Computer Architecture,
SRA, Chicago, pp. 432-473, 1975

[91] GONTSCH, F.R.; HÄNDLER, W.
Zur Simultanarbeit in Digitalrechnern
Elektronische Rechenanlagen, Nr. 2, pp. 117-128, 1960

[92] HEART, F.E.; ORNSTEIN, S.M.; CROWTHER, W.R.; BARKER, W.B.
A new minicomputer/multiprocessor for the ARPA network
In: National Computer Conference, AFIPS Vol. 42 pp. 529-537,
AFIPS Press, Montvale 1973

[93] HUSSON, S.S.
Microprogramming, Principles and Practices
Verlag Prentice-Hall, Englewood Cliffs, 1970

[94] LOCKHEED Electronics
SUE Computer Handbook
Lockheed Electronics Company, Los Angeles 1973

[95] ROSIN, R.F.
Contemporary Concepts of Microprogramming and Emulation
In: Computing Surveys, Vol. 1, Nr. 4 pp. 197-212, 1969

[96] SCHONEMANN, C.
Mikro- und Pico-Programmspeicher
In: HASSELMEIER, SPRUTH (Hrsg.), Rechnerstrukturen pp. 36-74,
Verlag Oldenbourg, München 1974

[97] THURBER, K.J.; JENSEN, E.D.; JACK, L.A.; KINNEY, L.L.;
PATTON, P.C.; ANDERSON, L.C.
A systematic approach to the design of digital
bussing structures
In: Fall Joint Comp. Conference, pp. 719-740, 1972

[98] THURBER, K.J.
Interconnection networks - A survey and assesment
In: National Computer Conference, pp. 909-919, 1974

[99] THURBER, K.; JENSEN, E.D.; SCHNEIDER, G.M.
A Review of Systematic Methods in
Distributed Processor Interconnection
In: Conference Record of 1976 International Conference
on Communications, June 14-16, Philadelphia, IEEE 76 CH
1085-0 CSCB, 1976

[100] WENDT, S.
Zur Systematik von Mikroprogrammwerkstrukturen
In: Elektronische Rechenanlagen, Vol. 13, Nr. 1, pp. 22-26, 1971

[101] WILKES, M.V.
The Best Way to Design on Automatic Calculating Machine,
Report of Manchester Univ. Computer Inangural
Conference pp. 16-18, 1951

Sach- und Personenverzeichnis

Informatik-Fachberichte

Herausgegeben von
W. Brauer im Auftrag der
Gesellschaft für Informatik
(GI)

Ziel der Reihe ist die möglichst schnelle und weite Verbreitung
- neuer Forschungs- und Entwicklungsergebnisse
- zusammenfassender Übersichtsberichte
- von Materialien und Texten zur Weiterbildung

In diesem Rahmen werden Themen aus Theorie und Praxis der Informatik einschließlich der Datenverarbeitung in verschiedenen Anwendungsgebieten behandelt.

Band 1
Programmiersprachen
4. Fachtagung der GI, Erlangen
Herausgeber: H. J. Schneider, M. Nagl
1976. 270 Seiten
DM 28,–
ISBN 3-540-07619-0

Band 2
Betrieb vom Rechenzentren
Vergriffen

Band 3
Rechnernetze und Datenfernverarbeitung
Fachtagung der GI und NTG, Aachen
Herausgeber: D. Haupt, H. Petersen
1976. 309 Seiten
DM 30,–
ISBN 3-540-07672-7

Band 4
Computer Architecture
Workshop of the Gesellschaft für Informatik, Erlangen
Editor: W. Händler
1976. 382 pages
DM 36,–
ISBN 3-540-07761-8

Band 5
GI – 6. Jahrestagung
Vergriffen

Band 6
B. Schmidt
GPSS-Fortran
Einführung in die Simulation diskreter Systeme mit Hilfe eines FORTRAN-Programmpaketes
1978. 535 Seiten
DM 46,–
ISBN 3-540-09037-1

Band 7
Fachtagung Prozessrechner 1977
Vergriffen

Band 8
Digitale Bildverarbeitung/ Digital Image Processing
Vergriffen

Band 9
Modelle für Rechensysteme
Workshop der GI, Bonn
Herausgeber: P. P. Spies
1977. 297 Seiten
DM 24,80
ISBN 3-540-08206-9

Band 10
GI – 7. Jahrestagung
Vergriffen

Band 11
Methoden der Informatik für Rechnerunterstütztes Entwerfen und Konstruieren
GI-Fachtagung, München
Herausgeber: R. Gnatz, K. Samelson
1977. 327 Seiten
DM 31,–
ISBN 3-540-08473-8

Band 12
Programmiersprachen
5. Fachtagung der GI, Braunschweig
Herausgeber: K. Alber
1978. 179 Seiten
DM 18,–
ISBN 3-540-08680-3

Band 13
W. Steinmüller, L. Ermer, W. Schimmel
Datenschutz bei riskanten Systemen
Eine Konzeption entwickelt am Beispiel eines medizinischen Informationssystems
1978. 244 Seiten
DM 24,80
ISBN 3-540-08684-6

Band 14
Datenbanken in Rechnernetzen mit Kleinrechnern
GI-Fachtagung
Herausgeber: W. Stucky, E. Holler
1978. 198 Seiten
DM 20,–
ISBN 3-540-08775-3

Band 15
Organisation von Rechenzentren
Workshop der Gesellschaft für Informatik (GI)
Herausgeber: D. Wall
1978. 310 Seiten
DM 29,50
ISBN 3-540-08878-4

Band 16
GI – 8. Jahrestagung
Herausgeber: S. Schindler, W. K. Giloi
1978. 394 Seiten
DM 35,50
ISBN 3-540-09038-X

Band 17
Bildverarbeitung und Mustererkennung
DAGM Symposium, Oberpfaffenhofen 11.–13. Oktober 1978
Herausgeber: E. Triendl
1978. 385 Seiten
DM 35,50
ISBN 3-540-09058-4

Band 18
Virtuelle Maschinen
Nachbildung und Vervielfachung maschinenorientierter Schnittstellen, GI-Arbeitsseminar, München 1979
Herausgeber: H. J. Siegert
1979. 231 Seiten
DM 25,–
ISBN 3-540-09618-3

Band 19
GI – 9. Jahrestagung
Bonn, 1.-5. Oktober 1979
Herausgeber: K. H. Böhling, P. P. Spies
1979. Etwa 700 Seiten
ISBN 3-540-09664-7
In preparation

Springer-Verlag
Berlin Heidelberg New York